高等职业教育示范专业系列教材

机械设计基础课程设计指导书

主　编　王凤平

副主编　高　迟　时贞祥

参　编　张爱迎　李坤淑

机械工业出版社

本书是依据教育部"高职高专教育机械设计基础课程教学基本要求",结合高职高专院校机械类、机电类和动力类专业对机械设计基础课程设计的具体要求编写的。本书以培养学生解决工程实际问题的能力为主要目标,除了介绍机械设计的知识外,注重叙述设计方法和对设计过程的把握。

　　本书分为两篇。第 1 篇为课程设计指导,以减速器设计为例,介绍了一般机械传动设计内容、方法和步骤。第 2 篇为课程设计常用规范,其内容基本可以满足课程设计的需要。

　　本书可作为高职高专院校机械类、机电类和数控类等专业学生进行机械设计基础课程设计用书,可供相应专业的电大、职大、函授使用,也可供上述专业的教师指导学生的课程设计参考。

图书在版编目(CIP)数据

机械设计基础课程设计指导书/王凤平主编. —北京:机械工业出版社,2010.8(2025.7重印)

高等职业教育示范专业系列教材

ISBN 978-7-111-31184-3

Ⅰ.①机… Ⅱ.①王… Ⅲ.①机械设计-课程设计-高等学校:技术学校-教学参考资料 Ⅳ.①TH122-41

中国版本图书馆 CIP 数据核字(2010)第 126195 号

机械工业出版社(北京市百万庄大街22号　邮政编码100037)

策划编辑:于　宁　责任编辑:于　宁　版式设计:霍永明

责任校对:李秋荣　封面设计:马精明　责任印制:张　博

北京机工印刷厂有限公司印刷

2025 年 7 月第 1 版第 13 次印刷

184mm×260mm · 11.5 印张 · 279 千字

标准书号:ISBN 978-7-111-31184-3

定价:29.80 元

电话服务　　　　　　　　　网络服务

客服电话:010-88361066　　机 工 官 网:www.cmpbook.com

　　　　　010-88379833　　机 工 官 博:weibo.com/cmp1952

　　　　　010-68326294　　金 书 网:www.golden-book.com

封底无防伪标均为盗版　机工教育服务网:www.cmpedu.com

前　言

　　本书是依据教育部制定的"高职高专教育机械设计基础课程教学要求"，结合高职高专院校机械类、机电类和非机械类专业对机械设计基础课程的具体要求编写的，是机械设计基础课程的配套教材。本书以减速器设计为知识载体，以培养学生解决工程实际问题的能力为目标，具有如下特点：

　　（1）在介绍机械设计知识的同时，注重叙述设计方法和对设计过程的把握。

　　（2）以设计过程为线索展开讨论，引导学生综合考虑结构设计和计算的要求，确定合理的设计方案。

　　（3）针对学生容易产生疑惑的地方，在设计进程的关键点给予提示，同时又给指导教师必要的空间。

　　（4）采用最新的设计标准，提供符合多学时、中等学时、少学时三种教学大纲的课程设计任务书及进度安排，并提供经过验证的设计原始数据。

　　（5）提供圆柱齿轮传动、锥齿轮传动、蜗杆传动三类减速器的设计指导，提供装配图和零件图参考图例，方便学生选用。

　　本书凝结了多位教师多年的教学经验，在编写过程中也吸取了兄弟院校的经验，参考了相关书籍。本书由山东莱芜职业技术学院王凤平担任主编，高迟、时贞祥担任副主编，张爱迎、李坤淑参加编写。

　　由于编者水平所限，书中错漏之处在所难免，恳请同行和广大读者批评指正。

编　者

目　　录

第2篇　课程设计常用规范

第1篇 课程设计指导

第1章 课程设计概述

1.1 课程设计的目的

"机械设计基础"是一门理论与应用联系紧密的学科,具有技术性和实践性强的特点。《机械设计课程教学基本要求》中规定每个学生必须独立完成课程设计。课程设计是机械类专业和部分非机械类专业学生第一次接受较全面的设计训练,也是机械设计课程的一个十分重要的实践性教学环节,其基本目的如下:

1) 通过机械设计课程设计,综合运用机械设计课程和其他有关先修课程的理论,结合生产实际知识,培养分析和解决一般实际问题的能力,并使所学知识得到进一步巩固、深化和扩展。

2) 学习机械设计的一般方法,掌握通用机械零件、机械传动装置或简单机械的设计原理和过程。

3) 提高学生有关的设计能力,如计算能力、绘图能力以及计算机辅助设计(CAD)能力等,使学生熟悉设计资料(手册、图册、标准和规范等)的使用,掌握经验估算和数据处理等的方法。

4) 培养学生树立正确的设计思想和严谨的工作作风。

1.2 课程设计的内容和步骤

1.2.1 课程设计的内容

课程设计通常选择由本课程所学过的大部分通用零件组成的一般用途的机械传动装置或简单机械为设计题目。本书选择圆柱齿轮减速器的设计为主要内容,力求使学生得到较全面的训练。该减速器包含齿轮、轴、轴承、键、箱体等零件,因此设计的主要内容包括以下几个方面。

1) 分析、拟定传动装置的传动方案。

2) 选择电动机,计算传动装置的运动和动力参数。

3) 进行传动件的设计计算,校核轴、轴承、联轴器、键等。

4) 绘制减速器装配图。

5) 绘制零件工作图。

6）编写设计计算说明书。

课程设计要求在两周内完成以下工作：

1）绘制减速器装配图 1 张（用 A0 或 A1 图纸绘制）。

2）零件图 2~3 张（齿轮、轴、箱体等）。

3）设计计算说明书 1 份，约 6 000 ~ 8 000 字。

4）答辩。

1.2.2 课程设计的步骤

课程设计一般可按以下顺序进行：设计准备工作—总体设计—传动件的设计计算—装配图草图的绘制（校核轴、轴承等）—装配图的绘制—零件工作图的绘制—编写设计计算说明书—答辩。每一设计步骤所包括的设计内容如表 1-1 所列。

表 1-1 机械设计课程设计阶段及设计主要内容

阶段	主要内容	约占总工作量的份额
1. 设计准备	(1) 阅读设计任务书，明确设计要求、工作条件、内容和步骤 (2) 熟悉设计指导书、有关资料、图样等 (3) 观察实物、模型，观看录像片，分析比较各种减速器的结构型式、特点 (4) 复习课程有关内容，熟悉有关零件的设计方法和步骤 (5) 准备和设计需要的图书、资料和用具，并拟定设计计划等	5%
2. 传动装置总体设计	(1) 确定传动方案 (2) 选择电动机 (3) 计算传动装置的总传动比，分配各级传动比 (4) 计算各轴的转速、功率和转矩	5%
3. 传动件的设计计算	(1) 减速器外的传动零件设计（带传动、链传动、开式齿轮传动等） (2) 减速器内的传动零件设计（齿轮传动、蜗杆传动等）	5%
4. 减速器装配草图的设计	(1) 确定减速器的结构方案 (2) 绘制装配草图，进行轴上零件和轴承组合的机构设计 (3) 校核轴的强度、键连接的强度，校核滚动轴承的寿命 (4) 绘制减速器箱体结构 (5) 绘制减速器附件	45%
5. 减速器装配图的设计	(1) 画底线图，画剖面线 (2) 选择配合，标注尺寸 (3) 编写零件序号，列出明细栏 (4) 加深线条，整理图面 (5) 书写技术要求、减速器特性等	20%

（续）

阶段	主要内容	约占总工作量的份额
6. 零件工作图设计	（1）轴类零件工作图 （2）齿轮类零件工作图 （3）箱体类零件工作图 （具体绘制哪几个零件由指导教师确定）	10%
7. 编写设计计算说明书	编写设计计算说明书，内容包括所有的计算，并附有必要的简图	5%
8. 设计总结和答辩	（1）写出设计总结。一方面总结设计课题的完成情况，另一方面总结个人所作设计的收获体会以及不足之处 （2）作答辩准备 （3）参加答辩	5%

指导教师在学生完成以上设计步骤后，根据图样、说明书以及答辩情况对设计进行综合评定。

1.3 课程设计任务书

1.3.1 课程设计任务书参考格式

机械设计基础课程设计任务书

班级_____ 姓名_____ 学号_____

1. 设计题目：×级减速器（用于自动送料的带式运输机的传动装置）

2. 原始数据：

运输机滚筒直径 D、运输带速度 v（或卷筒转速 n）、运输带工作拉力 F（或所需功率 P 或所需转矩 T）。

3. 工作条件：

环境及温度，使用年限，传动比误差，载荷性质。

4. 设计工作量：

1）设计说明书一份；

2）总装图一张（A0 或 A1 图纸）；

3）轴工作图一张（A3 图纸）；

4）齿轮工作图一张（A3 图纸）。

开始日期　　　年　　　月　　　日

完成日期　　　年　　　月　　　日

1.3.2 课程设计题目

1. 设计带式输送机传动装置

相关资料见图 1-1 及表 1-2。

表 1-2 带式输送机传动装置的原始数据

参　　数	题　　号				
	1	2	3	4	5
输送带工作拉力 F/N	2 300	2 100	1 900	2 200	2 000
输送带工作速度 v/ (m/s)	1.5	1.6	1.6	1.8	1.8
滚筒直径 D/mm	400	400	400	450	450
每日工作时数 T/h	24	24	24	24	24
传动工作年限/a	5	5	5	5	5

注：传动不逆转，载荷平稳，起动载荷为名义载荷的 1.25 倍，输送带速度允许误差为 ±5%。

设计工作量：

1）设计说明书 1 份；

2）减速器装配图 1 张（A0 或 A1）；

3）零件工作图 1～3 张。

2. 设计输送传动装置

相关资料见图 1-2 及表 1-3。

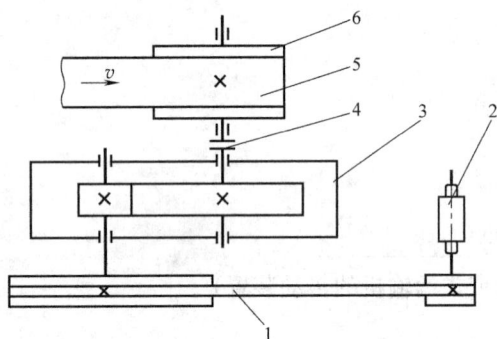

图 1-1 带式输送机传动装置
1—V 带传动 2—电动机 3—圆柱齿轮减速器
4—联轴器 5—输送带 6—滚筒

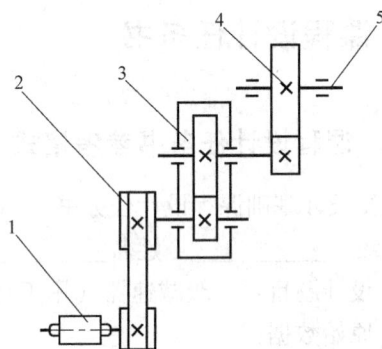

图 1-2 输送传动装置
1—电动机 2—V 带传动 3—圆柱齿轮减速器
4—开式齿轮 5—输送机构的输入轴

表 1-3 输送传动装置的原始数据

参　　数	题　　号				
	1	2	3	4	5
输出轴功率 P/kW	3	4	4.8	5	6.2
输出轴转速 n/ (r/min)	35	38	40	45	50
传动工作年限/a	6	10	8	10	8
每日工作班数	2	1	1	1	1
工作场所	车间	矿山	矿山	车间	车间
批量	小批	大批	小批	成批	成批

注：总传动比误差为 ±5%，单向回转，轻微冲击。

设计工作量：

1）设计说明书 1 份；

2）减速器装配图 1 张（A0 或 A1）；

3）零件工作图 1～3 张。

3. 设计绞车传动装置

相关资料见图 1-3 及表 1-4。

表1-4 绞车传动装置的原始数据

参　　数	题　号						
	1	2	3	4	5	6	7
卷筒圆周力 F/N	5 000	7 500	8 500	10 000	11 500	12 000	12 500
卷筒转速 n/（r/min）	60	55	50	45	40	35	30
卷筒直径 D/mm	350	400	450	500	350	400	35

注：间歇工作，载荷平稳，传动可逆转，起动载荷为名义载荷的 1.25 倍。传动比误差为 ±5%，工作年限为 10 年，两班制。

设计工作量：

1）设计说明书 1 份；

2）减速器装配图 1 张（A0 或 A1）；

3）零件工作图 1～3 张。

4. 设计链式输送机传动装置

相关资料见图 1-4 及表 1-5。

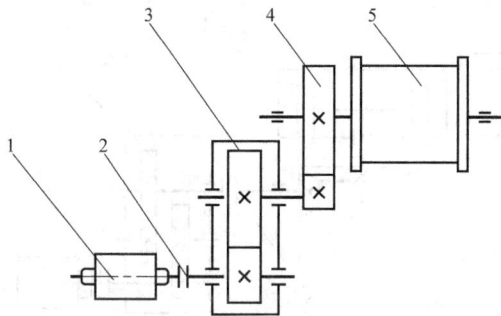

图 1-3　绞车传动装置

1—电动机　2—联轴器　3—圆柱斜齿轮减速器
4—开式齿轮　5—卷筒

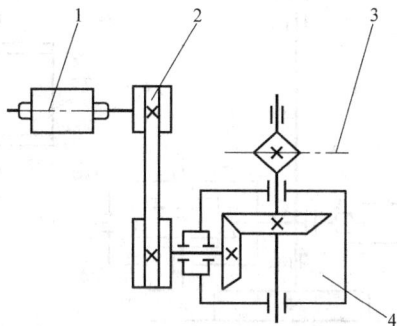

图 1-4　链式输送机传动装置

1—电动机　2—V带传动
3—链式输送机　4—锥齿轮减速器

表1-5 链式输送机传动装置原始数据

参　　数	题　号						
	1	2	3	4	5	6	7
输出轴功率 P/kW	3	3.2	3.4	3.6	3.8	4	4.2
输出轴转速 n/（r/min）	100	110	115	120	125	135	140

注：传动不可逆，载荷平稳，连续工作，起动载荷为名义载荷的 1.25 倍，传动比误差为 ±7.5%。

设计工作量：

1）设计说明书 1 份；

2）减速器装配图 1 张（A0 或 A1）；

3）零件工作图 1～3 张。

5. 设计带式输送机传动装置

相关资料见图1-5及表1-6。

表1-6　带式输送机传动装置原始数据

参　数	题　号				
	1	2	3	4	5
输送带工作拉力 F/N	7 000	8 000	9 000	10 000	11 000
输送带速度 v/（m/min）	6.5	5.5	5	5	5
滚筒直径 D/mm	350	350	450	500	600
每日工作时数/h	8	8	8	8	8
传动工作年限/a	5	5	5	5	5

注：传动不逆转，载荷平稳，起动载荷为名义载荷的1.25倍，输送带速度允许误差为±5%。

设计工作量：

1）设计说明书1份；

2）减速器装配图1张（A0或A1）；

3）零件工作图1~3张。

6. 设计盘磨机传动装置

相关资料见图1-6及表1-7。

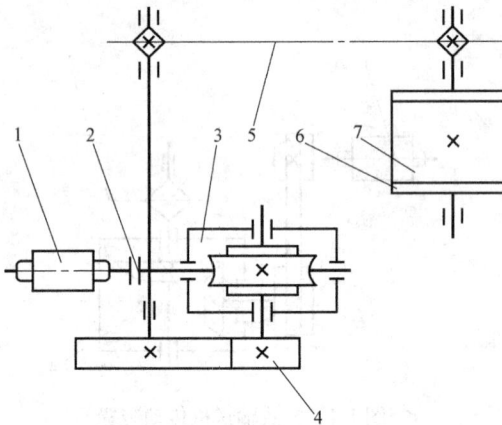

图1-5　带式输送机传动装置
1—电动机　2—联轴器　3—蜗轮减速器
4—开式齿轮传动　5—链传动　6—滚筒　7—输送带

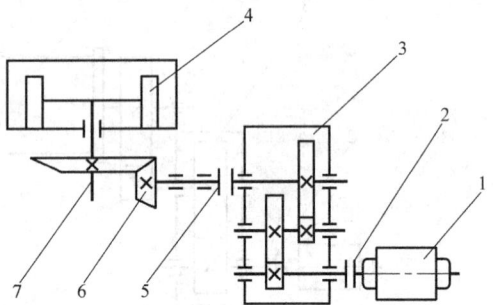

图1-6　盘磨机传动装置
1—电动机　2、5—联轴器　3—圆柱齿轮减速器
4—碾轮　6—锥齿轮传动　7—主轴

表1-7　盘磨机传动装置原始数据

参　数	题　号				
	1	2	3	4	5
主轴转速 $n_{主}$/（r/min）	30	40	32	45	50
锥齿轮传动比 i	3	4	3.5	3.5	4
电动机功率 P/kW	7.5	7.5	7.5	5.5	5.5
电动机转速 $n_{电}$/（r/min）	1 500	1 500	1 500	1 500	1 500
每日工作时数/h	8	8	8	8	8
传动工作年限/a	8	8	8	8	8

注：传动不逆转，有轻微的振动，起动载荷为名义载荷的1.5倍，主轴转速允许误差为±5%。

设计工作量：

1）设计说明书 1 份；

2）减速器装配图 1 张（A0 或 A1）；

3）零件工作图 1~3 张。

1.4 课程设计中应注意的问题

本课程设计是学生第一次接受较全面的设计训练，学生一开始往往不知所措。指导教师应给予学生适当的指导，引导学生的设计思路，启发学生独立思考，解答学生的疑难问题，并掌握设计进度，对设计进行阶段性检查。另一方面，作为设计的主体，学生应在教师的指导下发挥主观能动性，积极思考问题，认真阅读设计指导书，查阅有关设计资料，按教师的布置循序渐进地进行设计，按时完成设计任务。

在课程设计中应注意以下事项：

1. 学生要明确学习目的，端正学习态度

在设计的全过程中，必须严肃认真、刻苦钻研、一丝不苟、精益求精。只有这样，才能在设计思想、设计方法和设计技能等方面都得到较好的锻炼和提高。

2. 独立工作

教师的指导作用在于明确设计思路，启发学生独立思考，解答疑难问题和按设计进程进行阶段审查等。在设计中，学生必须充分发挥主观能动性，认真阅读有关设计资料和课程设计指导书，仔细分析参考图例的结构。提倡独立思考、分析问题和解决问题，独立完成设计，而不应被动地依赖教师，指望教师出主意、给数据、定答案，同时也反对盲目抄袭、不求甚解。

3. 正确运用设计资料

任何设计过程都不是设计者的凭空想象，设计过程中要查阅大量设计资料。设计资料是前人在理论和实践中的总结。正确运用设计资料可使设计安全、可靠、省时、准确，收到良好的技术和经济效果。阅读设计资料时，要注意分析和比较，以明确其优、劣、正、误及时代性，取长补短，恰当选用，注意改进，切忌盲目照搬，应在继承的基础上，根据具体条件和要求，敢于创新，敢于提出新方案，不断地完善和改进设计。所以，设计是继承和创新相结合的过程，这样才能使设计工作不断地向前发展。

4. 正确处理计算与画图的关系

在设计过程中，应防止将计算与画图截然分开。计算与画图是互相补充、交叉进行的，计算是画图的依据，画图是通过结构设计对计算尺寸的修正。有时修正后要进行重新计算，这一过程就是常说的"边算、边画、边修改"的过程。

5. 正确处理理论计算与结构设计的关系

机械零件的尺寸不可能完全由理论计算而定，而应综合考虑零件结构、加工、装配、经济性和使用条件等要求。通过强度条件计算出来的零件尺寸，常常是零件必须满足的最小尺寸，而不一定就是最终采用的结构尺寸。例如轴的尺寸，在进行结构设计时，要综合地考虑轴上的零件的装拆、维修、润滑、调整和固定以及加工工艺性要求，并进行强度校核计算，才最后确定。只有这样，才能设计出具有实际生产价值的产品。

6. 注意计算数据的记录和整理

数据是设计的依据，应及时记录与整理计算数据，如有变动应及时修正，供下一步设计及编写设计说明书时使用。

7. 注意数字处理

设计中保证数字处理的科学性，在本次课程设计中数字处理要进行上百次，应通过本次设计，学会数字处理方法。

数字处理方法繁多，在课程设计中常用的有如下几种：

1）带有公差要求的尺寸，应精确到 0.001mm，角度按公差要求精确到分或秒。

2）凡取标准值的数据的大小及准确度都与标准值相同。如算出齿轮模数为 3.96mm，则必须取标准值 4mm。

3）有的数据的准确度为其实际意义的最小计量单位。如算出齿轮齿数为 38.8，则取 38 或 39。

8. 正确使用标准和规范

设计中要尽量采用标准和规范，这是评价设计质量的一项指标。例如设计中采用的滚动轴承、带、链条、联轴器、密封件和紧固件等，其参数和尺寸必须严格遵守标准的规定。

绘图时，图样的幅面及格式、比例、图线、字体、视图表达、尺寸标注等应严格遵守机械制图标准，图样表达正确、清晰、图面整洁，设计说明书计算正确无误，书写工整清晰。

第 2 章　机械传动装置的总体设计

机器一般由原动机、传动装置、工作机三部分组成。传动装置在原动机和工作机之间，用于传递运动和动力，把原动机的运动形式转变为工作机需要的运动形式，改变运动和动力参数，以适应工作机的要求。

传动装置的总体设计的内容包括确定传动方案、选定电动机型号、合理分配传动比、计算传动装置的运动参数和动力参数等，为下一步计算各级传动件和绘制装配草图提供依据。

2.1　传动方案的拟定

在课程设计中，如由设计任务书给定传动装置方案时，学生则应了解和分析这种方案，对方案是否合理提出自己的见解。若只给定工作机的工作要求（如运输机的有效拉力 F 和输送带的速度 v 等），学生则应根据各种传动特点，确定最佳传动方案。

1. 传动装置的组成

传动装置一般包括传动件（齿轮传动、蜗杆传动、带传动、链传动）和支撑件（轴、轴承、箱体等）两部分。传动方案用机构运动简图表达，它能简单明了地表示运动和动力的传递方式、路线以及各部件的组成和连接关系。设计机械传动装置时，首先应根据它的生产任务、工作条件等拟订其传动方案，作总体布置，并绘制运动简图。传动方案是否合理，对整个设计质量的影响很大，因此它是设计中的一个重要环节。

2. 合理拟定传动方案

合理的传动方案，首先应满足工作机的功能要求，如所传递的功率及转速。此外，还应具有结构简单、尺寸紧凑、便于加工、效率高、成本低、使用维护方便等特点，以保证工作机的工作质量和可靠性。要同时达到这些要求，常常是困难的，设计时要统筹兼顾，保证重点要求。

现以图 2-1 所示的带式运输机的四种传动方案为例进行分析。图 2-1a 选用了 V 带传动和闭式齿轮传动。V 带传动布置于高速级，能发挥它的传动平稳、缓冲吸振和过载保护的优点，但此方案的结构尺寸较大；V 带传动也不适宜用于繁重工作的场合及恶劣的工作环境。图 2-1b 结构紧凑，但由于蜗杆传动效率低，功率损失大，不适宜用于长期连续运转的场合。图 2-1c 结构尺寸虽然较大，但只采用闭式齿轮传动，更能适应在繁重及恶劣的条件下长期工作，且使用维护方便。图 2-1d 适合布置在狭窄的通道（如矿井巷道）中工作，但加工锥齿轮比加工圆柱齿轮困难，成本也相对较高。这四种方案各有其特点，适用于不同的工作场合。设计时要根据工作条件和主要要求，综合比较，选取其中最优者。

3. 合理布置传动顺序

当采用由几种传动形式组成的多级传动时，要合理布置其传动顺序，通常应考虑以下几点：

1）带传动的承载能力较小，传递相同转矩时，其结构尺寸要比其他传动形式的结构尺

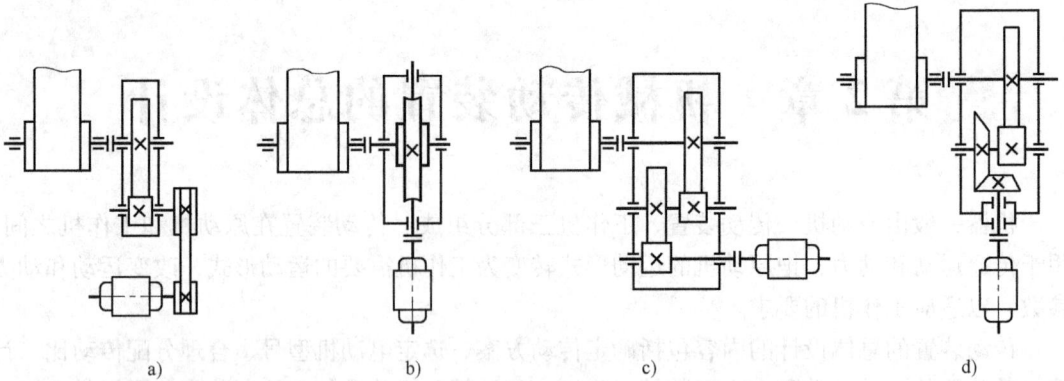

图 2-1 带式运输机的传动装置方案

寸大，但传动平稳，能缓冲吸振，因此宜布置在高速级。

2）链传动运转不均匀，有冲击，不适宜高速传动，应布置在低速级。

3）蜗杆传动可实现较大的传动比，结构紧凑，传动平稳，但传动效率较低，适用于中、小功率及间歇运转的场合。其承载能力较齿轮传动为低，当与齿轮传动同时应用时，宜将其布置在高速级，以减小蜗轮尺寸，节省非铁金属；另外由于在高速下，蜗轮和蜗杆有较大的齿面相对滑动速度，易于形成液体动力润滑油膜，有利于提高承载能力和效率，延长使用寿命。

4）锥齿轮（特别是大直径、大模数的锥齿轮）加工较困难，所以，一般只在需要改变轴的布置方向时采用，并尽量放在高速级和限制传动比，以减小大锥齿轮的直径和模数。

5）斜齿轮传动的平稳性较直齿轮传动好，常用于高速级或要求传动平稳的场合。

6）开式齿轮传动的工作环境一般较差，润滑条件不好，磨损严重，寿命较短，应布置在低速级。表 2-1 列出了常用传动机构的性能及使用范围，表 2-2 列出了减速器的主要类型和特点，以供确定传动方案时参考。

表 2-1 常用传动机构的性能及适用范围

性能指标	传动机构					
	平带传动	V 带传动	圆柱摩擦轮传动	链传动	齿轮传动	蜗杆传动
功率 P/kW（常用值）	小（≤20）	中（≤100）	小（≤20）	中（≤100）	大（最大达 50 000）	小（≤50）
单级传动比：常用值 最大值	2~4 5	2~4 7	2~4 5	2~5 7	圆柱齿轮 锥齿轮 3~5 2~3 10 6	10~40 80
传动效率	中	中	中	中	高	低
许用线速度 $v/$（m/s）	≤25	≤25~30	≤15~25	≤20~40	6 级精度直齿≤18 非直齿≤36 5 级精度 100	滑动速度 $v≤15~35$
外廓尺寸	大	大	大	大	小	小

（续）

性能指标	传动机构					
	平带传动	V 带传动	圆柱摩擦轮传动	链传动	齿轮传动	蜗杆传动
传动精度	低	低	低	中	高	高
工作平稳性	好	好	好	差	中	好
自锁能力	无	无	无	无	无	可有
过载保护	有	有	有	无	无	无
使用寿命	短	短	短	中等	长	中
缓冲吸振能力	好	好	好	中等	差	差
制造及安装精度	低	低	中等	中等	高	高
要求润滑条件	不需	不需	一般不需	中等	高	高
环境适应性	不能接触酸、碱、油和爆炸性气体	一般	好	一般	一般	一般

表 2-2　常用减速器的类型及特点

类型	简图及特点
一级圆柱齿轮减速器	传动比一般小于 5，使用直齿、斜齿或人字齿轮，传递功率可达数万千瓦，效率较高，工艺简单；精度易于保证，一般工厂均能制造，应用广泛；轴线可水平、上下或铅垂布置 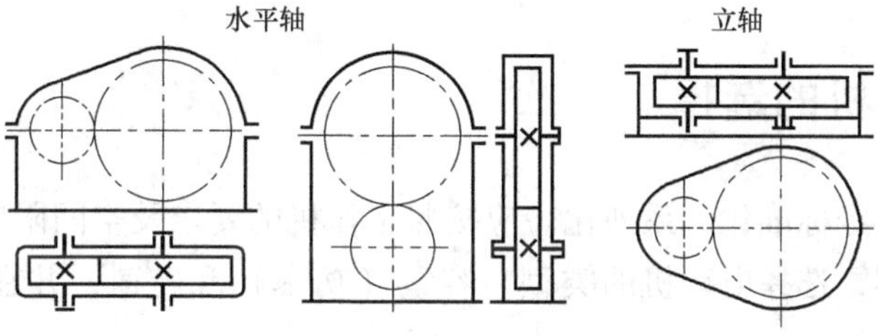
二级圆柱齿轮减速器	传动比一般为 8 ~ 40，使用斜齿、直齿或人字齿，结构简单，应用广泛；展开式由于两轮相对于轴承为不对称布置，因而沿齿向载荷分布不均，要求轴有较大刚度；分流式则齿轮相对于轴承对称布置，常用于较大功率、变载荷场合；同轴式减速器长度方向尺寸较小，但轴向尺寸较大，中间轴较长，刚度较差，两级大齿轮直径接近，有利于浸油润滑；轴线可以水平、上下或铅垂布置 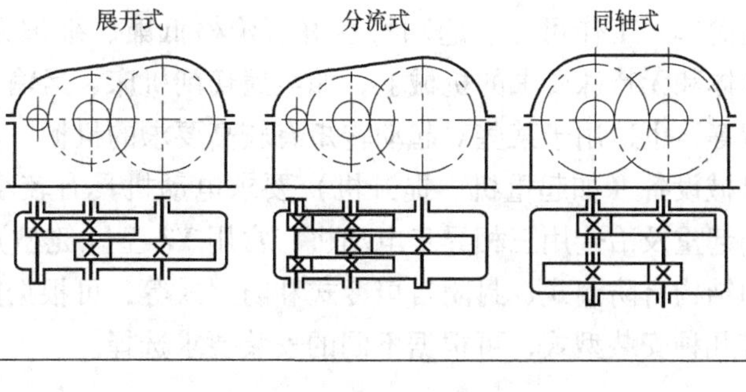

（续）

类型	简图及特点
一级 锥齿轮减速器	传动比一般小于3，使用直齿、斜齿或曲齿齿轮 水平轴　　　　　立轴
一级 蜗杆减速器	结构简单，尺寸紧凑，但效率较低，适用于载荷较小、间歇工作的场合；蜗杆圆周速度 $v \leqslant 4\text{m/s}$ 时用蜗杆下置式；速度 $v > 4 \sim 5\text{m/s}$ 时用蜗杆上置式，采用立轴布置时密封要求高 蜗杆下置式　　　蜗杆上置式　　　立轴

2.2　电动机的选择

电动机已经标准化、系列化。应按照工作机的要求及空间限制和经济性等要求，根据选择的传动方案，选择电动机的类型、容量（功率）和转速，并在产品目录中查出其型号和尺寸。

2.2.1　选择电动机的类型和结构型式

电动机有交流电动机和直流电动机之分，一般工厂都采用三相交流电，因而多采用交流电动机。交流电动机有异步电动机和同步电动机两类，异步电动机又分笼型和绕线型两种，其中以普通笼型异步电动机应用最多。目前应用最广的是 Y 系列自扇冷式笼型三相异步电动机，其结构简单、工作可靠、起动特性好、价格低廉、维护方便，适用于不易燃、不易爆、无腐蚀气体和无特殊要求的机械上，如金属切削机床、运输机、风机、搅拌机、农业机械、食品机械等，也适用于某些对起动转矩有较高要求的机械，如压缩机等。经常起动、制动和反转的机械设备（如起重机、提升机）要求电动机具有较小的转动惯量和较大的过载能力，应选用起重及冶金用三相异步电动机，常用 YZ 型（笼型）或 YZR 型（绕线型）。

电动机的结构有防滴式、封闭自扇冷式和防爆式等，可根据防护要求选择。同一类型的电动机又具有几种安装型式，可根据不同的安装要求选择。

常用 Y 系列三相异步电动机的主要技术数据见表 18-1；其外形及安装尺寸见表 18-2。

2.2.2　选择电动机的功率（容量）

电动机的功率选择是否合适，对电动机的工作和经济性都有影响。若功率小于工作要求，则不能保证工作机的正常工作，或使电动机因长期超载运行而过早损坏；功率选得过大则电动机的价格高，传动能力不能充分利用，而且由于电动机经常在轻载荷下运转，其效率和功率因数都较低，造成能源的浪费。

对于载荷比较稳定、长期运转的机械（例如运输机），通常按照电动机的额定功率选择，而不必校核电动机的发热和起动转矩。选择电动机容量时应保证电动机的额定功率 P_{ed} 等于或稍大于工作机所需的电动机功率 P_d，即 $P_{ed} \geqslant P_d$。这样的电动机在工作时就不会过热。一般情况下可以不校验电动机的起动转矩和发热。

如图 2-2 所示的带式运输机，其工作机所需要的电动机输出功率 P_d 为

$$P_d = \frac{P_W}{\eta} \tag{2-1}$$

式中，P_W 为工作机所需输入功率，指输入工作机轴的功率，单位为 kW；η 为电动机至工作机之间的总效率。

工作机所需输入功率 P_W，应由工作机的工作阻力和运动参数（线速度或转速）计算求得。在课程设计中，可由设计任务书给定的工作机参数（F、v 或 T、n）按下式计算：

$$P_W = \frac{Fv}{1000\eta_W} \tag{2-2}$$

或

$$P_W = \frac{Tn_W}{9550\eta_W} \tag{2-3}$$

式中，F 为工作机的工作阻力，单位为 N；v 为工作机卷筒的线速度，如运输机输送带的线速度，单位为 m/s；T 为工作机的阻力矩，单位为 N·m；n_W 为工作机卷筒的转速，单位为 r/min；η_W 为工作机的效率。

由电动机至工作机的传动装置总效率 η 为

$$\eta = \eta_1 \cdot \eta_2 \cdot \eta_3 \cdots \eta_n \tag{2-4}$$

其中，η_1，η_2，η_3，…，η_n 分别为传动装置中每一传动副（齿轮、蜗杆、带或链）、每对轴承、每个联轴器及传动滚筒的效率，各种传动机构、轴承、联轴器和传动滚筒的效率概略值见表 9-2。由此可知，应初选联轴器、轴承类型及齿轮精度等级，以便确定各部分的效率。

计算传动装置总效率时应注意以下几点：

1）资料中查出的效率数值为一范围时，一般可取中间值，如工作条件差，加工精度低，用润滑脂润滑或维护不良时则应取低值，反之可取高值。

2）轴承效率是指一对轴承而言。

3）同类型的几对传动副、轴承或联轴器，均应单独计入总效率。

4）蜗杆传动效率与蜗杆的头数及材料有关，设计时应先初选头数并估计效率，待设计出蜗杆的传动参数后再最后确定效率，并校验电动机所需功率。

2.2.3　确定电动机的转速

除了选择合适的电动机系列和功率外，还要选择适当的电动机转速，以便确定满足工作

机要求的电动机型号。功率相同的同类型电动机，有几种不同的可供设计者选用，如三相异步电动机的同步转速，一般有 3 000r/min（2 极）、1 500r/min（4 极）、1 000r/min（6 极）及 750r/min（8 极）四种。电动机同步转速愈高，磁极对数愈少，其重量愈轻，外廓尺寸愈小，价格愈低。但是电动机转速与工作机转速相差过多势必使总传动比加大，致使传动装置的外廓尺寸和重量增加，价格提高。而选用较低转速的电动机时，则情况正好相反，即传动装置的外廓尺寸和重量减小，而电动机的尺寸和重量增大，价格提高。因此，在确定电动机转速时，应进行分析比较，权衡利弊，选择最优方案。

设计中常选用同步转速为 1 500r/min、1 000r/min 两种电动机，如无特别要求，一般不选用 750r/min 和 3 000r/min 的电动机。

设计计算传动装置时，通常用工作机所需电动机功率 P_d 进行计算，而不用电动机的额定功率 P_{ed}。只有当有些通用设备为留有储备能力以备发展，或为适应不同工作的需要，要求传动装置具有较大的通用性和适应性时，才按额定功率 P_{ed} 来设计传动装置。传动装置的转速则可按电动机额定功率时的转速，即满载转速计算，这一转速与实际工作时的转速相差不大。

例 2-1　如图 2-2 所示带式运输机，胶带的有效拉力 $F = 4\ 000\text{N}$，带速 $v = 0.8\text{m/s}$，已知卷筒直径 $D = 500\text{mm}$，载荷平稳，在室温下连续运转，工作环境多尘，电源为三相交流电，电压380V，试选择合适的电动机。

解：

1）选择电动机类型：按工作要求选用 Y 型全封闭笼型三相异步电动机。

2）选择电动机功率：工作机所需的电动机输出功率为

$$P_d = \frac{P_W}{\eta}$$

$$P_W = \frac{Fv}{1\ 000\eta_W}$$

所以

$$P_d = \frac{Fv}{1\ 000\eta_W\eta}$$

由电动机至工作机之间的总效率（包括工作机效率）为

$$\eta \cdot \eta_W = \eta_1 \cdot \eta_2^4 \cdot \eta_3^2 \cdot \eta_4 \cdot \eta_5$$

按表 9-2 确定各部分效率为：V 带传动效率 $\eta_1 = 0.96$，滚动轴承传动效率（一对）$\eta_2 = 0.99$，闭式齿轮传动效率 $\eta_3 = 0.97$，联轴器效率 $\eta_4 = 0.99$，传动滚筒效率 $\eta_5 = 0.96$。代入得

$$\eta \cdot \eta_W = 0.96 \times 0.99^4 \times 0.97^2 \times 0.99 \times 0.96 = 0.825$$

所以

$$P_d = \frac{Fv}{1\ 000\eta_W\eta} = \frac{4\ 000 \times 0.8}{1\ 000 \times 0.825}\text{kW} = 3.88\text{kW}$$

3）确定电动机转速　卷筒轴的工作转速为

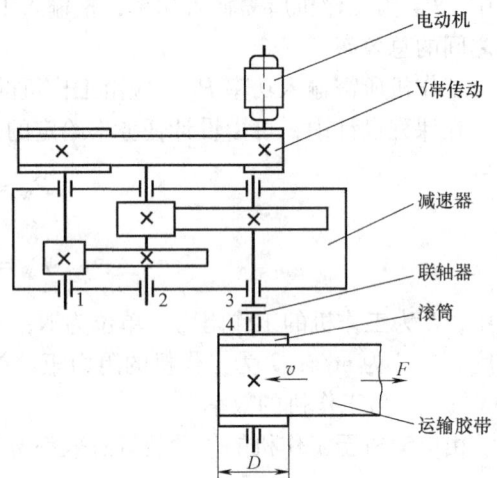

图 2-2　带式运输机传动装置

$$n_{\mathrm{W}} = \frac{60 \times 1\,000v}{\pi D} = \frac{60 \times 1\,000 \times 0.8}{\pi \times 500}\mathrm{r/min} = 30.5\mathrm{r/min}$$

通常，V 带传动的传动比合理范围为 $i'_1 = 2 \sim 4$，两级圆柱齿轮减速器为 $i'_2 = 8 \sim 40$，则总传动比合理范围为 $i' = 16 \sim 160$，故电动机转速的可选范围为

$$n_{\mathrm{d}} = i' \cdot n_{\mathrm{W}} = （16 \sim 160）\times 30.56\mathrm{r/min} = 489 \sim 4890\mathrm{r/min}$$

符合这一范围的同步转速有 750r/min、1 000r/min、1 500r/min、3 000r/min。现以同步转速 3 000r/min、1 500r/min 及 1 000r/min 三种方案进行比较。由表 18-1 查得电动机数据及计算出的总传动比列于表 2-3 中。

方案 1 电动机重量轻，价格便宜，但总传动比大，传动装置外廓尺寸大，制造成本高、结构不紧凑，故不可取。而方案 2 与方案 3 相比较，综合考虑电动机和传动装置的尺寸、重量和价格及总传动比，可以看出，如为使传动装置结构紧凑，选用方案 3 较好；如考虑电动机重量和价格，则应选方案 2。现选用方案 2，即选定电动机型号为 Y112M-4。

表 2-3　电动机数据及总传动比

方案	电动机型号	额定功率 $P_{\mathrm{ed}}/\mathrm{kW}$	电机转速/（r/min）		电动机重量 /N	参考价格/元	总传动比
			同步转速	满载转速			
1	Y112M—2	4	3 000	2 890	340	470	94.54
2	Y112M—4	4	1 500	1 440	470	541	47.11
3	Y132M—6	4	1 000	960	730	823	31.40

2.3　分配传动比

2.3.1　计算总传动比

电动机选定后，由电动机的满载转速 n_{m} 和工作机主动轴的转速 n_{W}，可计算得出传动装置的总传动比为

$$i = \frac{n_{\mathrm{m}}}{n_{\mathrm{W}}} \tag{2-5}$$

总传动比为各级传动比 i_1，i_2，i_3，$\cdots$，i_n 的连乘积，即

$$i = i_1 \cdot i_2 \cdot i_3 \cdots i_n$$

2.3.2　分配各级传动比

计算出总传动比后，应合理地分配各级传动比，这是传动装置设计中的一个重要问题。合理分配传动比，可以减小传动装置的外廓尺寸、重量，达到结构紧凑、降低成本的目的，还可以得到较好的润滑条件。分配传动比主要考虑以下几点：

1）各级传动比均应在推荐范围内选取，不得超过最大值。各种传动的传动比常用值见表 9-1。

2）各级传动零件应做到尺寸协调，结构匀称，避免相互间发生碰撞或安装不便。如图 2-3 所示，由于高速级传动比过大，致使高速级大齿轮直径过大而与低速轴相碰。又如图 2-4 所示，由 V 带和单级圆柱齿轮减速器组成的两级传动中，由于带传动的传动比过大，使得

大带轮外圆半径大于减速器输入轴的中心高，造成尺寸不协调，安装不便。为了避免出现这种情况一般应使带传动的传动比小于齿轮传动的传动比。

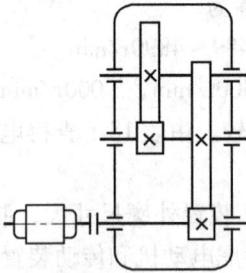

图 2-3　高速级大齿轮与低速轴相碰　　　　图 2-4　带轮过大与地基相碰

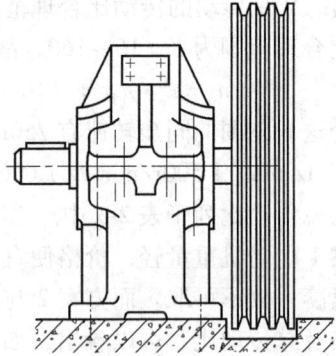

3）尽量使传动装置的外廓尺寸紧凑或重量较小。如图 2-5 所示为两级圆柱齿轮减速器的两种传动比分配方案，在总中心距和总传动比相同时（$a = a'$，$i_1 \cdot i_2 = i_1' \cdot i_2'$），图 2-5a 的方案中，高速级传动比为 5，低速级传动比为 4.1，两个大齿轮直径比较接近，减速箱尺寸较小。图 2-5b 方案中，高速级传动比为 3.95，低速级传动比为 5.18，低速级大齿轮直径较大，减速箱尺寸较大。

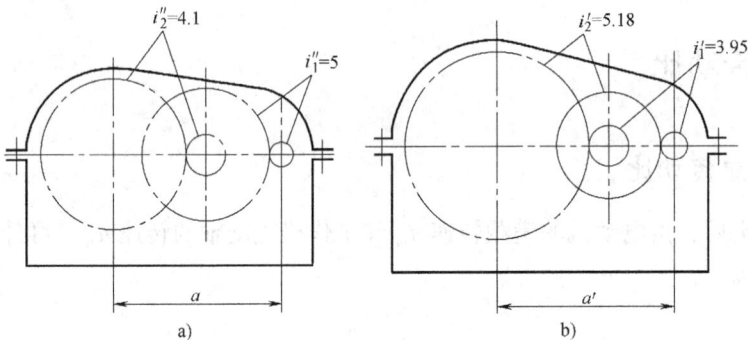

图 2-5　不同的传动比分配对外廓尺寸的影响

4）在卧式两级齿轮减速器中，各级齿轮都应得到充分润滑。为了避免因各级大齿轮都能浸到油，致使某级大齿轮浸油过深而增加搅油损失，通常使各级大齿轮直径相近，应使高速级传动比大于低速级，如图 2-5a 中所示。此时，高速级大齿轮能浸到油，低速级大齿轮直径稍大于高速级大齿轮，浸油较深。

对于展开式两级圆柱齿轮减速器，在两级齿轮配对材料、性能及齿宽系数大致相同的情况下，即齿面接触强度大致相等时，两级齿轮的传动比可按下式分配：

$$i_1 \approx (1.3 \sim 1.5) i_2$$

或

$$i_1 \approx \sqrt{(1.3 \sim 1.5) i}$$

式中，i_1、i_2 分别为高速级和低速级齿轮的传动比；i 为两级齿轮减速器的总传动比。

对于同轴式减速器，常取 $i_1 = i_2 \approx \sqrt{i}$。

5）对于锥齿轮-圆柱齿轮减速器，为了便于加工，大锥齿轮尺寸不应过大，为此应限制高速级锥齿轮的传动比 $i_1 \leqslant 3$，一般可取 $i \approx 0.25i$。

例 2-2　数据同例 2-1，试计算传动装置的总传动比，并分配各级传动比。

解：（1）总传动比：

$$i = \frac{n_m}{n_w} = \frac{1440}{30.56} = 47.12$$

（2）分配传动装置各级传动比：

由表 2-1 取 V 带传动的传动比 $i_0 = 3$，则减速器的传动比为

$$i = \frac{i}{i_0} = \frac{47.12}{3} = 15.70$$

取两级圆柱齿轮减速器高速级的传动比

$$i_1 = \sqrt{1.4i} = \sqrt{1.4 \times 15.70} = 4.688$$

则低速级的传动比

$$i_2 = \frac{i}{i_1} = \frac{15.70}{4.688} = 3.349$$

注意：以上传动比的分配只是初步的。传动装置的实际传动比要由选定的齿轮齿数或带轮基准直径准确计算，因而很可能与设定的传动比之间有误差。一般允许工作机实际转速与设定转速之间的相对误差为 ±（3% ~5%）。

2.4　传动装置的运动和动力参数的计算

在选定电动机型号，分配传动比之后，应计算传动装置各部分的功率及各轴的转速、转矩，为传动零件和轴的设计计算提供依据。

各轴的转速可根据电动机的满载转速 n_m 及传动比进行计算；传动装置各部分的功率和转矩通常是指各轴的输入功率和输入转矩。

计算各轴运动及动力参数时，应先将传动装置中的各轴从高速轴到低速轴依次编号，定为 1 轴，2 轴，……（电动机轴为 0 轴），相邻两轴间的传动比表示为 i_{01}，i_{12}，i_{23}，……，相邻两轴间的传动效率为 η_{01}，η_{12}，η_{23}，……，各轴的输入功率 P_1，P_2，P_3，……，各轴的转速为 n_1，n_2，n_3，……，各轴的输入转矩为 T_1，T_2，T_3，……。

电动机轴的输出功率、转速和转矩分别为

$$P_0 = P_d, \quad n_0 = n_m, \quad T_0 = 9550 \frac{P_0}{n_0}$$

传动装置中各轴的输入功率、转速和转矩分别为

$$P_1 = P_0 \cdot \eta_{01}; \quad n_1 = \frac{n_0}{i_{01}}; \quad T_1 = 9550 \frac{P_1}{n_1} = T_0 \cdot i_{01} \cdot \eta_{01}$$

$$P_2 = P_1 \cdot \eta_{12}; \quad n_2 = \frac{n_1}{i_{12}}; \quad T_2 = 9550 \frac{P_2}{n_2} = T_1 \cdot i_{12} \cdot \eta_{12}$$

$$P_3 = P_2 \cdot \eta_{23}; \quad n_3 = \frac{n_2}{i_{23}}; \quad T_3 = 9550 \frac{P_3}{n_3} = T_2 \cdot i_{23} \cdot \eta_{23}$$

······

注意：同一根轴的输出功率（转矩）与输入功率（或转矩）数值不同（因为有轴承功率消耗），因此，在对传动零件进行设计时，应该用输出功率。一根轴的输出功率（或转矩）与下一根轴的输入功率（或转矩）的数值也不相同（因为有传动零件功率损耗），计算时也必须加以区分。

例 2-3 数据同前两例条件，传动装置运动简图如图 2-2。试计算传动装置各轴的运动和动力参数。

解：

0 轴（电动机轴）

$$P_0 = P_d = 3.88 \text{kW}$$

$$n_0 = n_m = 144 \text{r/min}$$

$$T_0 = 9550 \frac{P_0}{n_0} = 9550 \times \frac{3.88}{1440} \text{N} \cdot \text{m} = 25.7 \text{N} \cdot \text{m}$$

1 轴（高速轴）

$$P_1 = P_0 \cdot \eta_{01} = P_0 \cdot \eta_1 = 3.88 \times 0.96 \text{kW} = 3.72 \text{kW}$$

$$n_1 = \frac{n_0}{i_{01}} = \frac{1440}{3} \text{r/min} = 480 \text{r/min}$$

$$T_1 = 9550 \frac{P_1}{n_1} = 9550 \times \frac{3.72}{480} \text{N} \cdot \text{m} = 74 \text{N} \cdot \text{m}$$

2 轴（中间轴）

$$P_2 = P_1 \cdot \eta_{12} = P_1 \cdot \eta_2 \cdot \eta_3 = 3.72 \times 0.99 \times 0.97 \text{kW} = 3.57 \text{kW}$$

$$n_2 = \frac{n_1}{i_{12}} = \frac{480}{4.688} \text{r/min}$$

$$T_2 = 9550 \frac{P_2}{n_2} = 9550 \times \frac{3.75}{102.4} \text{N} \cdot \text{m} = 333 \text{N} \cdot \text{m}$$

3 轴（低速轴）

$$P_3 = P_2 \cdot \eta_{23} = P_2 \cdot \eta_2 \cdot \eta_3 = 3.57 \times 0.99 \times 0.97 \text{kW} = 3.43 \text{kW}$$

$$n_3 = \frac{n_2}{i_{23}} = \frac{102.4}{3.349} \text{r/min} = 30.58 \text{r/min}$$

$$T_3 = 9550 \frac{P_3}{n_3} = 9550 \times \frac{3.43}{30.58} \text{N} \cdot \text{m} = 1071 \text{N} \cdot \text{m}$$

4 轴（滚筒轴）

$$P_4 = P_3 \cdot \eta_{34} = P_3 \cdot \eta_2 \cdot \eta_4 = 3.43 \times 0.99 \times 0.99 \text{kW} = 3.36 \text{kW}$$

$$n_3 = \frac{n_3}{i_{34}} = \frac{30.58}{1} \text{r/min} = 30.58 \text{r/min}$$

$$T_4 = 9550 \frac{P_4}{n_4} = 9550 \times \frac{3.36}{30.58} \text{N} \cdot \text{m} = 1049 \text{N} \cdot \text{m}$$

1～3 轴的输出功率或输出转矩则分别为各轴的输入功率或输入转矩乘轴承效率 0.99，例如 1 轴的输出功率为 $P_1' = P_1 \times 0.99 = 3.72 \times 0.99 \text{kW} = 3.68 \text{kW}$；输出转矩为 $T_1' = T_1 \times 0.99$

$=74 \times 0.99 \text{N} \cdot \text{m} = 73.3 \text{N} \cdot \text{m}$，其余类推。各轴运动和动力参数见表 2-4。

表 2-4 各轴运动和动力参数

轴名	功率 P/kW		转矩 $T/\text{N} \cdot \text{m}$		转速 $n/(\text{r/min})$	传动比 i	效率 η
	输入	输出	输入	输出			
0 轴（电机轴）		3.88		25.7	1440		
1 轴	3.72	3.68	74	73.3	480	3	0.96
2 轴	3.57	3.53	333	330	102.4	4.688	0.96
3 轴	3.43	3.40	1071	1060	30.58	3.349	0.96
4 轴（滚筒轴）	3.36	3.33	1049	1039	30.58	1	0.98

思考题与习题

1. 传动装置总体设计包括哪些内容？

2. 传动装置的主要作用是什么？

3. 各种机械传动型式有哪些特点？其适用范围怎样？

4. 为什么一般带传动布置在高速级，链传动布置在低速级？

5. 锥齿轮传动为什么常布置在高速级？

6. 你所设计的传动装置有哪些特点？

7. 蜗杆传动适宜于什么样的场合使用？在多级传动中为什么常将其布置在高速级？

8. 工业生产中用得最多的是哪一种类型的电动机？其具有什么特点？

9. 如何确定工作机所需电动机功率？其与所选电动机的额定功率是否相同？它们之间要满足什么条件？设计传动装置时采用哪一功率？

10. 传动装置的总效率如何确定？计算总效率时要注意哪些问题？

11. 电动机的转速如何确定？选用高速电动机与低速电动机各有什么特点？电动机的满载转速与同步转速是否相同？设计中采用哪一转速？

12. 合理分配各级传动比有什么意义？分配传动比时要考虑那些原则？

13. 传动装置中各相邻轴间的功率、转速、转矩关系如何确定？同一轴输入功率与输出功率是否相同？设计传动零件或轴时采用哪一功率？

第3章 传动零件的设计

传动装置是由各种类型的零、部件组成的，其中决定其工作性能、结构布置和尺寸大小的主要是传动零件。而支承零件和联接零件等都要根据传动零件的要求来设计。所以，一般应先设计传动零件。传动零件的设计包括确定传动零件的材料、热处理方法、参数、尺寸和主要结构。减速器是独立、完整的传动部件，为了使设计减速器时的原始条件比较准确，通常应先设计减速器外的传动零件，例如带传动、链传动和开式齿轮传动等，然后计算减速器内的传动件。

3.1 选择联轴器的类型和型号

一般在传动装置中有两个联轴器：一个是连接电动机轴与减速器高速轴的联轴器，另一个是连接减速器低速轴与工作机轴的联轴器。前者由于所连接轴的转速较高，为了减少起动载荷、缓和冲击，应选用较小转动惯量的弹性联轴器，如弹性柱销联轴器等。后者由于所连接轴的转速较低，传动的转矩较大，减速器与工作机常不在同一底座上而要求有较大的轴线偏移补偿，因此常选用无弹性元件的挠性联轴器，例如十字滑块联轴器等。

对于标准联轴器，主要按传递转矩大小和转速选择型号，在选择时还应注意联轴器轴孔尺寸必须与轴的直径相适应。

例 3-1 功率 $P = 30\text{kW}$，转速 $n = 1\,470\text{r/min}$ 的电动起重机中，连接直径 $d = 24\text{mm}$，长 $L = 52\text{mm}$ 的电动机轴，试选择联轴器的型号。

解：1) 选择联轴器类型：

因起重机载荷不平稳，传递转矩也大，为缓冲和吸振，选择弹性套柱销联轴器。

2) 选择联轴器型号：

工作转矩
$$T = 9\,550\,\frac{P}{n} = 9\,550 \times \frac{30}{1\,470}\text{N} \cdot \text{m} = 195\text{N} \cdot \text{m}$$

查表（查看配套教材相关图表，余同），得工作情况系数 $k = 3.5$，计算转矩
$$T_\text{C} = kT = 3.5 \times 195\text{N} \cdot \text{m} = 682.5\text{N} \cdot \text{m}$$

按计算转矩、转速和轴径，由 GB/T 3852—1997 中选用 YL5。

3.2 设计减速器外传动零件

通常，由于课程设计学时的限制，减速器外的传动零件只需确定主参数和尺寸，而不进行详细的机构设计。装配图只画减速器部分，一般不画减速器外传动零件。

减速器外常用的传动零件有普通 V 带传动、链传动、开式齿轮传动。它们的设计计算方法按机械设计基础教材所述，下面仅就应注意的问题作简要提示。

3.2.1 普通 V 带传动设计

1）一般情况，普通 V 带传动应放在较高速级，即电动机与减速器输入轴之间。

2）前面总体设计中，已提供了传动装置各轴的转速、功率和转矩，根据这些参数，即可进行 V 带传动设计。设计内容包括：确定 V 带型号、长度和根数；带轮材料和结构；传动中心距以及带传动的张紧装置等。而 V 带轮的轮毂尺寸只能待轴设计完成之后，根据配合段轴的直径才能确定。

3）设计 V 带传动时，应考虑带轮尺寸与其相关零件尺寸的相互关系，如小带轮孔径应与电动机轴径一致，小带轮外圆半径应小于电动机的中心高，如图 3-1 所示。大带轮外圆直径也不能过大，若超过了减速器的高度，装配后将与减速器底座的固定发生干涉，结构上是不合理的，如图 2-4 所示。

4）带轮的轮毂长度与带轮宽度不一定相同。一般轮毂长度 L 按与其配合的轴径 d_0 的大小确定，

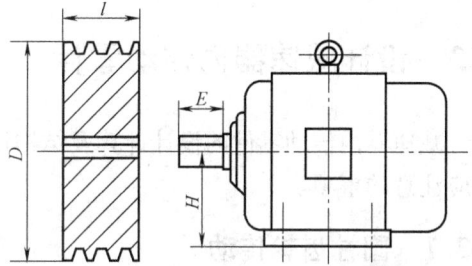

图 3-1 小带轮与电动机尺寸的关系

通常取 $L = (1.5 \sim 2) d_0$。在设计带轮的结构尺寸及确定减速器输入轴的外伸长度时要注意这一点。

5）在带轮直径最后确定之后应验算带传动的实际传动比，并以此修正减速器内传动零件的传动比和输入转矩。

3.2.2 链传动设计

1）一般情况，链传动应放在低速级，即减速器输出轴与工作机之间。

2）设计链传动所需的已知条件主要有：载荷特性和工作情况；传递功率；主动链轮和从动链轮的转速；外廓尺寸，传动布置方式以及润滑条件等。设计内容包括：确定链条的节距、排数和链节数；链轮的材料和结构尺寸；传动中心距；张紧装置以及润滑方式。

3）设计时应注意检查链轮直径尺寸、轴孔尺寸、轮毂尺寸等是否与减速器或工作机相适应。大、小链轮的齿数最好选择奇数或不能整除链节数的数，一般限定 $z_{min} = 17$，而 $z_{max} \leqslant 120$。为避免使用过渡链节，链节数最好取为偶数。当采用单排链传动而计算出的链节距过大时，应改选双排链或多排链。

4）设计链传动时，还要考虑到链传动的润滑、张紧与维护等。

5）其他注意的问题与带传动类似。

3.2.3 开式齿轮传动

1）开式齿轮传动一般布置在较低速级，常采用直齿轮。

2）设计开式齿轮传动所需的已知条件主要有：传递功率；转速；传动比；工作条件和尺寸限制等。设计内容包括：选择材料；确定齿轮传动的参数（齿数、模数、螺旋角、变位系数、中心距、齿宽等）；齿轮的其他几何尺寸和结构以及作用在轴上力的大小和方向等。

3）开式齿轮只需计算轮齿弯曲强度，考虑到齿面的磨损，应将强度计算求得的模数加大 10% ~ 20% 。

4）开式齿轮传动工作条件差，应注意材料配对的选择，使之具有较好的减摩和耐磨性能。

5）开式齿轮轴的支座刚度较小，齿宽系数应取小些，以减轻齿轮偏斜程度。

6）尺寸参数确定后，应检查传动的外廓尺寸，如与其他零件发生干涉或碰撞，则应修改参数重新计算。

3.3 设计减速器内传动零件

减速器内传动零件的设计计算及结构设计方法均可依据教材的有关内容进行，这里只讨论应注意的事项。

3.3.1 圆柱齿轮传动

1）齿轮材料及热处理方法的选择，要考虑到齿轮毛坯的制造方法。当齿轮的顶圆直径 $d_a \leq 400\text{mm}$ 时，一般采用锻造毛坯；当 $d_a > 400\text{mm}$ 时，因受锻造设备能力的限制，多采用铸造毛坯。当齿轮直径与轴的直径相差不大时，应将齿轮和轴做成一体，选择齿轮轴材料时要兼顾轴的要求。同一减速器内各级大小齿轮的材料最好对应相同，以减少材料牌号并简化工艺要求。

2）齿轮传动的几何参数和尺寸应分别进行标准化、圆整或计算其精确值。例如模数必须标准化；中心距和齿宽应尽量圆整；分度圆、齿顶圆和齿根圆直径、螺旋角、变位系数等必须计算其精确值。要求长度尺寸精确到小数点后 2 ~ 3 位（单位为 mm），角度精确到秒（″）。为便于制造和测量，中心距应尽量圆整成个位数为 0 或 5。对直齿圆柱齿轮传动可以通过调整模数 m 和齿数 z，或采用角变位来实现；对于斜齿圆柱齿轮传动还可以通过调整螺旋角 β 来实现中心距尾数圆整的要求。

齿轮的结构尺寸都应尽量圆整，以便于制造和测量。轮毂直径和长度、轮辐的厚度和孔径、轮缘长度和内径等，按设计资料给定的经验公式计算后，再进行圆整。

3.3.2 锥齿轮传动

1）直齿锥齿轮的锥距 R、分度圆直径 d（大端）等几何尺寸，应按大端模数和齿数精确计算至小数点后 3 位数值，不能圆整。

2）两轴交角为 90°时，分度圆锥角 δ_1 和 δ_2 可以由齿数比 $u = \dfrac{z_2}{z_1}$ 算出，其中小锥齿轮齿数 z_1 可取 17 ~ 25。u 值的计算应达到小数点后 4 位，δ 值计算应精确到秒（″）。

3）大、小锥齿轮的齿宽应相等，按齿宽因数 $\psi_R = \dfrac{b}{R}$ 计算出齿宽 b 的数值应圆整。

3.3.3 蜗杆传动

1）蜗杆传动的中心距应尽量圆整成个位数为 0 或 5 的整数。蜗杆的螺旋线方向应尽量选用右旋，以便于加工。蜗杆传动的啮合几何尺寸也应精确计算。

当蜗杆的圆周速度 $v \leqslant 4\mathrm{m/s}$ 时，一般采用蜗杆下置式；当 $v > 4\mathrm{m/s}$ 时，则采用蜗杆上置式。

2）蜗杆的强度和刚度验算以及蜗杆的热平衡计算都要在装配草图的设计中进行。

3）各齿轮的参数和几何尺寸的计算结果应及时圆整并列表备用。

思考题与习题

1. 在传动装置中，为什么一般先设计传动零件？为什么传动零件中一般又是先设计减速器外的传动零件？

2. 设计带传动所需的已知条件主要有哪些？设计内容主要有哪些？应进行哪些检查以判断带传动的设计结果是否合适？

3. 设计链传动所需的已知条件主要有哪些？设计内容主要有哪些？应进行哪些检查以判断链传动的设计结果是否合适？

4. 开式齿轮传动的设计要点有哪些？

5. 齿轮传动的参数和尺寸中，哪些应取标准值？哪些应该圆整？哪些必须精确计算？

6. 如对圆柱齿轮传动的中心距数值圆整成尾数为 0 或 5 的倍数时，应如何调整 m、z、b 等参数。

7. 齿轮的材料选取和齿轮尺寸两者间有什么关系？齿顶圆直径 $d_\mathrm{a} > 400\mathrm{mm}$ 的齿轮应该选用什么材料。

8. 在什么情况下齿轮与轴应制成齿轮轴？

9. 锥齿轮传动的锥距 R 能不能圆整？为什么？

第4章 减速器的结构尺寸

4.1 减速器的结构

减速器已有系列标准。一般情况下应尽量选用标准减速器,但在生产实际中,标准减速器不能完全满足机器的功能要求,有时还需要设计非标准减速器。非标准减速器有通用和专用两种,本书主要介绍通用减速器的结构及设计。

通用减速器的结构随其类型和要求不同而异,其基本结构见图4-1 圆柱齿轮减速器、图4-2 蜗杆减速器,主要由传动零件(齿轮或蜗杆、蜗轮)、轴和轴承、联接零件(螺钉、销钉、键)、箱体和附属零件、润滑和密封装置等部分组成。箱体为剖分式结构,由箱座和箱盖组成,其剖分面通过齿轮传动的轴线;箱盖与箱座用螺栓联成一体。

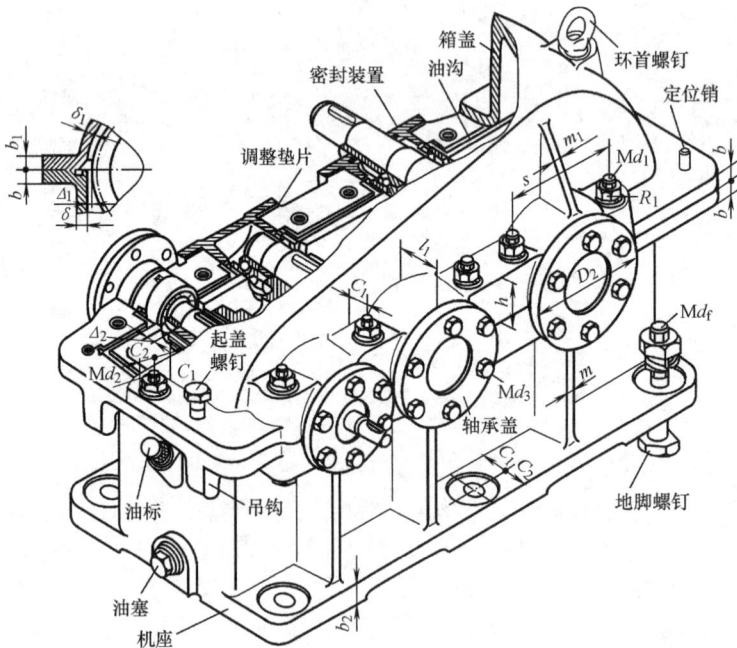

图 4-1   圆柱齿轮减速器

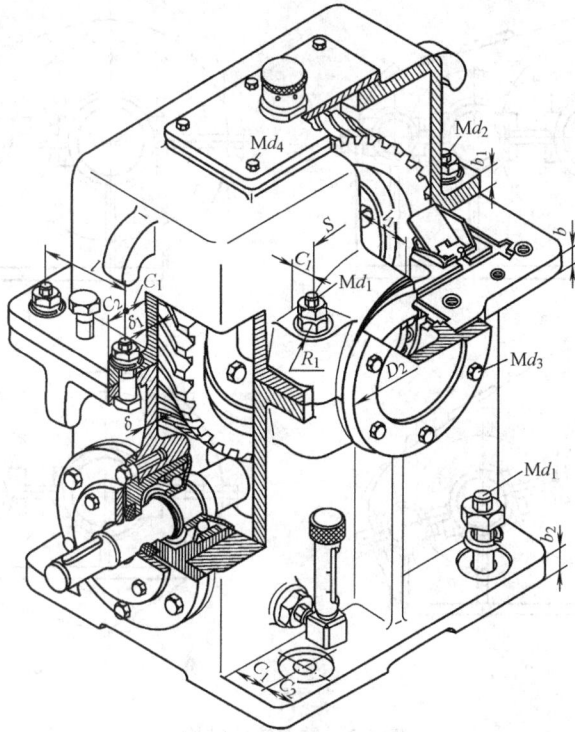

图 4-2　蜗杆减速器

4.2　通用减速器的箱体结构

　　箱体是减速器的一个重要零件，它用于支撑和固定减速器中的各种零件，并保证传动件的啮合精度，使箱内零件具有良好的润滑和密封。箱体的形状较为复杂，其重量约占整台减速器总重的一半，所以箱体的结构对减速器的工作性能、加工工艺、材料消耗、重量及成本等有很大影响，设计时必须全面考虑。

4.2.1　箱体的结构形式

　　减速器箱体根据其毛坯制造方法和箱体剖分与否分为：铸造箱体和焊接箱体、剖分式箱体和整体式箱体。

1. 铸造箱体和焊接箱体

　　减速器箱体多用 HT200 或 HT250 灰铸铁铸造而成。对重型减速器，为了提高承受振动和冲击的能力，也可采用球墨铸铁（QT420—17 或 QT420—10）或铸钢（ZG270—500、ZG310—570）制造。

　　常见铸造箱体的结构形式见图 4-3。其中图 4-3a 为直壁式，结构简单，但较重；图 4-3b、c、d 为曲壁式，但较轻。

　　铸造箱体刚性好，易切削，易获得合理和复杂的外形，但重量大，适合于成批生产。

　　在单件生产中，特别是大型减速器，为了减轻重量和缩短生产周期，箱体也可用 Q215 或 Q235 钢板焊接而成（图 4-4）。此时，轴承座部分可用圆钢、锻钢或铸钢制造。焊接箱体

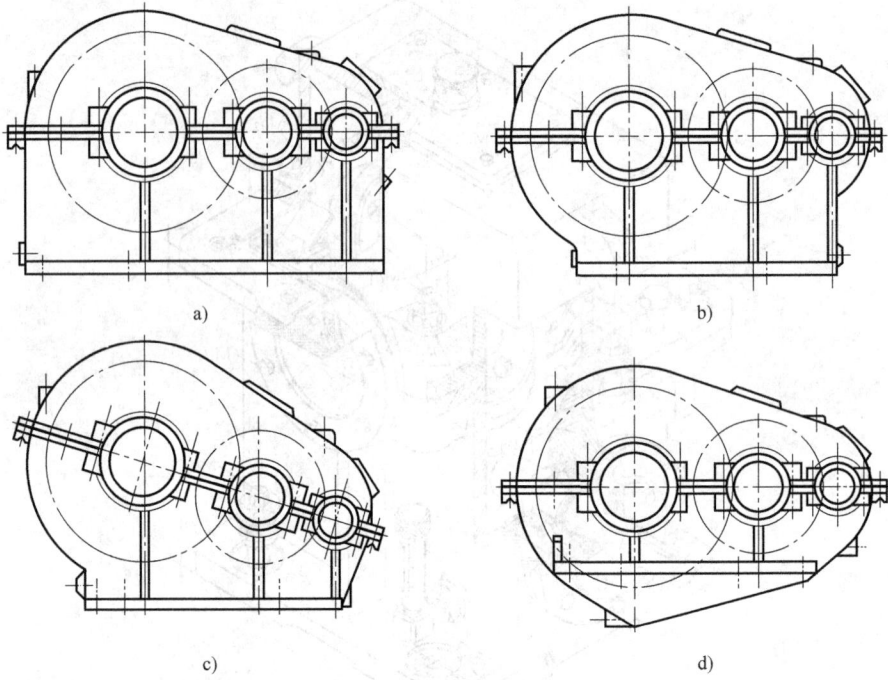

图 4-3　铸造箱体结构

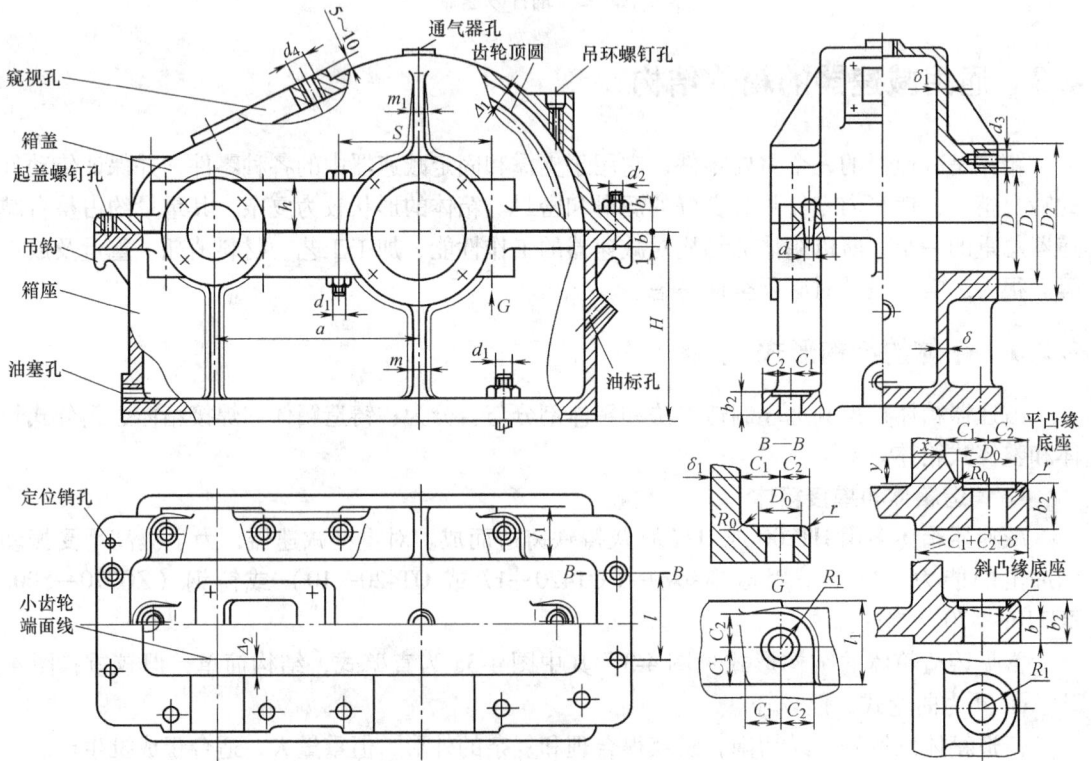

图 4-4　齿轮减速器箱体结构尺寸

的壁厚可以比铸造箱体减薄 20% ~ 30%，但焊接箱体易产生热变形，要求有较高的焊接技术且焊接后要进行退火处理。

2. 剖分式箱体和整体式箱体

为便于箱体内零件装拆，箱体多采用剖分式，其剖分面常与轴线平面重合，有水平式（图 4-3a、b、d）和倾斜式（图 4-3c）两种。前者加工方便，应用较多；后者有利于多级齿轮传动的润滑，但剖分处接合面加工困难，应用较少。

对于小型锥齿轮或蜗杆减速器，为使结构紧凑，重量较轻，常采用整体式箱体。但装拆及调整不方便。

4.2.2　箱体的结构尺寸

齿轮减速器箱体结构尺寸见图 4-4 所示，蜗杆减速器箱体的结构尺寸见图 4-5 所示；表 4-1 为铸铁减速器箱体的主要结构尺寸，减速器相关零件的尺寸关系经验值见表 4-2 至表 4-5，供设计箱体各部分时参考。

表 4-1　铸铁减速器箱体的主要结构尺寸（图 4-1 至图 4-4）

名称	符号	减速器型式、尺寸关系/mm		
		圆柱齿轮减速器	锥齿轮减速器	蜗杆减速器
箱座壁厚	δ	一级 $0.025a+1 \geqslant 8$ 二级 $0.025a+3 \geqslant 8$ 三级 $0.025a+5 \geqslant 8$	$0.0125(d_{1m}+d_{2m})+1 \geqslant 8$ 或　$0.01(d_{a1}+d_{a2})+1 \geqslant 8$ d_{a1}、d_{a2}—小、大锥齿轮的齿顶圆直径 d_{1m}、d_{2m}—小、大锥齿轮的分度圆直径	$0.04a+3 > 8$
		考虑铸造工艺，所以壁厚都不应小于 8		
箱盖壁厚	δ_1	一级 $0.02a+1 \geqslant 8$ 二级 $0.02a+3 \geqslant 8$ 三级 $0.02a+5 \geqslant 8$	$0.01(d_{1m}+d_{2m})+1 \geqslant 8$ 或　$0.0085(d_{a1}+d_{a2})+1 \geqslant 8$	蜗杆在上：$=\delta$ 蜗杆在下：$=0.85\delta \geqslant 8$
箱座凸缘厚度	b	$1.5\delta_1$		
箱盖凸缘厚度	b_1	$1.5\delta_1$		
箱座底凸缘厚	b_2	$2.5\delta_1$		
地脚螺钉直径	d_f	$0.036a+12$	$0.018(d_{1m}+d_{2m})+1 \geqslant 12$ 或　$0.015(d_{a1}+d_{a2})+1 \geqslant 12$	$0.036a+12$
地脚螺钉数目	n	$a \leqslant 250$ 时，$n=4$ $250 < a \leqslant 500$ 时，$n=6$ $a > 500$ 时，$n=8$	$n=\dfrac{底座凸周之半}{200 \sim 300} \geqslant 4$	4
轴承旁联接螺栓直径	d_1	$0.75d_f$		
盖与座联接螺栓直径	d_2	$(0.5 \sim 0.6)d_f$		
联接螺栓 d_2 的间距	l	$150 \sim 200$		

（续）

名称	符号	减速器型式、尺寸关系/mm		
		圆柱齿轮减速器	锥齿轮减速器	蜗杆减速器
轴承端盖螺钉直径	d_3	$(0.4 \sim 0.5)\ d_f$		
检查孔盖螺钉直径	d_4	$(0.3 \sim 0.4)\ d_f$		
定位销直径	d	$(0.7 \sim 0.8)\ d_2$		
d_f、d_1、d_2 至外箱壁的距离	C_1	见表 4-2		
d_f、d_2 至凸缘边缘距离	C_2	见表 4-2		
轴承旁凸台半径	R_1	C_2		
凸台高度	h	根据低速级轴承座外径确定，以便于扳手操作为准		
外箱壁至轴承座端面的距离	l_1	$C_1 + C_2 + (5 \sim 10)$		
大齿轮齿顶圆（蜗轮外圆）与内箱壁距离	Δ_1	$> 1.2\delta$		
齿轮（锥齿轮或蜗轮轮毂）端面与内箱壁距离	Δ_2	$> \delta$		
箱盖、箱座肋厚	m_1、m	$m_1 \approx 0.85\delta_1 \quad m_2 \approx 0.85\delta$		
轴承端盖外径	D_2	$D + (5 \sim 5.5)\ d_3$，D—轴承外径（嵌入式轴承盖尺寸见表 4-5）		
轴承旁联接螺栓距离	s	尽量靠近，以 Md_1 和 Md_3 互不干涉为准，一般取 $s = D_2$		

注：多级传动时，a 取低速级中心距。对锥齿轮-圆柱齿轮减速器，按圆柱齿轮传动中心距取值。

表 4-2　凸台及凸缘的结构尺寸（图 4-3、图 4-4）　　　　　（单位：mm）

螺栓直径	M6	M8	M10	M12	M14	M16	M18	M20	M22	M24	M27	M30
C_{1min}	12	14	16	18	20	22	24	26	30	34	38	40
C_{2min}	10	12	14	16	18	20	22	24	26	28	32	35
D_0	13	18	22	26	30	33	36	40	43	48	53	61
R_{0max}	5					8					10	
r_{max}	5					5					8	

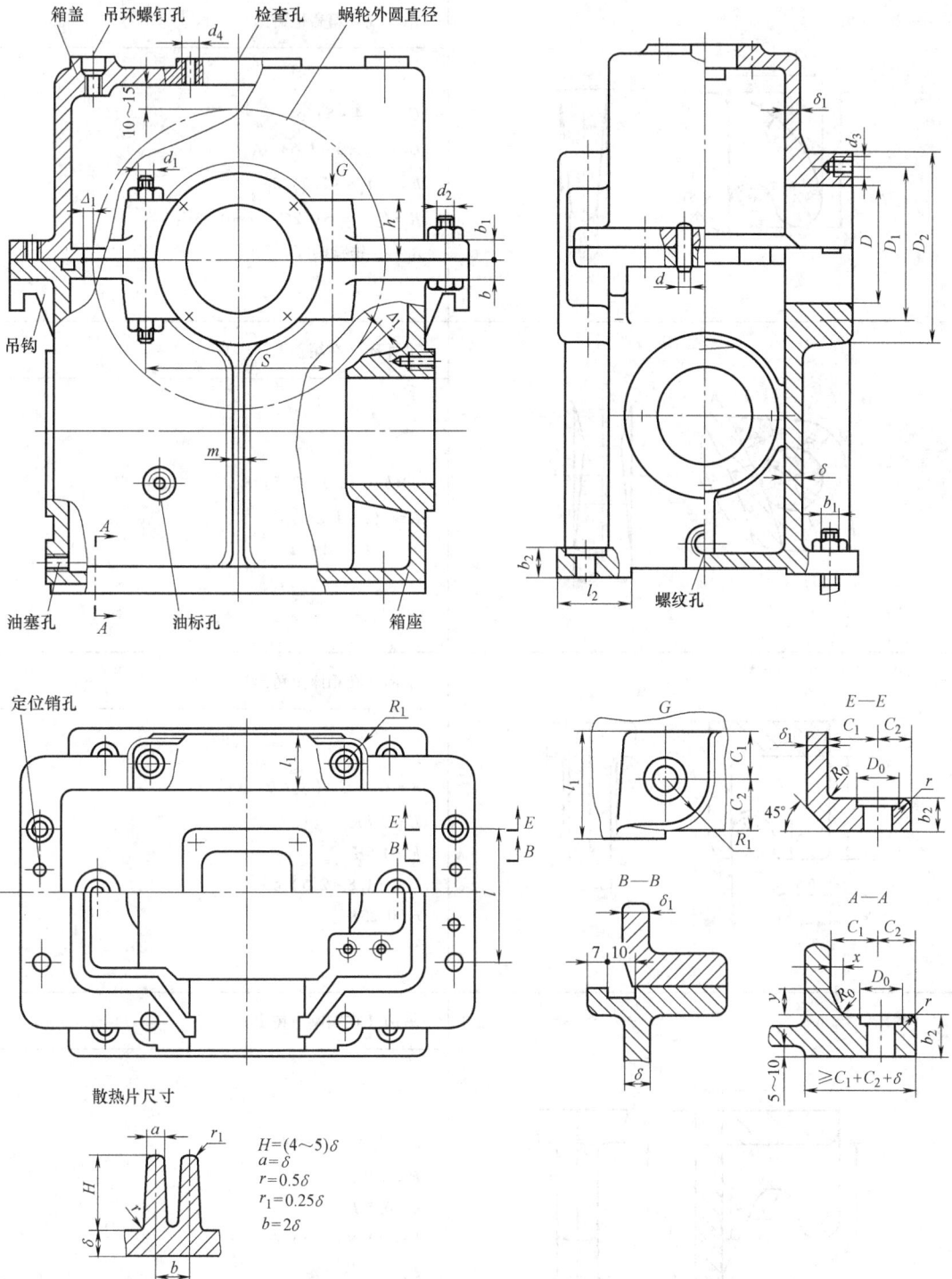

图 4-5　蜗杆减速器箱体结构尺寸

表 4-3　起重吊耳和吊钩尺寸

	吊耳（在箱盖上铸出） $C_3 = (4 \sim 5)\ \delta_1$ $C_4 = (1.3 \sim 1.5)\ C_3$ $b = (1.8 \sim 2.5)\ \delta_1$ $R = C_4$，$r_1 \approx 0.2 C_3$，$r \approx 0.25 C_3$ δ_1——箱盖壁厚
	吊耳环（在箱盖上铸出） $d = b = (1.8 \sim 2.5)\ \delta_1$ $R \approx (1 \sim 1.2)\ d$ $e \approx (0.8 \sim 1)\ d$
	吊钩（在箱座上铸出） $K = C_1 + C_2$（表 4-2） $H = 0.8K$ $h \approx 0.5H$ $b \approx (1.8 \sim 2.5)\ \delta$ $r \approx 0.25K$
	吊钩（在箱座上铸出） $K = C_1 + C_2$（表 4-2） $H = 0.8K$ $h \approx 0.5H$ $b \approx (1.8 \sim 2.5)\ \delta$ H_1 按结构确定 $r \approx 0.25K$

表 4-4 通气器的结构型式和尺寸 （单位：mm）

提手式通气器

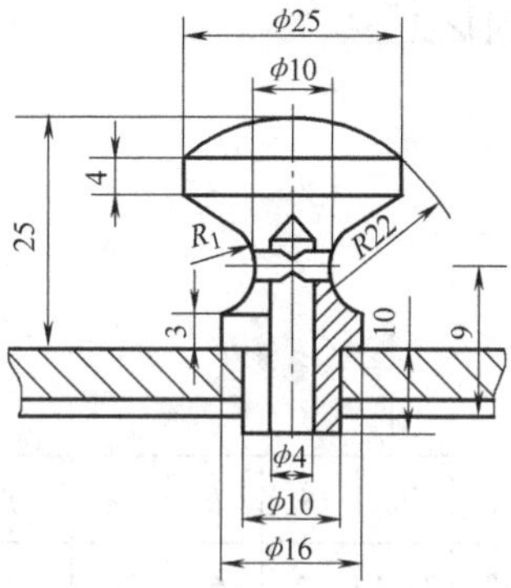

通气塞

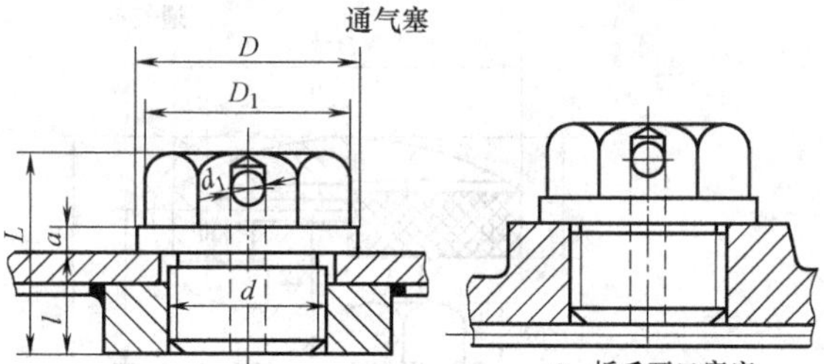

S—扳手开口宽度

d	D	D_1	S	L	l	a	d_1
M12×1.2	18	16.5	14	19	10	2	4
M16×1.5	22	19.6	17	23	12	2	5
M20×1.5	30	25.4	22	28	15	4	6
M22×1.5	32	25.4	22	29	15	4	7
M27×1.5	38	31.2	27	34	18	4	8
M30×2	42	36.9	32	36	18	4	8
M33×2	45	36.9	32	38	20	4	8
M36×3	50	41.6	36	46	25	5	8

通气帽

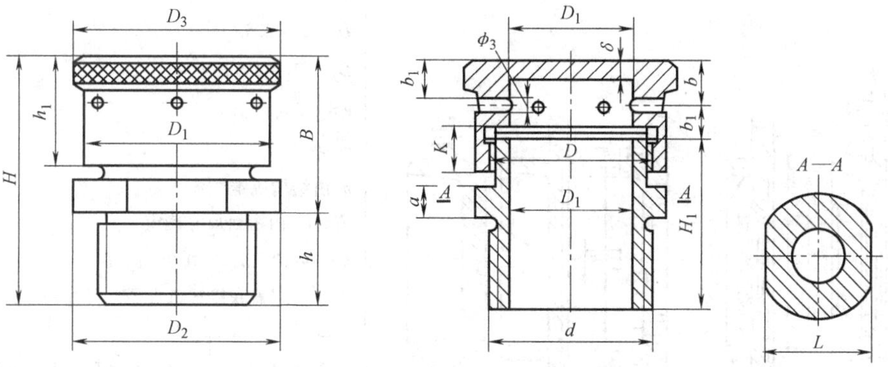

A—A

d	D_1	B	h	H	D_2	H_1	a	δ	K	b	h_1	b_1	D_3	D_4	L	孔数
M27×1.5	15	>>30	15	>>45	36	32	6	4	10	8	22	6	32	18	32	6
M36×2	20	>>40	20	>>60	48	42	8	4	12	11	29	8	42	24	41	6
M48×3	30	>>30	25	>>70	62	52	10	5	15	13	32	10	56	36	55	8

（续）

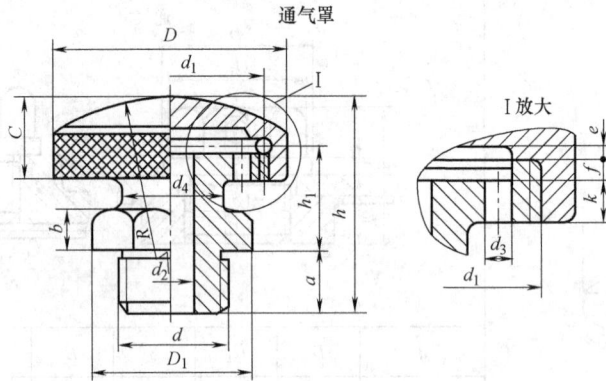

S—螺母扳手开口宽度

d	d_1	d_2	d_3	d_4	D	h	a	b	c	h_1	R	D_1	S	k	e	f
M18×1.5	M33×1.5	8	3	16	40	40	12	7	16	18	40	25.4	22	6	2	2
M27×1.5	M48×1.5	12	4.5	24	60	60	15	10	22	24	60	36.9	32	7	2	2
M36×1.5	M64×1.5	16	6	30	80	80	20	13	28	32	80	53.1	41	10	3	3

表4-5　减速器轴承盖与轴承套环结构尺寸

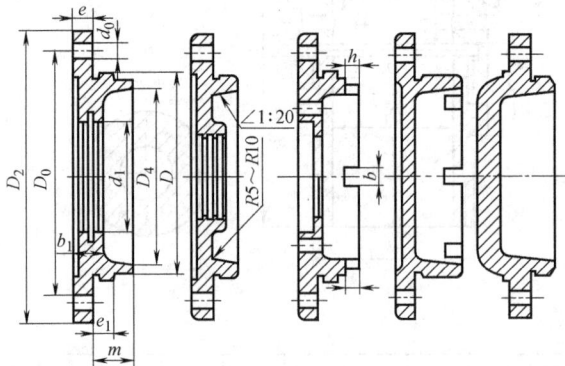

螺钉联接外装式轴承盖

$d_0 = d_3 + 1mm$

$D_0 = D + 2.5d_3$

$D_2 = D_0 + 2.5d_3$

$e = 1.2d_3$

$e_1 \geq e$

m 由结构确定

d_1、b_1 由密封尺寸确定

$b = 5 \sim 10$，$h = (0.8 \sim 1) b$

d_3——端盖联接螺钉直径，尺寸如下：

轴承外径 D	螺钉直径 d_3	端盖上螺钉数目
45~65	6	4
70~100	8	6
110~140	10	6
150~230	12~16	6

（续）

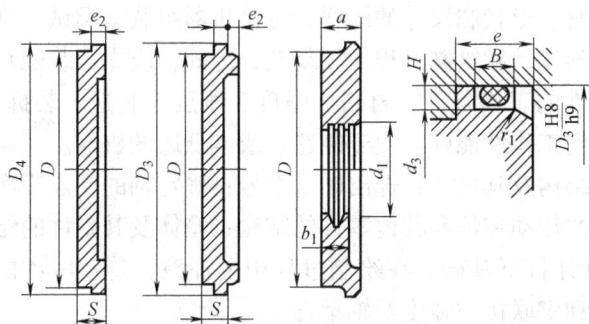

嵌入式轴承盖

$e_2 = 5 \sim 10\text{mm}$

$S = 10 \sim 15\text{mm}$

m 由结构确定

$D_3 = D + e_2$，装有 O 形圈的，按 O 形圈外径取

d_1、b_1、a 由密封尺寸确定

油槽尺寸（GB/T3452.6—2005）

O 形圈截面 直径 d_2	$B_0^{+0.25}$	$H_0^{+0.10}$	d_3 偏差值
2.65	3.6	2.07	0 -0.05
3.55	4.8	2.74	0 -0.06
5.3	7.1	4.19	0 -0.07

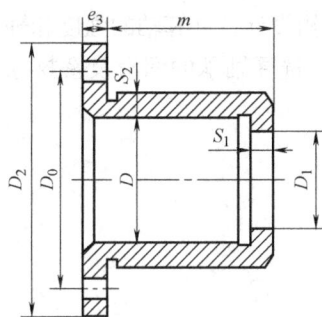

轴承套杯

$S_1 \approx S_2 \approx e_3 = 6 \sim 12\text{mm}$

$D_0 = D + 2S_2 + 2.5d_3$

$D_2 = D_0 + 2.5d_3$

m 由结构确定

D_1 由轴承安装尺寸确定

D——轴承外径

d_3——螺钉直径（见表 4-1）

注：材料为 HT150。

第5章 装配草图设计

装配图是表达各零件的相互关系、位置、形状和尺寸的图样，也是机器组装、调试、维护和绘制零件图的技术依据。由于装配图的设计和绘制过程比较复杂，因此，应先作装配草图设计。在设计过程中，必须综合考虑零件的工作条件、材料、强度、刚度、制造、装拆、调整、润滑和密封等方面的要求，以期得到工作性能好、便于制造、成本低廉的机器。

装配草图的设计内容包括：确定轴的结构及其尺寸；选出轴承型号；确定轴的支点距离和轴上零件力的作用点；设计和绘制轴上的传动零件和其他零件的结构；箱体及其附件的结构，为工作图（装配图、零件图等）的设计打下基础。在绘制过程中要注意：传动零件的结构尺寸是否协调和是否有干涉；验算轴和键联接的强度及轴承寿命。

在装配草图的设计过程中，绘图与设计是交互进行的，经过反复修改，已获得较好的设计效果。应避免由于害怕返工或单纯追求图样的表面美观，而不愿意修改已发现的不合理之处。设计时通常采用"边计算、边画图、边修改"的设计方法。

装配草图设计可按以下步骤进行：

1）装配草图的设计准备；

2）画出传动件及箱体内壁线的位置，进行轴的结构设计，计算轴的强度和轴承的寿命；

3）进行传动件的结构设计、轴承盖的结构设计，选择轴承的润滑及密封方式；

4）设计减速器的箱体和附件；

5）检查装配草图。

5.1 初绘减速器装配草图

5.1.1 初绘装配草图前的准备

在绘制装配草图前应做好以下准备工作：

1）通过参观或拆装实际的减速器，观看有关减速器的录像，阅读减速器装配图，了解各零部件的功用、结构和相互关系，做到对设计内容心中有数；

2）确定传动零件的主要尺寸，如齿轮或蜗杆的分度圆和齿顶圆直径、轮齿宽度、轮毂长度、传动中心距等；

3）按已选定的电动机类型和型号查出其轴径、轴伸长度、电动机的中心高和键槽尺寸；

4）按工作条件和转速选定联轴器的型号、孔径范围和装配尺寸要求；

5）按工作条件初步选择轴承的类型；

6）确定滚动轴承润滑方式和密封方法。当传动零件的圆周速度 $v \geqslant 2\text{m/s}$ 时，可采用飞溅润滑；当 $v < 2\text{m/s}$ 时，可采用油脂润滑。轴承的密封方式可根据轴承的润滑方式和工作环境选定；

7）确定箱体的结构方案（剖分式或整体式），并计算出其各部分尺寸。可参考图 4-1 和图 4-2 所示的减速器的结构图。其各部分尺寸可按表 4-1 所列公式确定。

5.1.2　初绘装配草图的步骤

传动零件、轴和轴承是减速器的主要零件，其他零件的结构尺寸随之而定。绘制时先画主要零件，后画次要零件；由箱内零件画起，内外兼顾，逐步向外画；先画零件的中心线及轮廓线，后画细部结构。画图时要以一个视图为主，兼顾其他视图。

初绘装配草图的步骤如下。

1. 选择比例尺，合理布置图面

画草图的比例尺应与正式图的比例尺相同，并优先选用 1∶1 的比例尺，以便绘图有真实感。一般装配图的三视图、明细栏和技术要求等位置如图 5-1 所示。

2. 确定减速器各传动零件的相互位置

绘图顺序如下：

（1）确定传动零件的轮廓和相对位置　在俯视图上画出箱体内传动零件的中心线、齿顶圆、分度圆、齿宽、齿根圆、轮缘和轮毂长度等轮廓尺寸，其他细部结构暂不画出。为了保证全齿宽啮合并降低安装要求，通常取小齿轮比大齿轮宽 5～10mm。

设计两级减速器时，为避免发生干涉，应使高速级大齿轮齿顶不能与低速轴表面相碰，而两级齿轮端面的间距 c 要大于 $2m$（m 为齿轮模数），并大于 8mm，如图 5-2 所示。

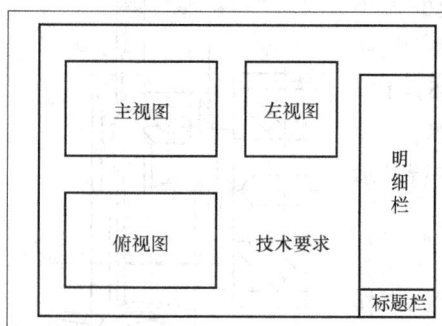

图 5-1　装配图的布置

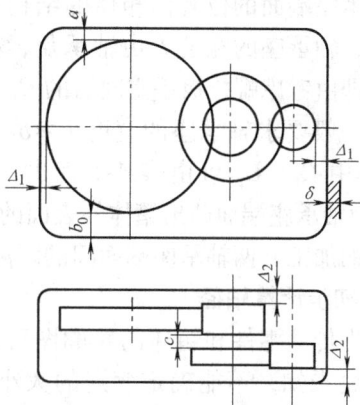

图 5-2　齿轮端面间距（一）

（2）箱体内壁的位置确定　箱体内壁与传动件间应留一定的间距，对于圆柱齿轮减速器（图 5-17 和图 5-18），应在大齿轮齿顶和齿轮端面与箱体内壁间留有间隙 Δ_1 和 Δ_2（参见图 5-2），Δ_1、Δ_2 的值见表 4-1 所示。

对于锥齿轮减速器，应在小锥齿轮大端缘面和大锥齿轮轮毂端面与箱体内壁间留有间距 Δ_2。小锥齿轮齿顶圆与圆弧形箱体内壁之间应留有一定距离 Δ_3（见图 5-3）。Δ_2 =（0.3～0.6）δ，$\Delta_2 = \Delta_3$，δ 为

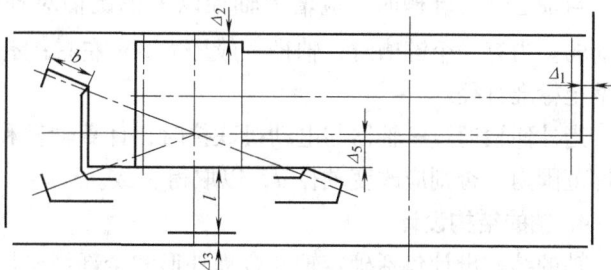

图 5-3　齿轮端面间距（二）

箱体壁厚。

对于蜗杆减速器（图5-20），蜗杆齿顶圆和蜗轮轮毂端面与箱体内壁间应留有间隙Δ_1和Δ_2值。为了提高蜗杆轴的刚度，应尽量缩小其支点距离，为此，蜗杆轴承座常伸到箱体内部（如图5-4）。内伸部分的外径D_1近似等于凸缘式轴承盖的外径D_2。内伸部分的端面确定，应使轴承座与蜗轮外圆之间留有一定距离Δ_1。为了增加轴承座的刚度，在其内伸部分的下面还应有加强肋。蜗杆减速器箱体宽度B是在侧视图上绘图确定的，一般取$B \approx D_2$（D_2为蜗杆轴轴承盖外径），见图5-5a。有时为了缩小蜗杆轴的支点距离和提高刚度，可使B_1略小于D_2，见图5-5b所示。图中A为蜗轮轴的支点距离。

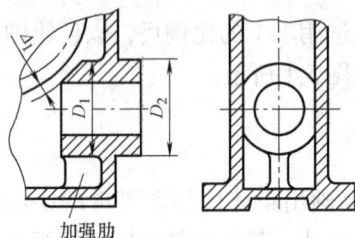

图5-4 蜗杆轴轴承座结构

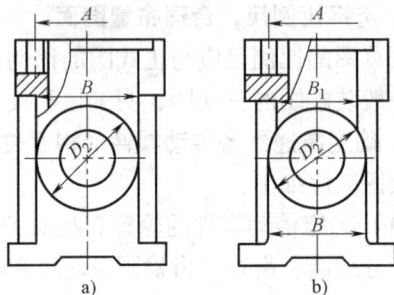

图5-5 蜗杆减速器箱体宽度

（3）轴承座端面位置的确定 为了增加轴承的刚度，轴承旁的螺栓应尽量靠近轴承。

轴承座端面的位置由箱体的结构确定。当采用剖分式箱体时，轴承座的宽度L由轴承盖、箱座联接螺栓的大小确定，即由考虑螺栓扳手空间后的C_1和C_2确定，如图5-6所示。一般要求轴承座的宽度$L \geq \delta + C_1 + C_2 + (5 \sim 10)$ mm，其中C_1、C_2可由表4-2查出，δ为箱体壁厚，$5 \sim 10$mm为轴承座端面凸出箱体外表面的尺寸，以便进行轴承座端面的加工。两轴承座端面间的距离应进行圆整。

3. 初步计算轴径

画出传动零件和箱体的轮廓图后，由于轴的支反力作用点尚属未知，不能确定弯矩的大小和分布情况，因而，不能按轴所受的实际载荷确定直径。通常，先根据轴所传递的转矩，按扭转强度来初步计算轴的直径，其计算公式及参数可查有关教材。

当轴上开有键槽时，应增大轴径以考虑键槽对轴强度

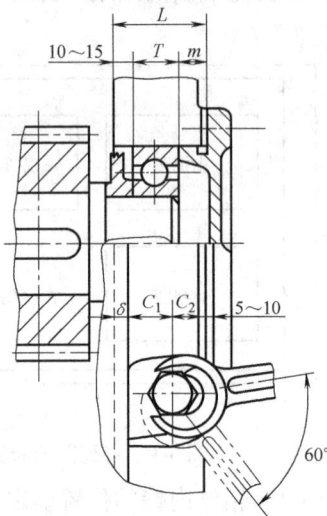

图5-6 轴承座端面位置的确定

的削弱。当有一个键槽时，轴径一般增大3%左右；有两个键槽时，应增大7%左右，然后圆整至标准直径。

当外伸轴通过联轴器与电动机联接时，计算轴径和电动机轴径均应在所选联轴器孔径的允许范围内，否则应改变轴径d，以取得一致。

4. 轴的结构设计

轴的结构设计包括确定轴的合理外形和全部结构尺寸。

轴的结构应满足下列条件：轴和轴上的零件要有准确的工作位置；轴上零件应便于装拆

和调整；轴应具有良好的制造工艺性等。通常做成阶梯轴，如图5-7所示。

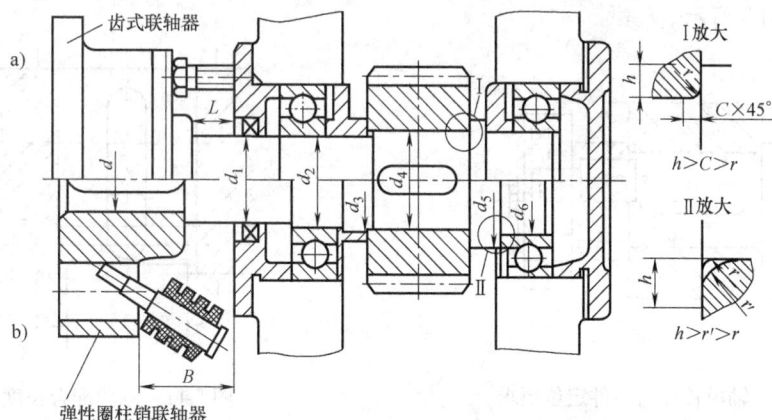

图5-7　轴的结构

（1）确定轴的径向尺寸　当相邻轴段直径变化处的轴肩是为了固定轴上零件或承受轴向力时，其直径变化要大些，如图5-7中直径 d 和 d_1，d_4，d_5 和 d_6 的变化。轴肩圆角半径 r 应小于轴上零件的倒角 C 或圆角半径 r'（见图5-7中I，II），定位轴肩的尺寸见表5-1。当用定位轴肩固定

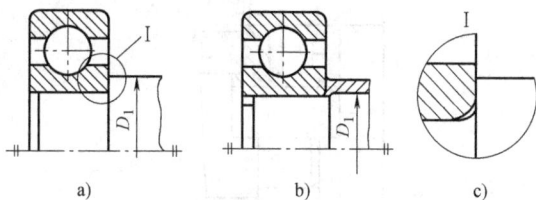

图5-8　滚动轴承内圈的轴向固定

滚动轴承时，轴肩高度可查轴承标准中的有关安装尺寸，以便拆卸轴承（如图5-8a所示）。

表 5-1　定位轴肩

	d	r	C_1	d_1
	>18 ~ 30	1.0	1.6	$d_1 = d + (3 \sim 4)C_1$ 计算值应按标准直径圆整
	>30 ~ 50	1.6	2.0	
	>50 ~ 80	2.0	2.5	
	>80 ~ 120	2.0	3.0	

当相邻轴段直径变化处的轴肩仅为了装拆方便或区别加工表面时，其直径变化值应较小，甚至可采用同一公称直径而取不同的偏差值。如图5-7中的直径 d_1 和 d_2，d_2 和 d_3，d_3 和 d_4 的变化，其变化量可取 1 ~ 3mm。

当轴表面需要磨削加工或切削螺纹时，轴径变化处应留有砂轮越程槽（如图5-9所示）或退刀槽，其尺寸见表9-17。

（2）确定轴的轴向尺寸　轴的轴向尺寸决定了轴上零件的轴向位置，确定轴向尺寸时应考虑以下几点：

1）保证传动零件在轴上固定可靠。

为使传动件在轴上固定可靠，应使轮毂的宽度大于与之配合轴段的长度，以使其他零件顶住轮毂，而不是顶在轴肩上，如图5-10a所示。一般取轮毂宽度与轴段长度之差 $D = 1 \sim 2mm$。图5-10b所示为错误结构，当制造有误差时，这种结构不能保证零件的轴向固定及定位。

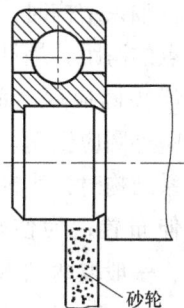

图5-9　砂轮越程槽

当周向联接用平键时，键应较配合长度稍短，并应布置在偏向传动件装入一侧，以便于装配，如图 5-11 所示。

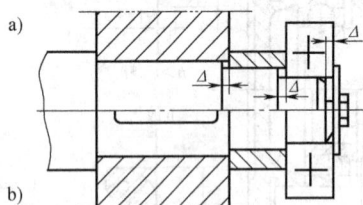

图 5-10　轴段长度与零件定位要求
a）正确　b）不正确

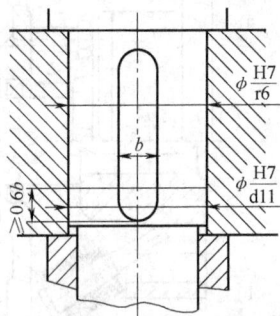

图 5-11　轴段配合长度
与零件定位要求

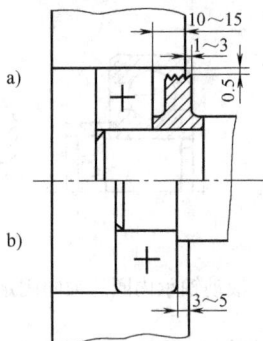

图 5-12　轴承在箱体中的位置
a）脂润滑轴承　b）油润滑轴承

图 5-13　蜗杆减速器的蜗杆轴承座

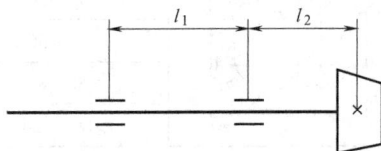

2）轴承的位置应适当。

轴承的内侧至箱体内壁应留有一定的距离，其大小取决于轴承的润滑方式。采用脂润滑时所留间距较大，以便放挡油环，防止润滑油溅入而带走润滑脂，如图 5-12a 所示；若采用油润滑，一般所留间距为 3 ~ 5mm 即可，如图 5-12b 所示。

图 5-14　小锥齿轮轴系的支点跨距

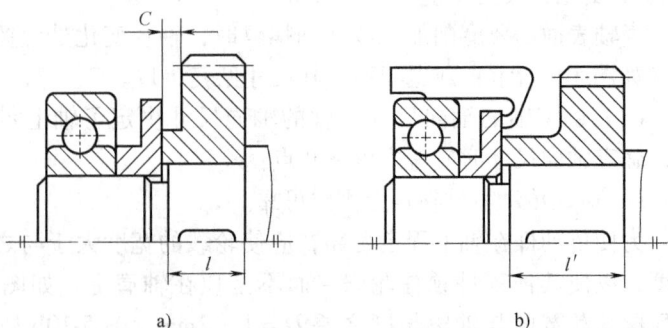

为了提高轴的强度和刚度，应尽量缩短轴承与传动件间的距离。如图 5-13 所示，设计蜗杆轴系结构时，应缩小轴上支点的跨距，蜗杆轴承座与蜗轮齿顶圆应保持间距 Δ_1，轴承座外圆应倒角。设计锥齿轮轴系结构时，小锥齿轮往往为悬伸布置，为使轴的刚度较好，一般取两轴承支点跨距 l_1 = （2 ~ 3）l_2，且 l_1 不宜太小。如图 5-14 所示。

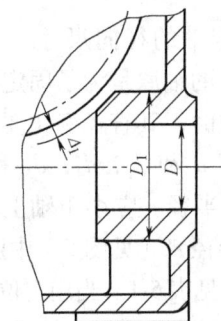

图 5-15　轴上零件的设计应利于装拆
a）　b）

3）应便于零件的装拆。

当轴段上零件彼此靠得很近时，如图 5-15a 所示的 C 很小时，不利于零件的拆卸，需要适当增加有关轴段的轴向尺寸，如图 5-15b 所示，将轴段长度 l 增加到 l'。

轴伸出箱体外的长度与箱外零件及固定端盖螺钉的装拆有关。如果轴伸出箱体外的长度过小，端盖螺钉和箱外传动零件的装拆均不方便。如图 5-16 所示，轴承端盖至箱外传动件间的距离 L' 应大于 15mm。

5. 初步选择轴承型号

轴承型号和具体尺寸可根据轴径初步选出，一般同一根轴上取同一型号的轴承，使轴承孔可一次镗出，保证加工精度。

6. 画出轴承盖的外形

除画出轴承盖外形外，还要完整地画出一个联接螺栓，其余只画出中心线（如图 5-20 所示）。轴承盖的结构尺寸见表 4-5。

图 5-16　轴上外装零件与端盖间距离

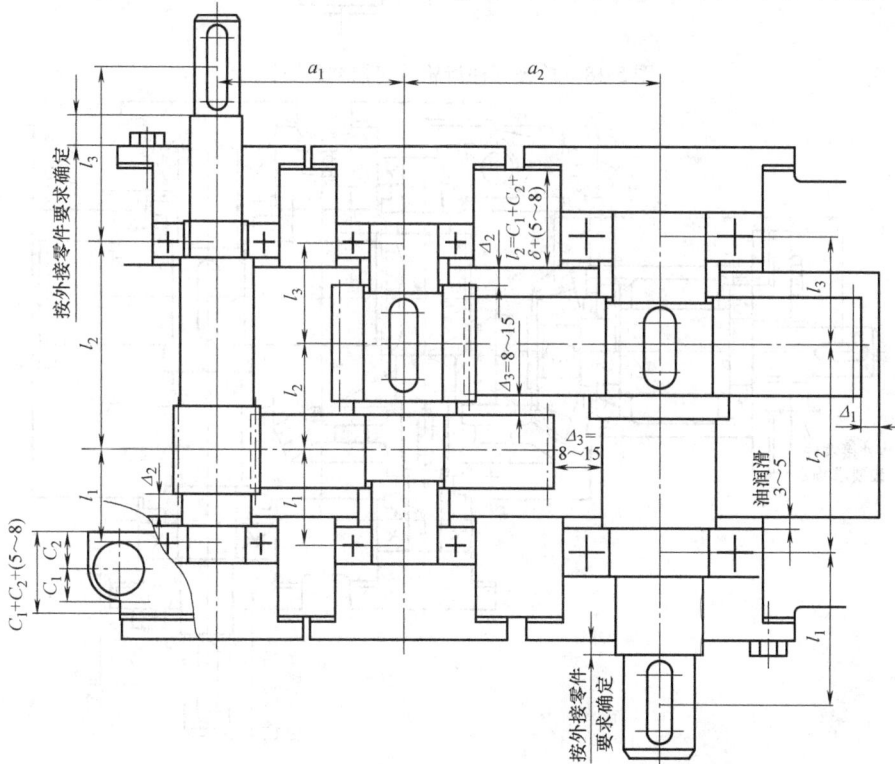

7. 确定轴上力的作用点及支点距离

轴的结构确定后，根据轴上传动零件和轴承的位置可以定出轴上力的作用点和轴的支点距离（如图 5-17，图 5-18，图 5-19，图 5-20 所示）。向心轴承的支点可取轴承宽度的中点位

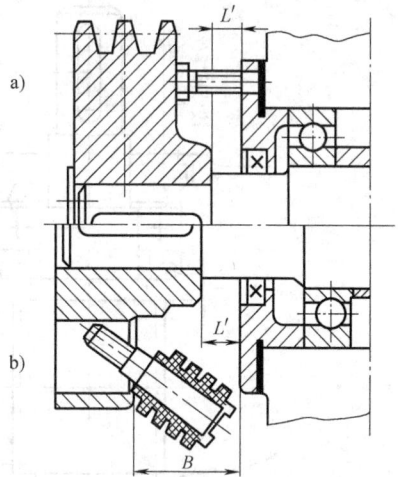

图 5-17　两级圆柱齿轮减速器初绘草图

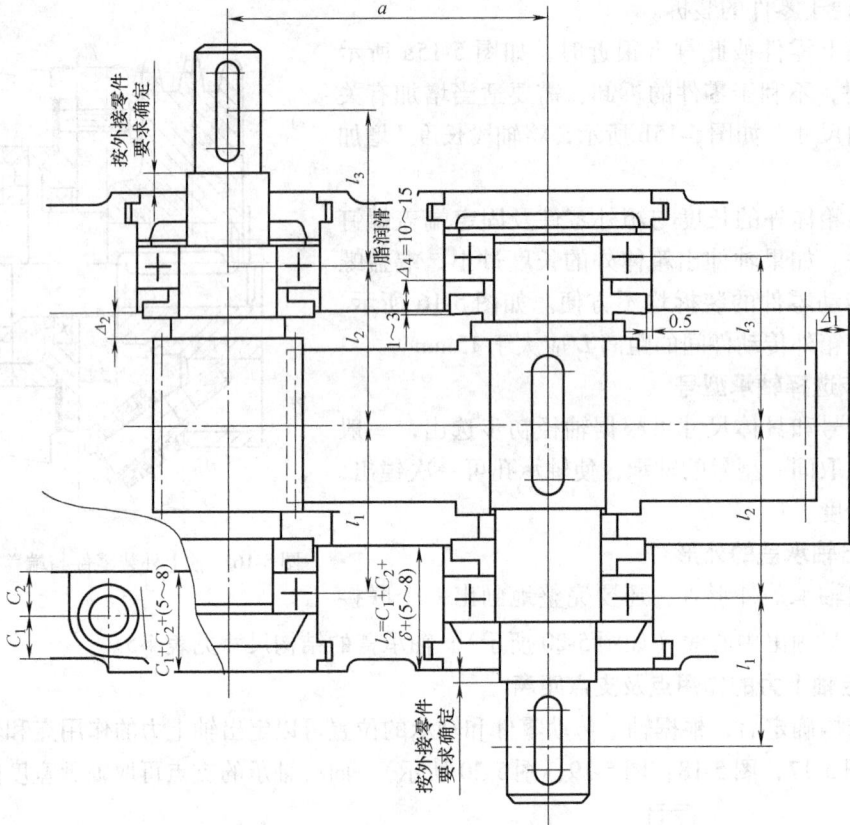

图 5-18　单级圆柱齿轮减速器初绘草图

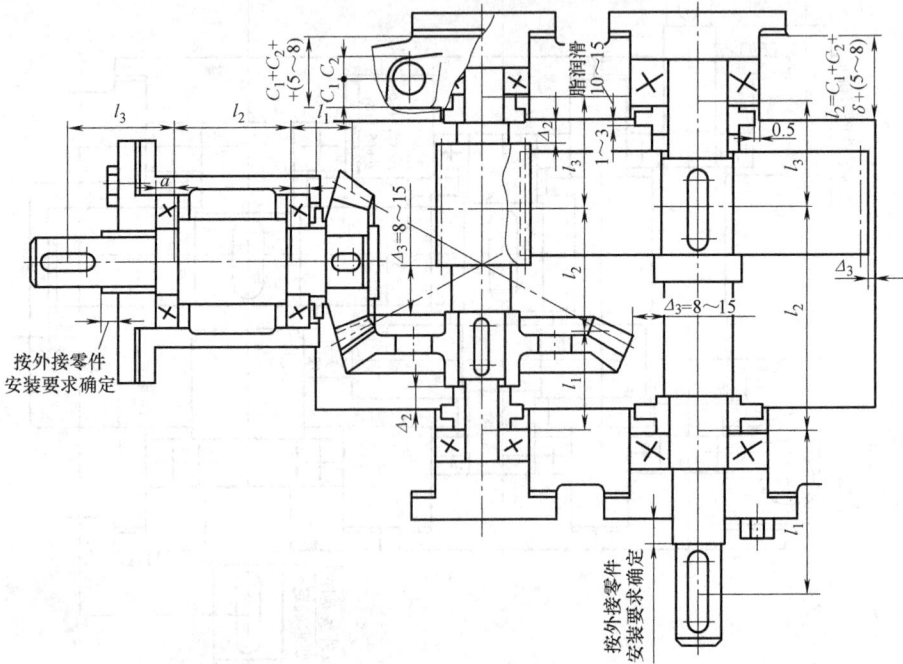

图 5-19　锥齿轮-圆柱齿轮减速器初绘草图

置；角接触轴承的支点应取离轴承外圈端面的 a 处（见图 5-21）， a 值可查轴承标准。确定出传动零件的力作用点及支点距离后，便可进行轴和轴承的校核计算。

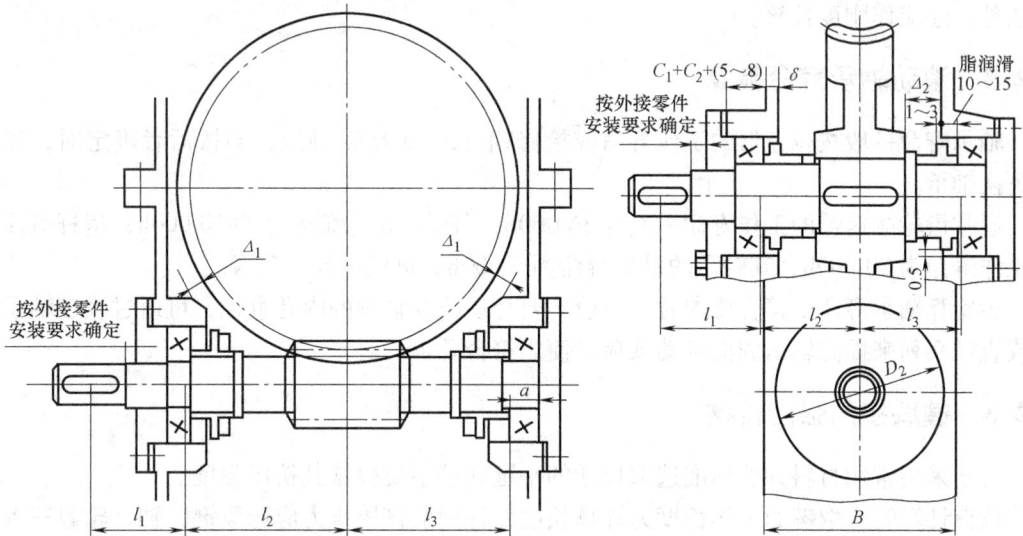

图 5-20　单级蜗杆减速器初绘草图

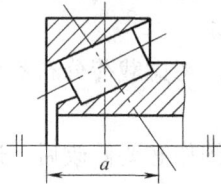

图 5-21　角接触轴承支承点位置

5.2　轴、轴承及键的校核计算

5.2.1　轴的强度校核

对于一般减速器的轴通常按弯扭合成强度条件进行计算。

根据初画草图阶段所确定的轴的结构和支点及轴上零件的力作用点，画出轴的受力简图，计算各力大小，绘制弯矩图和转矩图。

轴的强度校核应在轴的危险剖面处进行，轴的危险剖面应为载荷较大、轴径较小、应力集中严重的剖面（如：轴上有键槽、螺纹、过盈配合及尺寸变化处）。作轴的强度校核时，应选择若干可疑危险剖面进行比较计算。

当校核结构不能满足强度要求时，应对轴的设计进行修改，可以通过增大轴的直径、修改轴的结构、改变轴的材料等方法提高轴的强度。

当轴的强度有富裕时，如与使用要求相差不大，一般以结构设计时确定的尺寸为准，不再修改。或待轴承和键验算完后综合考虑整体结构，再决定是否修改。

对于受变应力作用的较重要的轴，除作上述强度校核外，还应按疲劳强度条件精确校核，确定在变应力条件下轴的安全裕度。

蜗杆轴的变形对蜗杆蜗轮副的啮合精度影响较大，因此，对跨距较大的蜗杆轴除作强度校核外，还应作刚度校核。

5.2.2 滚动轴承寿命验算

轴承寿命一般按减速器的工作寿命或检修期（2~3年）确定，当按后者确定时，需定期更换轴承。

通常齿轮减速器的工作寿命一般为36 000h，其轴承的最低寿命为10 000h；蜗杆减速器的工作寿命为20 000h，其轴承的最低寿命为5 000h。可供设计时参考。

经验算轴承寿命不符合要求时，一般不要轻易改变轴承的内孔直径，可通过改变轴承类型或直径系列来提高轴承的额定动载荷，使之符合要求。

5.2.3 键联接的强度校核

对于采用常用材料并按标准选取尺寸的平键联接主要校核其挤压强度。

校核计算时应取键的工作长度为计算长度，许用的挤压应力应选取键、轴、轮毂三者中材料强度较弱者，一般是轮毂的材料强度较弱。

当键的强度不满足强度要求时，可采用改变键的长度、采用双键或花键、加大轴径以选用较大剖面的键等途径来满足强度要求。

当采用双键时，两键应对称布置。考虑载荷分布不均匀性，双键联接的强度按1.5个键计算。

各项校核计算完毕，并对初绘草图作必要修改后，进入完成装配草图设计阶段。

5.3 完成减速器装配草图

以初绘草图阶段所确定的设计方案为基础，对轴系部件（包括箱体内传动零件、轴上其他零件和与轴承组合有关的零件）进行结构设计。步骤大致分为传动零件的设计、轴承的组合设计、滚动轴承的润滑与密封、减速器箱体的结构设计、减速器附件设计，最后检查及修改装配草图。

5.3.1 传动零件的设计

传动零件的结构与所选材料、毛坯尺寸及制造方法等有关。如果圆柱齿轮的齿根圆直径和轴径相差不多，则可制成齿轮轴（如图 5-22 所示）；如圆柱齿轮的齿根圆至键槽底部的距离 $x \geqslant 2.5 m_t$（m_t 为齿轮端面模数），锥齿轮 $x' \geqslant 1.6 m$（m 为锥齿轮大端模数），可制成实心式齿轮（如图 5-23 所示）；当齿顶圆直径 $d_a = 200 \sim 500\text{mm}$ 时，可采用腹板式结构（如图 5-24 所示），当 $d_a > 500\text{mm}$ 时，可采用轮辐式结构。

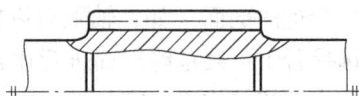

图 5-22 齿轮轴

齿轮轮毂宽度可大于或小于轮缘的宽度，一般常等于轮缘的宽度，如图 5-24b 中 $B = L$。齿轮的结构设计及尺寸确定可参考教材或机械设计手册。

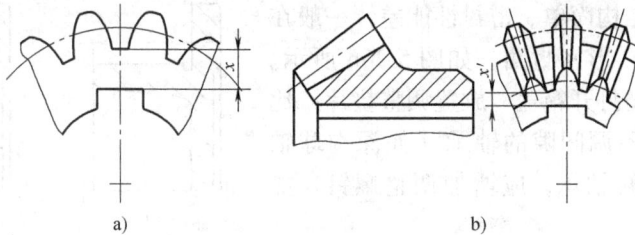

图 5-23 实心式齿轮结构

a）实心式圆柱齿轮 b）实心式锥齿轮

蜗杆直径一般较小，通常做成蜗杆轴。蜗杆的螺旋部分可以用铣削方法加工，也可以用车制方法加工，但铣制蜗杆的刚度较好。因加工方法不同，其结构形式也不同，如图 5-25 所示。

蜗轮根据其尺寸大小及用途可做成整体式或组合式。蜗轮轮缘部分多用非铁金属制造，为节约非铁金属，大多数蜗轮采用组合式结构，只有铸铁蜗轮及直径 $D < 100\text{mm}$ 的青铜蜗轮才采用整体式结构。组合式蜗轮的结构形式、尺寸及装配要求见有关教材。

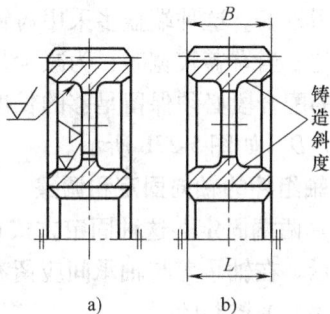

图 5-24 腹板式齿轮结构

a）锻造 b）铸造

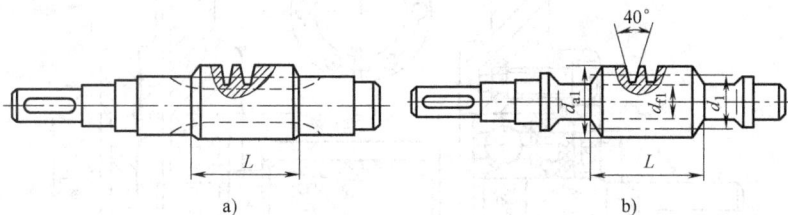

图 5-25 蜗杆轴

a）铣制蜗杆 b）车制蜗杆

5.3.2 轴承的组合设计

1. 轴承盖的结构

轴承盖用以固定轴承、调整轴承间隙及承受轴向载荷，轴承盖有嵌入式（如图 5-26 所示）和凸缘式（如图 5-27 所示）两种。

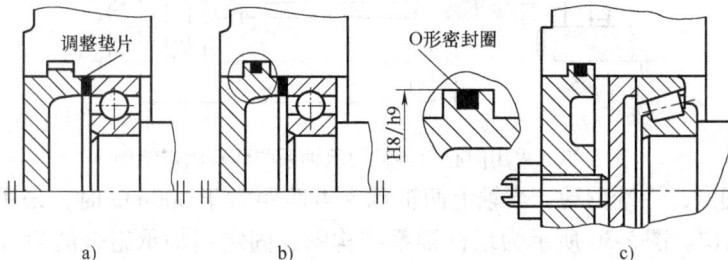

图 5-26 嵌入式轴承盖及密封结构

嵌入式轴承盖结构简单、密封性能差，一般在端盖与机体间放置 O 形密封圈，如图 5-26b 所示。调整轴承间隙时，需打开箱盖，放置调整垫片，比较麻烦，故多用于不调间隙的轴承（如深沟球轴承）处。如用角接触轴承，应增加调整螺钉，如图 5-26c 所示。

轴承盖各部分尺寸见表 4-5。

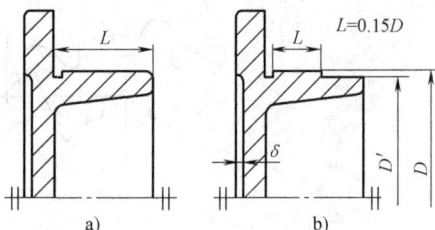

图 5-27 凸缘式轴承端盖

凸缘式轴承盖的密封性能好，调整间隙方便，因此使用较多。这种端盖多采用铸铁件，设计制造时要考虑铸造工艺性，尽量使整个端盖的厚度均匀。当端盖较宽时，为减少加工余量，可对端部进行加工，使其直径 $D' < D$，但端盖与箱体的配合段必须保留足够的长度 L，否则拧紧螺钉时容易使端盖歪斜，一般取 $L = (0.1 \sim 0.15) D$，如图 5-27b 所示。

2. 轴组件的轴向固定和调整

（1）两端固定 这种固定方式在轴承支点跨距小于 300mm 的减速器中用得最多，如图 5-28 所示。在轴承盖与轴承间应留有适量的间隙 a，一般取 $a \approx 0.25 \sim 0.4$mm，间隙量是靠调整垫片 1 来控制的。

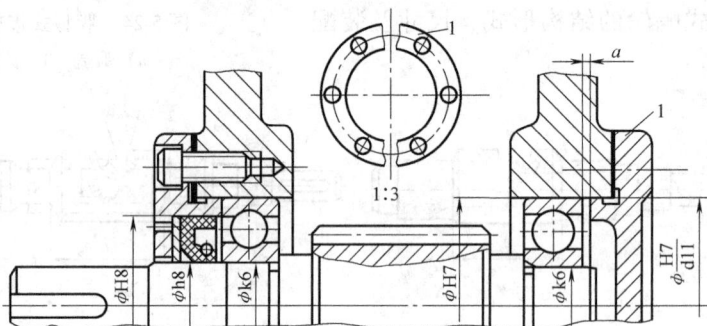

图 5-28 两端固定轴系结构

对于向心角接触轴承，可通过调整轴承外圈的轴向位置得到适当的轴承游隙，如图 5-29 所示。

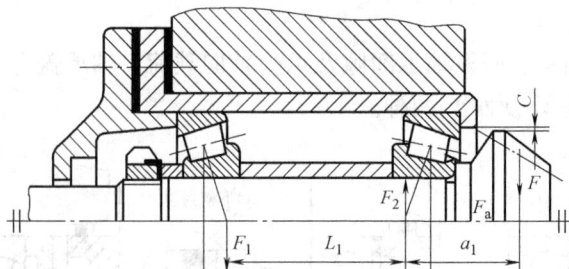

图 5-29 采用向心角接触轴承轴系的两端固定结构

（2）一端固定，一端游动 当轴上两轴承支点跨距大于 300mm 时，采用一端固定、一端游动的支承结构。图 5-30 所示为蜗杆轴系结构图，固定端轴承组合的内外圈两侧均被固定，以承受双向轴向力。当固定端采用一对角接触球轴承、游动端采用深沟球轴承时，内圈需双向固定，外圈不固定，如图 5-30a 所示；当游动端采用圆柱滚子轴承时，内外圈两侧均需固定，滚子相对于外圈游动，如图 5-30b 所示。

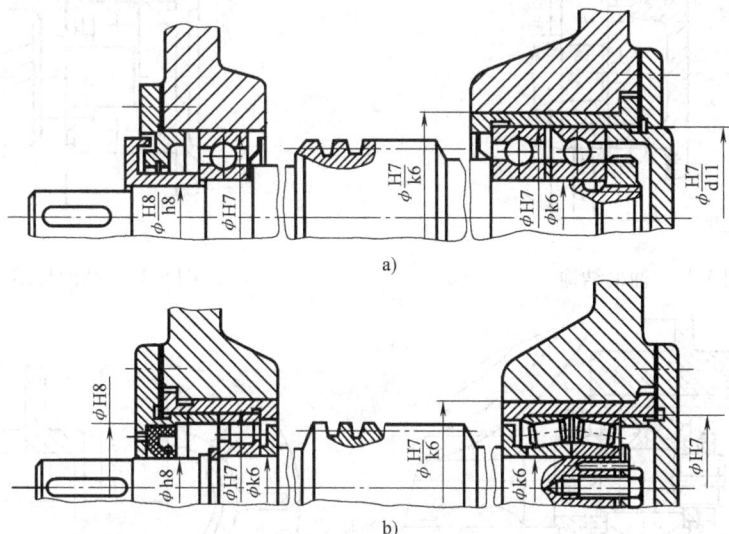

图 5-30　蜗杆轴系的轴承结构

5.3.3　滚动轴承的润滑与密封

1. 脂润滑

当浸油齿轮圆周速度不大于 $2\mathrm{m/s}$ 或 $dn \leqslant 2 \times 10^5\,\mathrm{mm \cdot r/min}$（$d$ 为轴承内径，n 为转速）时，宜采用脂润滑。为防止箱体内的油浸入轴承与润滑脂混合，防止润滑脂的流失，应在箱体内侧装挡油环 1，如图 5-31 所示。润滑脂的装填量不应超过轴承空间的 $1/3 \sim 1/2$。

2. 油润滑

当浸油齿轮的圆周速度大于 $2\mathrm{m/s}$ 或 dn $> 2 \times 10^5\,\mathrm{mm \cdot r/min}$ 时，宜采用油润滑。油润滑通常有以下几种方式：

（1）飞溅润滑　传动件的转动带起润滑油直接溅入轴承内，或先溅到箱壁上，顺着内壁流入箱体的油沟中，再沿油沟流入轴承

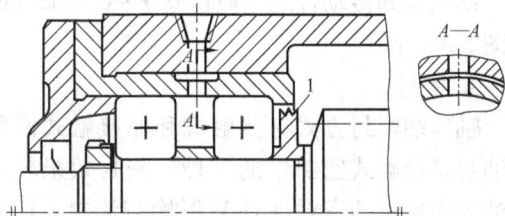

图 5-31　脂润滑轴承的注油孔与挡油环

内，油沟的具体结构如图 5-46 所示。此时端盖端部必须开槽，并将端盖端部的直径取小些，以免油路堵塞，如图 5-32 所示。

当传动件的直径较小，或者传动件是斜齿轮或蜗杆（斜齿轮具有沿齿轮轴向排油的作用）时，会使过多的润滑油冲向轴承而增加阻力，这种情况下应在轴承前装置挡油板，如图 5-33 所示。

（2）浸油润滑　将轴承直接浸入箱体内油中进行润滑。这种润滑方式常用于下置式蜗杆减速器蜗杆轴承的润滑，油面高度不应超过轴承最低滚动体中心，以免加大搅油损失。若传动件直径小于轴承滚动体中心分布圆直径时，可在轴上装设溅油轮并使其浸入油中，传动件不接触油面而靠溅油润滑，轴承仍为浸油润滑，如图 5-34 所示。

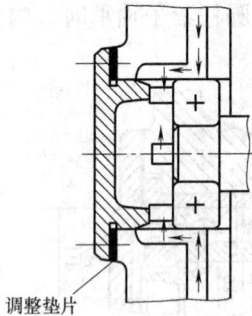

图 5-32　油槽结构

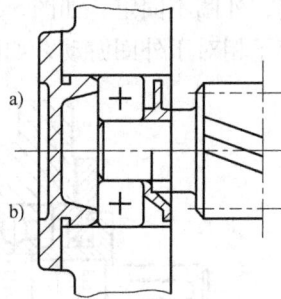

图 5-33　挡油板结构

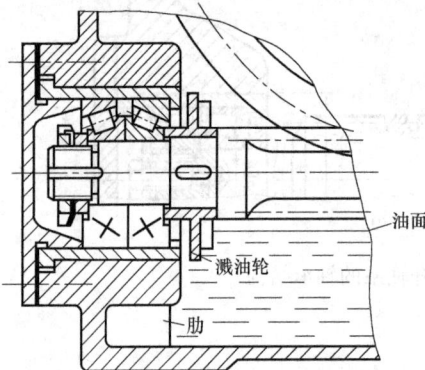

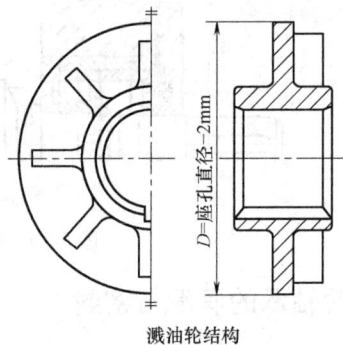

图 5-34　利用溅油轮进行润滑

（3）刮油润滑　当传动件圆周速度很低（$v <$ 2m/s）时，可利用装在箱体内的刮油板刮油润滑轴承，刮油板和传动件之间应留 0.1～0.5mm 的间隙。如图 5-35 所示。

3. 密封

轴伸端密封方式有接触式和非接触式两种。橡胶油封是接触式密封中的一种，密封效果较好。橡胶油封中常见的密封件有 V 形橡胶油封、U 形橡胶油封、Y 形橡胶油封、L 形橡胶油封和 J 形橡胶油封等几种。其中较为常用的是 J 形橡胶油封，可用

图 5-35　刮油板刮油润滑

于脂润滑和油润滑的轴承中。安装时注意油封的安装方向，当以防漏油为主时，油封的唇边对着箱内（如图 5-36a 所示）；当以防外界灰尘、杂质为主时，唇边对着箱外（如图 5-36b 所示）；当两油封相背放置时（如图 5-36c 所示），防漏防尘效果都好。为使油封安装方便，轴上可做出斜角（如图 5-36a 所示）。

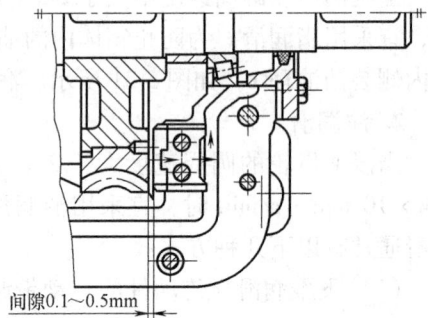

毡圈密封是接触式密封中寿命较低、密封效果相对较差的一种，但结构简单、价格低廉，适用于脂润滑轴承中，如图 5-37 所示。毡圈的剖面为矩形，工作时将毡圈嵌入剖面为梯形的环形槽中并压在轴上，以获得较好的密封效果。毡圈的接触面易磨损，一般用于圆周速度小于 4m/s 的场合。

为避免磨损可采用非接触式密封，隙缝密封是其中常用的一种，如图 5-38 所示。它是

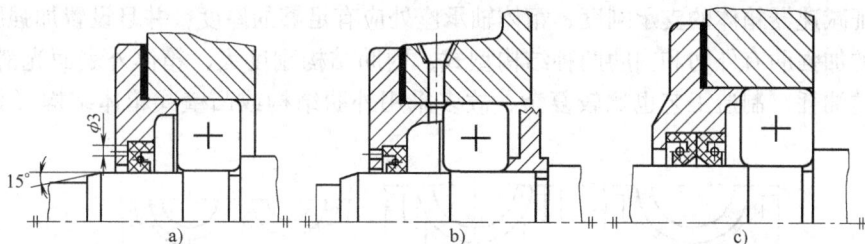

图 5-36 J 形橡胶油封的安装方向

利用充满润滑脂的环形间隙来达到密封效果。隙缝密封结构简单、成本低，但不够可靠，适用于脂润滑的轴承中。

若要求更高的密封性能，可采用迷宫式密封。采用迷宫式密封的转动件之间存在着曲折的轴向和径向间隙，利用其间充满的润滑脂来达到密封效果，可用于脂润滑和油润滑，如图 5-39 所示。迷宫式密封的结构复杂，制造和装配要求较高。

选择密封方式时要考虑轴的圆周速度、润滑剂种类、环境条件和工作温度等，表 5-2 列出了几种密封装置适用的条件。

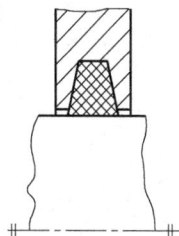

图 5-37 毡圈密封

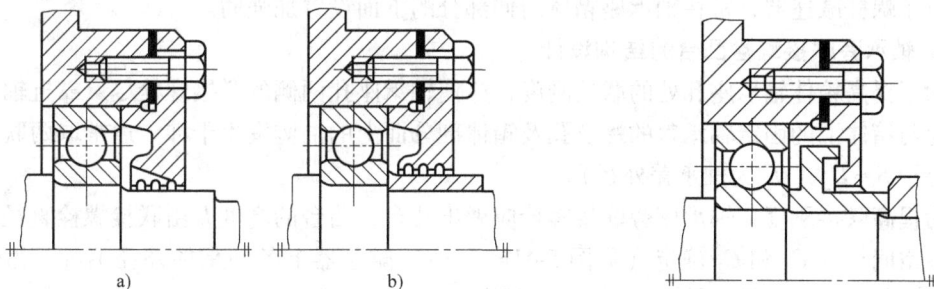

图 5-38 隙缝密封

图 5-39 迷宫式密封

表 5-2 几种密封装置的适用条件

密封方式	毡圈密封	橡胶密封	油沟密封	迷宫密封
适用的轴表面圆周速度/（m/s）	<3 ~ 5	<8	<5	<30
适用的工作温度/℃	<90	−40 ~ 100	低于润滑脂融化温度	

5.3.4 减速器箱体的结构设计

减速器箱体是支承和固定轴系部件、保证传动正常啮合、良好润滑和密封的基础零件，因此，应具有足够的强度和刚度。

箱体多用灰铸铁铸造，在重型减速器中，为提高箱体强度，可用铸钢铸造。单件生产的减速器为了简化工艺、降低成本，可采用钢板焊接箱体。

为了便于轴系部件的安装和拆卸，箱体多做成剖分式，由箱座和箱盖组成，剖分面多取轴的中心线所在平面，箱座和箱盖采用普通螺栓联接，圆锥销定位。剖分式铸造箱体的设计要点如下。

1. 轴承座的结构设计

为保证减速器箱体的支承刚度，箱体轴承座处应有足够的厚度，并且设置加强肋。

箱体的加强肋有外肋和内肋两种结构型式，内肋结构刚度大，箱体外表面光滑、美观，但会增加搅油耗，制造工艺也比较复杂，故多采用外肋结构或凸壁式箱体结构（如图5-40所示）。

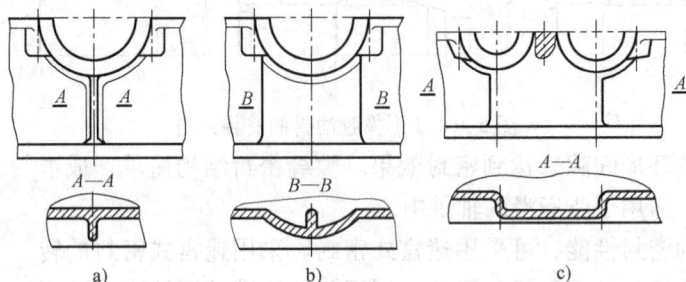

图5-40　箱体加强肋结构
a）外肋式　b）内肋式　c）凸壁式

对于锥齿轮减速器，应增加支承小锥齿轮的悬臂部分的壁厚，并应尽量缩短悬臂部分的长度。

对于蜗杆减速器，常在轴承座箱体内伸部分的下面设置加强肋。

2. 轴承旁联接螺栓凸台的结构设计

为了提高箱体轴承座孔处的联接刚度，应使轴承座孔两侧的联接螺栓尽量靠近轴承，但应避免与箱体上的固定轴承盖的螺纹孔及箱体剖分面上的油沟发生干涉。通常取两联接螺栓的中心距 $S \approx D_2$（D_2 为轴承盖外径）。

为提高联接刚度，轴承座旁联接螺栓应做出凸台，凸台的高度 h 由联接螺栓直径所确定的扳手空间尺寸 C_1 和 C_2 确定（见图5-41a）。由于减速器上各轴承的外径不等，为便于制造，各凸台高度应按最大轴承盖直径 D_2 所确定的高度为准。

凸台的尺寸由作图确定，画凸台结构时应注意投影关系，在三视图上同时进行（如图5-42所示）。

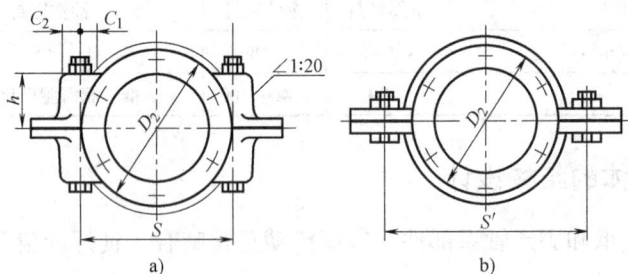

图5-41　凸台结构
a）$S \approx D_2$ 刚度大　b）$S' > D_2$ 刚度小

图5-42a 为凸台位于箱壁内侧的结构，图5-42b 为凸台位置突出箱壁外侧时的结构。

3. 箱盖圆弧半径的确定

通常箱盖顶部在主视图上的外廓由圆弧和直线组成，大齿轮所在一侧箱盖的外表面圆弧半径 $R = r_a + \Delta_1 + \delta_1$（$r_a$ 为齿顶圆半径）。在一般情况下轴承旁螺栓凸台均在圆弧内侧，按有

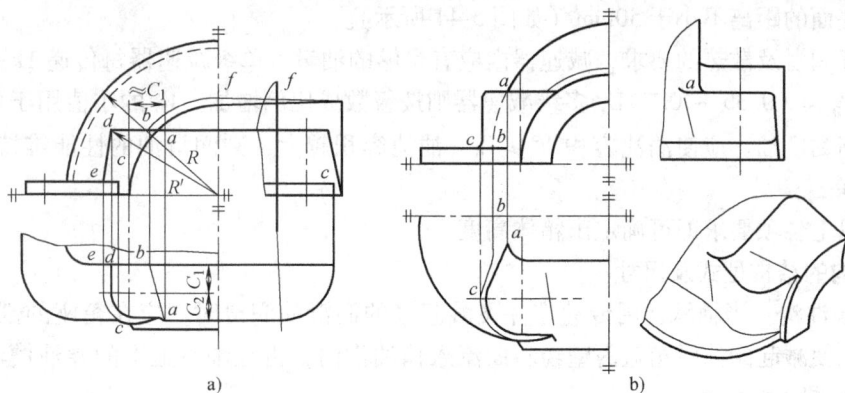

图 5-42　凸台画法

关尺寸画出即可。而小齿轮一侧的外表面圆弧半径应根据结构作图确定。图 5-42a 为小齿轮轴承旁螺栓凸台位于圆弧之内，$R > R'$。当主视图上小齿轮端盖结构确定之后，将有关部分投影到俯视图上，便可画出箱体内壁、外壁及凸缘等结构。

4. 箱体凸缘的结构设计

为了保证箱盖与箱座的联接刚度，箱盖与箱座联接凸缘应有较大的厚度 b_1 和 b，箱座底面凸缘的宽度 B 应超过箱座的内壁，以利于支撑（如图 5-43 所示）。

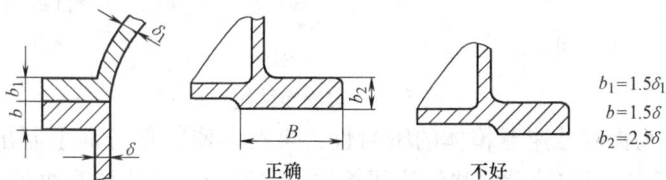

$b_1 = 1.5\delta_1$
$b = 1.5\delta$
$b_2 = 2.5\delta$

正确　　　不好

图 5-43　箱体联接凸缘及底座凸缘

5. 箱体凸缘联接螺栓的布置

为保证箱体密封，除箱体剖分面联接凸缘要有足够的宽度及剖分面要经过精刨或刮研加工外，还应合理布置箱体凸缘联接螺栓。通常对于中小型减速器，螺栓间距取 100 ~ 150mm；对于大型减速器取 150 ~ 200mm。尽量对称均匀布置，并注意不要与吊耳、吊钩和定位销等发生干涉。

6. 油面位置及箱座高度的确定

当传动零件采用浸油润滑时，浸油深度应根据传动零件的类型而定。对于圆柱齿轮，通常取浸油深度为一个齿高；锥齿轮浸油深度为 0.5 ~ 1 个齿宽，但不小于 10mm；对于多级传动中的低速级大齿轮其浸油深度不得超过其分度圆半径的1/3；对于下置式蜗杆减速器，其油面高度不得超过支承蜗杆的滚动轴承最低滚动体的中心。

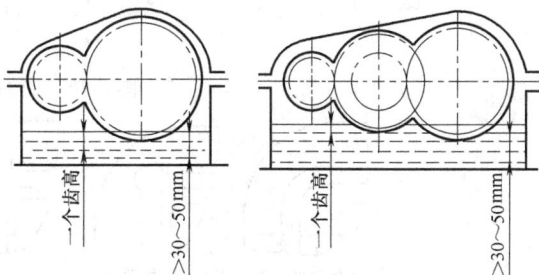

图 5-44　减速器油面及油池深度

为避免传动零件转动时将沉积在油池底部的污物搅起，造成齿面磨损，应使大齿轮齿顶圆距油池底面的距离不小于 50mm（如图 5-44 所示）。

为保证润滑及散热的要求，减速器内应有足够的油量。单级减速器每传递 1kW 的功率，需油量为 $V_0 = (0.35 \sim 0.7)L$，多级减速器则按级数成比例增加。V_0 的小值用于低黏度油，大值用于高黏度油。应使油池容积 $V^3 \geq V_0$，油池容积越大，则润滑油的性能维持越久，润滑效果越好。

综合以上各项要求即可确定出箱体高度。

7. 油沟的结构型式及尺寸

（1）输油沟　当轴承利用传动零件飞溅起来的润滑油润滑时，应在箱座的剖分面上开设输油沟，使溅起的油沿箱盖内壁经斜面流入输油沟内，再经轴承盖上的导油槽流入轴承，如图 5-45 及图 4-4 所示。

输油沟有铸造油沟和机加工油沟两种结构形式，机加工油沟容易制造，工艺性好，故用得较多，其结构尺寸见图 5-45。

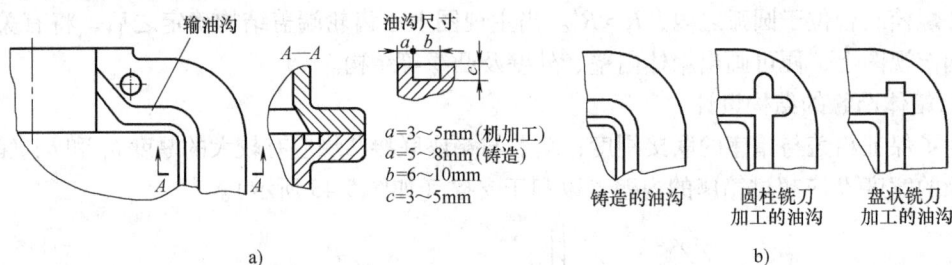

图 5-45　输油沟结构

（2）回油沟　为提高减速器箱体的密封性，可在箱座的剖分面上制出与箱内沟通的回油沟，使渗入箱体剖分面的油沿回油沟流回箱内。回油沟的尺寸与输油沟相同，其结构如图 5-46 所示。根据加工方法的不同，回油沟有不同的形状，如图 5-47 所示。为提高密封性有时也允许在剖分面间涂密封胶。

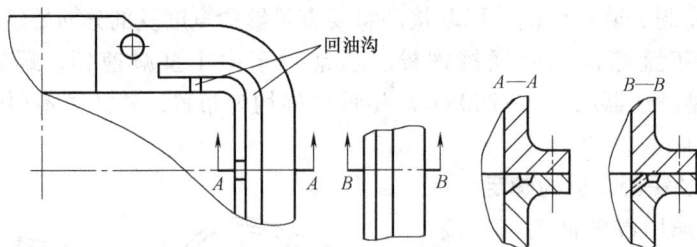

图 5-46　回油沟结构

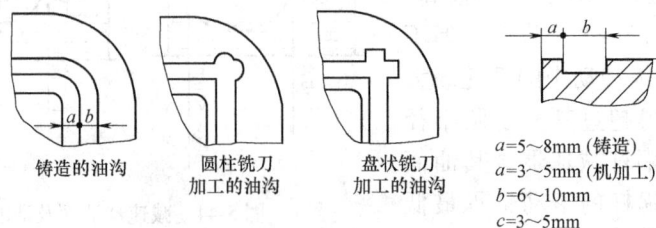

图 5-47　回油沟形状及尺寸

当传动零件（如蜗轮）转速较低时，不能靠飞溅的油满足轴承润滑，而又需要利用箱体内的油润滑时，可在靠近传动零件端面处设置刮油板（见图5-48及图4-4）。刮油板的端面贴近传动件端面，将油从轮上刮下，通过输油沟将油引入轴承中。

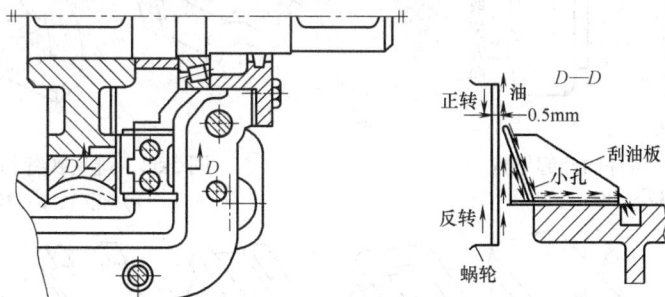

图 5-48　刮油板结构

8. 箱体结构应具有良好的工艺性

为便于造型、浇铸及减少铸造缺陷，箱体应力求形状简单、壁厚均匀、过渡平缓，为避免产生金属积聚，不宜采用形成锐角的倾斜肋和壁（见图5-49）。

考虑液态金属的流动性，箱体壁厚不应过薄，其值按表4-1推荐的经验公式计算。砂型铸造圆角半径一般可取 $R \geqslant 5mm$。

为便于造型时取模，铸件表面沿拔模方向应设计成 $1:10 \sim 1:20$ 的拔模斜度，拔模斜度在图上可不画出，但应注出。

在铸造箱体的拔模方向上尽量减少凸起结构，必要时可设置活块，以减少拔模困难（如图5-50所示）。当铸件表面有多个凸起结构时，应尽量连成一体，以便于木模制造和造型（如图5-51所示）。

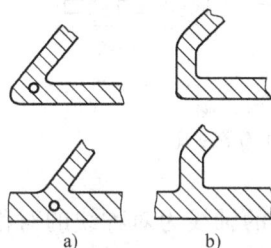

图 5-49　箱壁结构

a）不正确（有缩孔）　b）正确

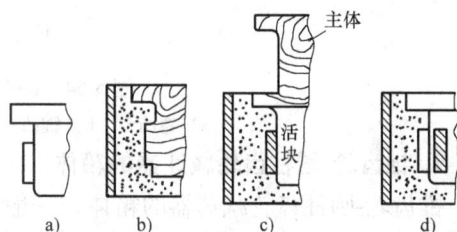

图 5-50　有活块模型的拔模过程

a）铸件　b）整体木模不能取出

c）取出主体留下活块　d）取出活块

箱体设计应尽量避免出现狭缝，因砂型强度较差，拔模时容易带砂，浇铸时容易被铁水冲坏而形成废品（如图5-52所示）。

为了减少箱体的加工面积，箱体上任何一处的加工面与非加工面必须严格分开。

箱体与其他零件的结合处，如箱体轴承座端面与轴承盖、窥视孔与窥视孔盖、螺塞及吊环螺钉的支承面处均应做出凸台，以便于机加工。

箱体底面的结构型式如图5-53所示。

图5-53a的结构加工面积太大，不甚合理。图5-53d的结构较好，对于小型减速器的箱体可采用图5-53b、c的结构。

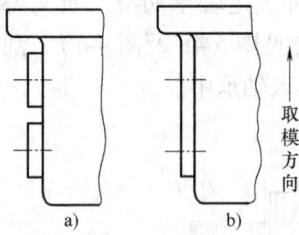

图 5-51　铸件的凸起结构

a）较差　b）较好

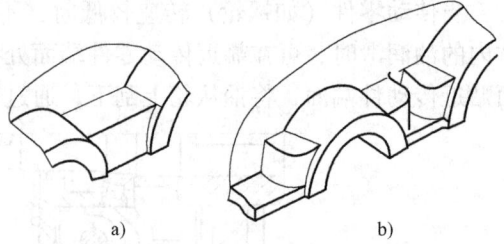

图 5-52　避免狭缝的铸件结构

a）正确　b）较差

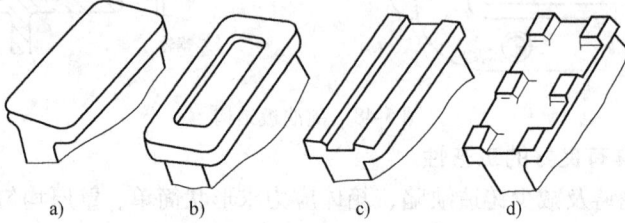

图 5-53　箱体底面的结构形状

螺栓头及螺母的支承面需铣平或锪平，应设计出凸台或沉头座，图 5-54 为支承面的结构形式及加工方法。

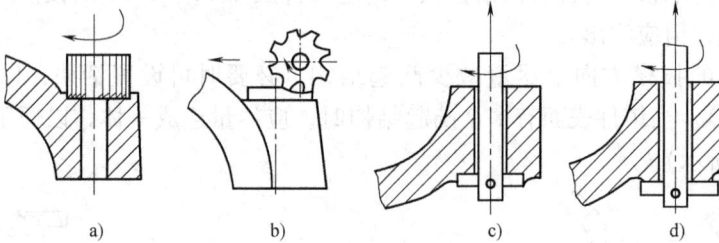

图 5-54　凸台及沉头座的加工方法

a）锪凸台　b）铣凸台　c）锪平沉头座　d）铣沉头座

9. 锥齿轮-圆柱齿轮减速器的箱体

锥齿轮-圆柱齿轮减速器的箱体，一般采用以小锥齿轮的轴线为对称线的对称结构，以便于大锥齿轮调头安装时，改变输出轴的方向。

10. 蜗杆减速器的结构

由于蜗杆减速器的发热量大，其箱体大小应满足散热面积的需要。若不能满足热平衡要求，则应适当增大箱体尺寸，或增设散热片，以扩大散热面积。图 5-55a 的散热片形状不便于拔模，图 5-55b 为改进后的结构。

如加散热片后仍不能满足散热要求时，可在蜗杆轴端部加装风扇，以加速空气流动，散热片的方向应与空气流动方向一致。当发热严重时，可在油池中设置蛇形冷却管。

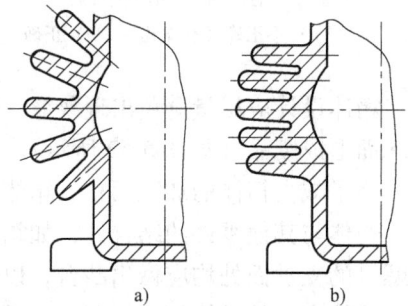

图 5-55　散热片结构

11. 箱体造型设计

设计箱体时，应尽量使其外形简洁，造型美观，重量减轻。

图 5-56 所示为日益得到广泛应用的方型外廓减速器的箱体。这种箱体结构外表几何形状简单，采用内肋增强了轴承座刚度，箱盖与箱座采用便于拆装的双头螺柱或螺钉（如内六角螺钉）联接结构。装地脚螺栓处采用底凸缘不伸出箱体的外表面。这使箱体结构更加紧凑，造型更为美观。

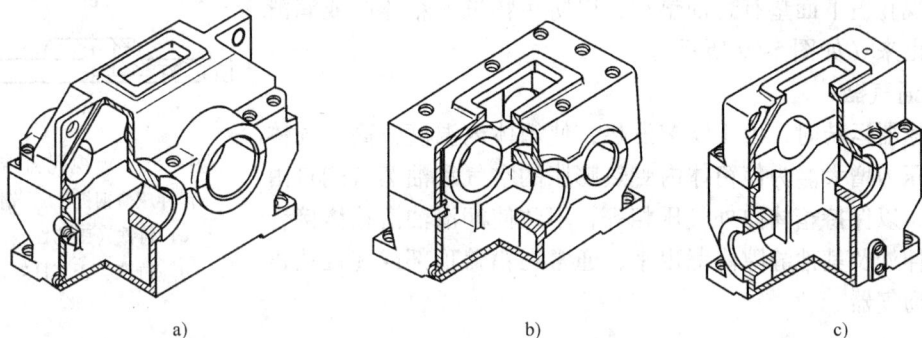

a)   b)   c)

图 5-56 方型外廓减速器的箱体结构

12. 焊接箱体结构设计

对于大型减速器或单件生产的减速器，为降低成本可采用焊接箱体。焊接箱体的壁厚 δ 可较铸造箱体的壁厚 δ 薄，其结构尺寸可参考图 5-57 和表 4-1。

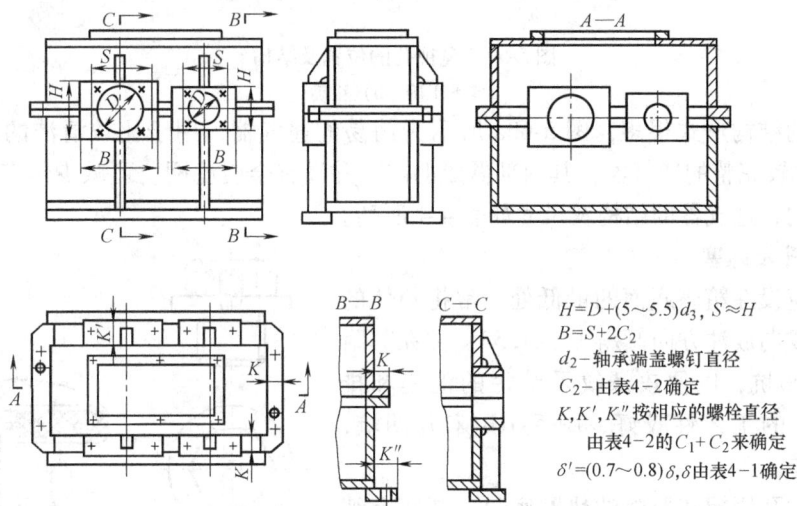

$H = D + (5 \sim 5.5)d_3$, $S \approx H$
$B = S + 2C_2$
d_2—轴承端盖螺钉直径
C_2—由表4-2确定
K, K', K'' 按相应的螺栓直径
  由表4-2的 $C_1 + C_2$ 来确定
$\delta' = (0.7 \sim 0.8)\delta$, δ 由表4-1确定

图 5-57 减速器焊接箱体结构

5.3.5 减速器附件设计

为了保证减速器正常工作，除了对箱体、轴系部件的结构设计给予足够重视外，还应考虑到为减速器润滑油池注油、排油、指示油面、装拆时箱座与箱盖的精确定位、起盖及吊运等减速器附件的合理选择和设计。减速器各种附件的作用及设计要点如下。

1. 窥视孔及窥视孔盖

为了检查传动零件的啮合情况和润滑情况及向箱体内注入润滑油，应在传动件啮合区的上方设置窥视孔。窥视孔应足够大，以便于检查操作。

窥视孔上设有窥视孔盖，用螺钉紧固，窥视孔盖可用钢板、铸铁或有机玻璃等材料制造，其结构形式可参考图 5-58，尺寸由结构设计确定。

窥视孔盖下面垫有封油垫片，以防污物进入箱体内或润滑油渗漏出来（如图 5-59 所示）。

2. 通气器

减速器运转时，由于摩擦发热，使箱体内温度升高、气体膨胀、压力增大。为使箱体内受热膨胀的空气和油蒸汽能自由地排除，以保持箱体内外气压相等，不致使润滑油沿箱体接合面、轴伸处及其他缝隙渗漏出来，通常在箱盖顶部或窥视孔盖上设置通气器。

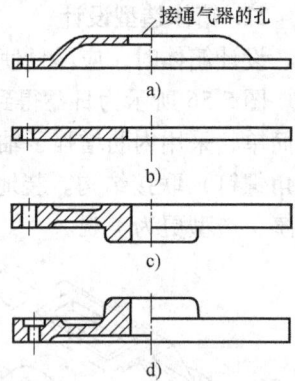

图 5-58 窥视孔盖结构
a) 冲压薄钢板 b) 钢板
c) 铸铁（工艺性差）
d) 铸铁（工艺性好）

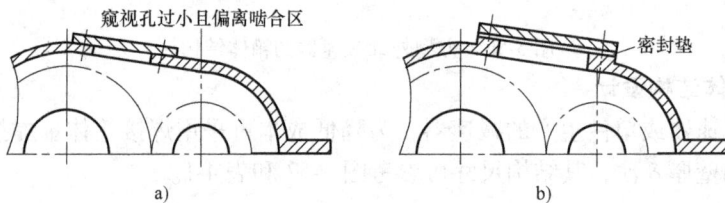

图 5-59 窥视孔的位置及结构
a) 不正确 b) 正确

通气器的结构形式很多，图 5-60a 所示为简易的通气器，用于比较清洁的场合。图 5-60b 所示为比较完整的通气器，其内部做成曲路，并设有金属滤网，可减少停车后灰尘随空气进入箱体内，通气器的结构及尺寸如表 4-4 所列。

3. 放油孔及螺塞

放油孔应设在箱座底面的最低处，常将箱体的内底面设计成向放油方向倾斜 $1° \sim 1.5°$，并在其附近做出一小凹坑，以便攻螺纹及油污的汇集和排放。图 5-61a 的工艺性较好，图 5-61b 未开凹坑，加工工艺性差。

平时放油孔用螺塞及封油垫圈密封。螺塞有细牙螺纹圆柱螺塞和圆锥螺塞两种，圆锥螺塞能形成密封联接，不需附加密封。而圆柱螺塞必须配置密封垫圈，垫圈材料为耐油橡胶、石棉及皮革等。

图 5-60 通气器

螺塞直径约为箱体壁厚的 $2 \sim 3$ 倍。螺塞及密封垫的尺寸见表 13-7。

4. 油标

为了指示减速器内油面的高度，以便于保持正常的油量，应在便于观察和油面比较稳定的部位设置油面指示器。

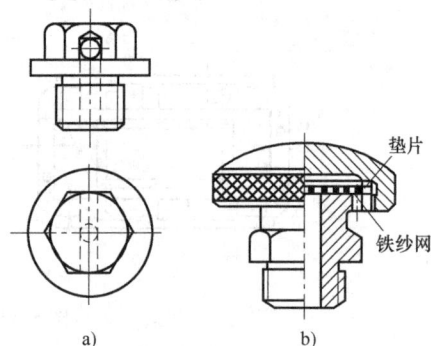

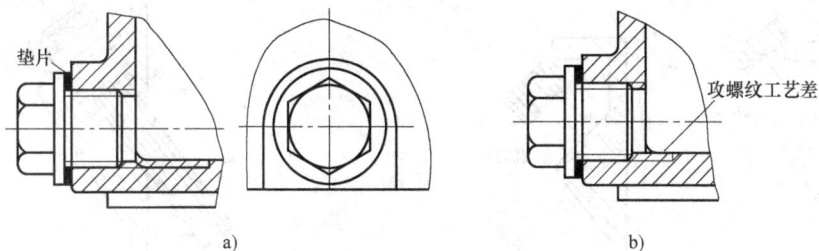

图 5-61 放油螺栓的结构

油面指示器上有两条刻线，分别表示最高油面和最低油面。最低油面为传动零件正常运转时的油面，其高度根据传动零件的浸油润滑要求确定；最高油面为油面静止时的高度。两油面高度差值与传动零件的结构、速度等因素有关，可通过实验确定，对中小型减速器通常取 5~10mm。

常用的油标有圆形油标、长方形油标、管状油标和杆式油标等。一般多用带有螺纹的杆式油标（如图 5-62 所示）。采用杆式油标时，应使箱座油标座孔的倾斜位置便于加工和使用，如图 5-63 所示。油标安装的位置不能太低，以防油进入油标座孔而溢出。油标上的油面刻度线应按传动件的浸油深度确定。为避免因油的搅动而影响检查效果，可在标尺外装隔套，如图 5-64 所示。

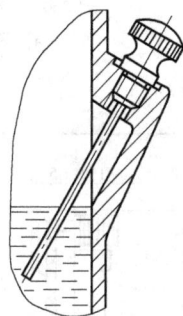

各种油标的尺寸见表 5-3 至表 5-6。

图 5-62 杆式油标

表 5-3 杆式油标　　（单位：mm）

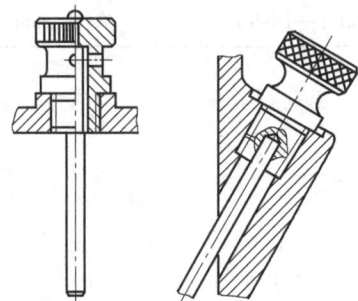

具有通气孔的油尺

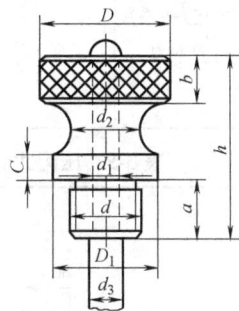

d	d_1	d_2	d_3	h	a	b	c	D	D_1
M12	4	12	6	28	10	6	4	20	16
M16	4	16	6	35	12	8	5	26	22
M20	6	20	8	42	15	10	6	32	26

注：表中左图为具有通气孔的杆式油标。

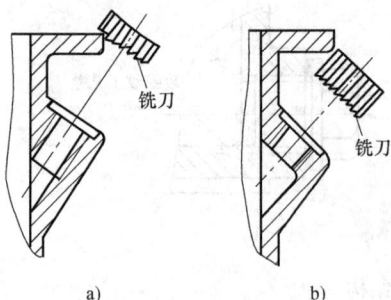

图 5-63　油标安装位置的工艺
a）不正确　b）正确

图 5-64　带有隔套
的杆式油标

表 5-4　**管状油标**（摘自 GB/T1162—1989）　　　（单位：mm）

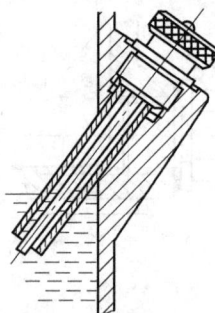

H	O 形橡胶密封圈 （按 GB3452.1）	六角薄螺母 （按 GB6172）	弹性垫圈 （按 GB861）
80，100，125，160，200	11.8　2.65	M12	12

标记示例：

$H=200$，A 型管状油标的标记：油标 A200　GB1162

注：B 型管状油标尺寸见 GB/T1162—89

表 5-5　**压配式圆形油标**（摘自 GB/T1160.1—1989）　　　（单位：mm）

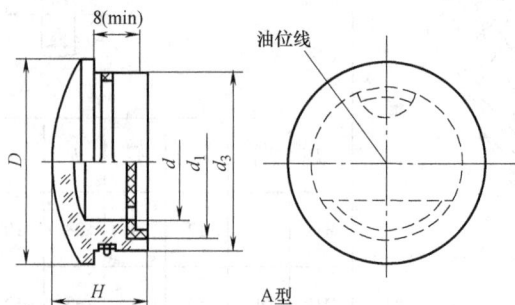

A 型

标记示例：油标　A32　GB/T1160.1—1989（视孔 $d=32$，A 型压配式圆形油标）

（续）

d	D	d_1		d_3		H	O 形橡胶密封圈（按 GB3452.1）
		基本尺寸	极限偏差	基本尺寸	极限偏差		
12	22	12	−0.050	20	−0.065	14	15 ×2.65
16	27	18	−0.160	25	−0.195		20 ×2.65
20	34	22	−0.065	32	−0.080	16	25 ×3.55
25	40	28	−0.195	38	−0.240		31.5 ×3.55
32	48	35	−0.080	45		18	38.7 ×3.55
40	58	45	−0.240	55	−0.100		48.7 ×3.55
50	70	55	−0.100	65	−0.290	22	—
63	85	70	−0.290	80			

表 5-6　长形油标（GB/T1161—1989）　　　　　（单位：mm）

H		H_1	L	n（条数）
基本尺寸	极限尺寸			
80	±0.17	40	110	2
100		60	130	3
125	±0.20	80	155	4
160		120	190	6

O 形橡胶密封圈（按 GB/T3452.1）	六角螺母（按 GB/T6172）	弹性垫圈（按 GB/T861）
10 ×2.65	M10	10

标记示例：

$H=80$，A 型长形油标的标记：油标 A80　GB/T1161

注：B 型长形油标见（GB/T1161—1989）。

5. 起吊装置

为了便于搬运减速器，应在箱体上设置起吊装置。常用的起吊装置有如下几种。

（1）吊环螺钉　吊环螺钉为标准件，按起吊重量由表 12-15 选取。吊环螺钉通常用于吊运箱盖，也可用于吊运轻型减速器，此时应按整台减速器的重量选用。

通常每台减速器应设置两个吊环螺钉，将其旋入箱盖凸台上的螺孔中，吊环螺钉的凸肩应紧抵支承面，安装吊环螺钉的螺孔结构见图 5-65 所示。

为保证足够的承载能力，吊环螺钉旋入螺孔中的螺纹部分不宜太短，加工螺孔时应避免钻头半边切削的行程过长，以免钻头折断，螺孔尾部结构可参考图 5-66 所示。

（2）吊耳、吊环　吊耳或吊环直接在箱盖上铸出，其结构形式和尺寸见表 4-3。

（3）吊钩　吊钩铸在箱座两端的凸缘下面，用于吊运整台减速器。其结构形式及尺寸见表 4-3。

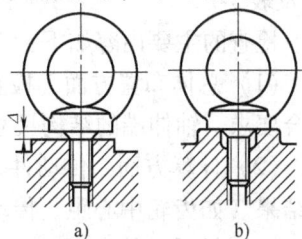

图 5-65　吊环螺钉的安装
a）不正确　b）正确

6. 定位销

为了精确地加工轴承座孔，并保证减速器每次装拆后轴承的上下半孔始终保持加工时的位置精度，应在箱盖和箱座的剖分面加工完成并用螺栓联接之后、镗孔之前，在箱盖和箱座的联接凸缘上配装两个定位圆锥销。定位销的位置应便于钻、铰加工，且不妨碍附近联接螺栓的装拆。两圆锥销应相距较远，且不宜对称布置，以提高定位精度。

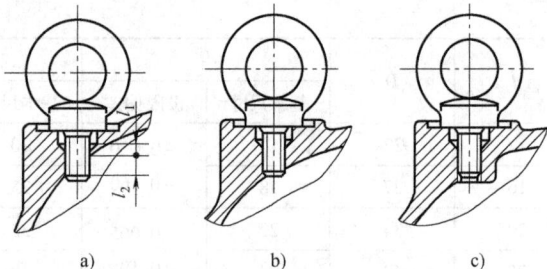

图 5-66　吊环螺钉螺孔的尾部结构
a）不正确　b）可用　c）正确

圆锥销的公称直径（小端直径）可取为 $d = (0.7 \sim 0.8) d_2$，d_2 为箱体联接螺栓的直径，其长度应大于箱盖和箱座联接凸缘的总厚度（如图 5-67 所示），以便于装拆。

定位销直径 d 应取标准值。

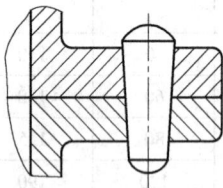

图 5-67　定位销结构

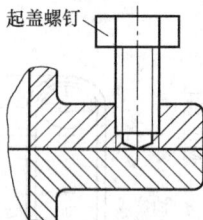

图 5-68　起盖螺钉的结构

7. 起盖螺钉

为了加强密封效果。防止润滑油从箱体剖分面处渗漏，通常在箱盖和箱座剖分面上涂以水玻璃或密封胶，因而在拆装时往往因粘接较紧而不宜分开。为此常在箱盖凸缘的适当位置上设置 1~2 个起盖螺钉。为便于钻孔，最好将起盖螺钉与箱盖凸缘联接螺栓布置在同一中心线上。

起盖螺钉的直径与箱盖凸缘联接直径相同，其长度应大于箱盖凸缘的厚度。其端部应为圆柱形或半圆形，以免在拧动时将其端部螺栓破坏，如图 5-68 所示。

5.3.6　装配草图的检查及修改

完成减速器装配草图后，应进行认真检查并作必要的修改。检查时可参考图 5-69，图 5-70 及表 5-7。

检查的主要内容如下：

（1）总体布置方面　检查装配草图与传动装置方案简图是否一致。轴伸端的方位是否符合要求，轴伸端的结构尺寸是否符合设计要求，箱外零件是否符合传动方案的要求。

（2）计算方面　传动件、轴、轴承及箱体等主要零件是否满足强度、刚度等要求，计算结果（如齿轮中心距、传动件与轴的尺寸、轴承型号与跨距等）是否与草图一致。

（3）轴系结构方面　传动零件、轴、轴承和轴上其他零件的结构是否合理，定位、固定、调整、装拆、润滑和密封是否合理。

（4）箱体和附件结构方面　箱体的结构和加工工艺性是否合理，附件的布置是否恰当，

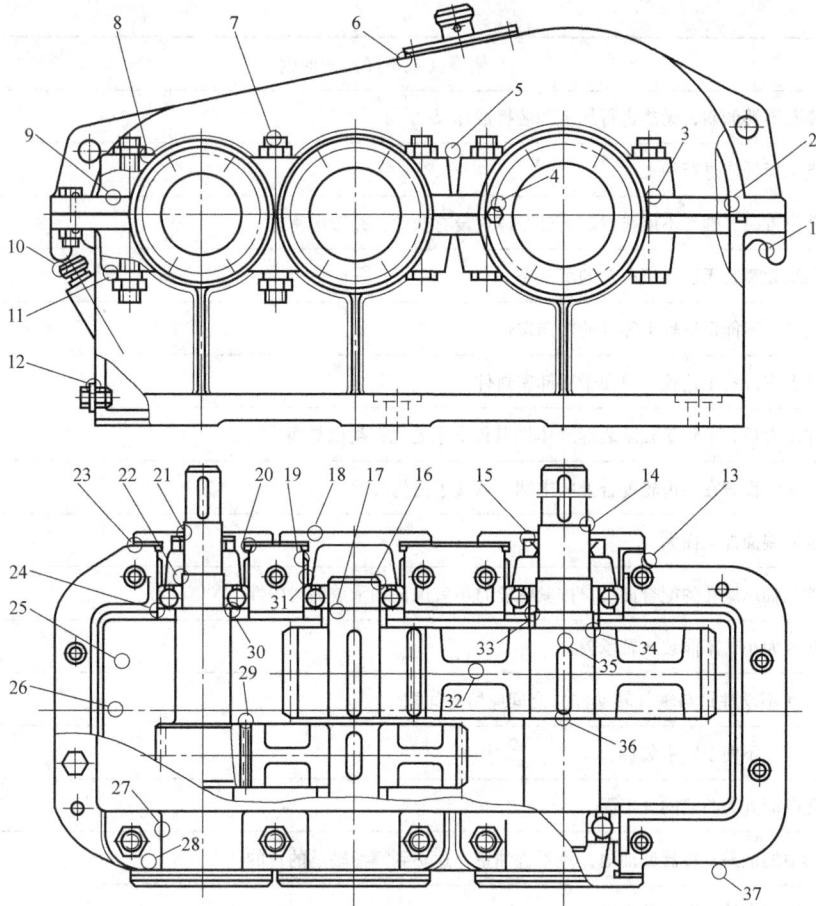

图 5-69 圆柱齿轮减速器装配图常见错误示例

结构是否正确。

（5）绘图规范方面 视图选择是否恰当，投影是否正确，是否符合机械制图国家标准的规定。

减速器装配图常见错误示例如图 5-69 所示，原因见表 5-7。

表 5-7 圆柱齿轮减速器装配图常见错误（图 5-69）分析

序号	错误（或不好）的原因
1	吊钩的形状使铸造工艺不好
2	轴承采用油润滑，但箱盖内侧与箱座接合面处未倒边，油不能流入输油沟内
3	凸台与箱体凸缘相贯的表达方法不对
4	固定轴承盖的螺钉不应设在箱体结合面处
5	两凸台间形成狭缝，铸造工艺性不好
6	窥视孔太小，位置也不合理，不便于观察齿轮的啮合情况，且无密封垫片
7	螺栓长而箱座矮，螺栓无法从下面装入
8	螺母支承面处应进行加工（锪平或设沉头座），并考虑防松措施
9	凸台与箱体凸缘相贯的表达方法不对

（续）

序号	错误（或不好）的原因
10	油尺座孔不够倾斜，无法进行加工和装拆油标尺
11	螺栓支承面处应进行加工
12	放油孔位置高，油污不能排尽。此处箱体应设有凸台，并考虑密封
13	箱体凸缘太窄，无法加工凸台的沉头座
14	轴肩太矮，不能保证轴上零件的轴向定位
15	轴承盖上应设有工艺孔，以便于拆卸密封件
16	轴端伸出太长，不利于轴承装拆（本图其他支承处也有类似弊病）
17	轴的阶梯应设置在与齿轮配合处的末端，以便于齿轮装拆
18	轴承盖外端面加工面大
19	轴承盖与轴承座孔的配合面小，拧紧螺栓时不宜保证轴承盖的对中性
20	垫片孔径太小，不能装入轴承盖
21	轴承盖（不动件）与轴（转动件）之间应留有间隙
22	轴径过长，不便于轴承装拆
23	轴承孔端面处无凸起的加工面
24	输油沟中的油易直接流回油池，流不进油室，达不到润滑轴承的目的
25	漏画油标尺在俯视图上的投影
26	漏画集油槽在俯视图上的投影
27	相贯线画法不对
28	轴承孔端面处无凸起的加工面
29	大小齿轮同宽，难以保证两齿轮沿全齿宽啮合（低速级齿轮亦存在这个问题）
30	轴肩过高，轴承无法拆卸
31	轴承盖没有开槽，输油沟中的油无法进入轴承
32	大齿轮的腹板没有开孔
33	套筒的长度应大于配合轴段长度，以保证轴上零件的轴向定位
34	轴上键槽离台阶太远，装配时轮毂上的键槽不易对准轴上的键
35	齿轮轮毂长度应大于配合轴段长度，以保证齿轮的轴向定位
36	键槽离轴肩过渡圆角太近，加剧应力集中
37	漏画箱座底凸缘的投影

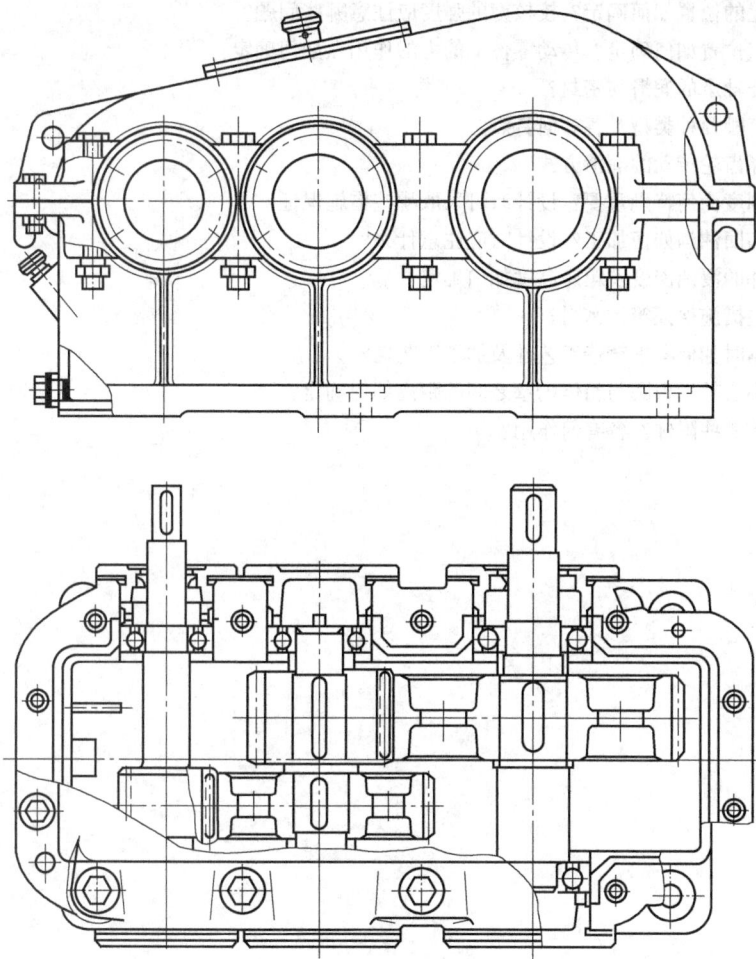

图 5-70 正确的圆柱齿轮减速器装配图

思考题与习题

1. 设计机器时为什么通常要先作装配草图设计？减速器装配草图设计包括哪些内容？

2. 绘制装配草图前应做哪些准备工作？

3. 如何选取联轴器？

4. 如何确定阶梯轴各段的径向尺寸及轴向尺寸？

5. 如何保证轴上零件的周向定位及轴向固定？

6. 轴的外伸长度如何确定？

7. 轴承在轴承座上的位置如何确定？

8. 确定轴承座宽度的依据是什么？选取轴承时应注意哪些问题？

9. 锥齿轮高速轴的轴向尺寸如何确定？

10. 轴承套杯的作用是什么？

11. 角接触轴承的布置方式有哪几种？各应用于什么场合？

12. 对轴进行强度校核时，如何选取危险剖面？

13. 当滚动轴承的寿命不能满足要求时，应如何解决？

14. 键在轴上的位置如何确定？校核键的强度应注意哪些问题？

15. 轴的支点位置如何确定？传动零件上的力的作用点如何确定？

16. 如何保证轴承的润滑与密封？

17. 轴承盖有哪几种类型？各有何特点？

18. 如何选择齿轮传动的润滑方式？

19. 箱体的刚度为何特别重要？设计时可采取哪些措施保证？

20. 输油沟和回油沟如何加工？设计时应注意什么？

21. 传动零件的浸油深度及箱座高度如何确定？

22. 采取哪些措施保证箱体密封？

23. 设计箱体时如何考虑铸造工艺性及加工工艺性？

24. 减速器小齿轮齿顶圆与箱体内壁之间的距离如何确定？

25. 减速器有哪些附件？各有何作用？

第6章　减速器装配工作图设计

减速器装配草图设计的重点在于表达工作原理以及各零件的结构、位置和相互关系，是绘制减速器装配图的必要准备。而装配工作图应能指导减速器生产装配工作，是领取库存零件、选用装配工具、确定装配工序、组织装配生产的依据。所以，装配工作图设计并不是简单地把装配草图画成正规图。

在着手设计装配工作图前，要从基本设计原则出发，对装配草图的设计结果进行认真的分析检查，发现零部件之间制造、装配工艺方面考虑不周的地方要改正过来。

装配工作图是在装配草图的基础上绘制的，在设计时要综合考虑装配草图中各零件的材料、强度、刚度、加工、装拆、调整和润滑等要求，修改其错误或不合理之处，保证装配图的设计质量。

减速器装配工作图的主要内容包括：减速器的各视图、主要尺寸、配合尺寸、技术要求、技术特性表、零件编号、零件明细表和标题栏等。

装配工作图应严格按照国家制图标准作图，例如，图面尺寸、标题栏和零件明细表等要合乎规格，中心线、粗实线、细实线、剖面线等线型要符合标准。要表达清楚每一个零件的装配信息，尽量避免用虚线表示零件的结构，必须表达的内部装配结构可采用局部视图或局部剖视图来表示。细小的装配结构可以用局部放大图来表示。

装配工作图上某些结构可以采用省略画法或简化画法。例如，相同类型、规格的螺栓联接可以只画一个（画出的那个必须在所有视图上完整表达），其他的用中心线表示；又如螺栓、螺母、螺钉、滚动轴承可以采用简化画法。

6.1　绘制装配图

减速器装配图选用两个或三个视图，必要时加辅助剖面、剖视或局部视图。在完整、准确地表达产品、零、部件的结构形状、尺寸和各部分相互关系的前提下，视图数量应尽量减少。

画剖视图时，同一零件在各剖视图中的剖面线方向应一致，相邻的不同零件，其剖面线方向或间距应取不同，以示区别。对于薄的零件（≤2mm），其剖面可以涂黑。

装配图上某些结构可以采用机械制图标准中规定的简化画法。

装配图绘制好后，先不要加深，待零件工作图设计完成后，修改装配图中某些不合理的结构或尺寸，然后再加深完成装配图设计。

6.2　标注尺寸

根据使用要求，在装配图中应标注特性尺寸、最大外形尺寸、安装尺寸、主要零件的配合尺寸这四类尺寸。

1. 特性尺寸

表明减速器性能和规格的尺寸。如传动零件中心距及其偏差。

2. 最大外形尺寸

减速器的总长、总宽、总高，供包装运输及安装时参考。

3. 安装尺寸

表明减速器安装在基础上或安装其他零、部件所需的尺寸。如箱体底面尺寸；地脚螺栓孔的中心距、直径和定位尺寸；减速器中心高；主动轴与从动轴外伸端配合长度和直径；轴外伸端面与减速器某基准轴线的距离等。

4. 主要零件的配合尺寸

对于影响运转性能和传动精度的零件，其配合尺寸应标注出尺寸、配合性质和精度等级。例如轴与传动件、轴承、联轴器的配合尺寸，轴承与轴承座孔的配合尺寸等。对于这些零件应选择恰当的配合与精度等级，这与提高减速器的工作性能，改善加工工艺性及降低成本等有密切关系。

标注尺寸时应使尺寸排列整齐、标注清晰，多数尺寸应尽量布置在反映主要结构的视图上，并尽量布置在视图的外面。

表 6-1 列出了减速器主要零件的常用配合，应根据具体情况进行选用。

表 6-1　减速器主要零件的常用配合

配合零件	荐用配合	装拆方法
大中型减速器的低速级齿轮（蜗轮）与轴的配合，轮缘与轮芯的配合	$\dfrac{H7}{r6}$，$\dfrac{H7}{s6}$	用压力机或温差法（中等压力的配合，小过盈配合）
一般齿轮、蜗轮、带轮、联轴器与轴的配合	$\dfrac{H7}{r6}$	用压力机（中等压力的配合）
要求对中良好及很少装拆的齿轮、蜗轮、联轴器与轴的配合	$\dfrac{H7}{n6}$	用压力机（较紧的过渡配合）
小锥齿轮及较常装拆的齿轮、联轴器与轴的配合	$\dfrac{H7}{n6}$，$\dfrac{H7}{k6}$	手锤打入（过渡配合）
滚动轴承内孔与轴的配合（内圈旋转）	j6（轻负荷）k6、m6、（中等负荷）	用压力机（实际为过盈配合）
滚动轴承外圈与箱体孔的配合（外圈不转）	H7，H6（精度要求高时）	木锤或徒手装拆
轴承套环与箱体孔的配合	$\dfrac{H7}{h6}$	木锤或徒手装拆

6.3　标注减速器的技术特性

应在装配图的适当位置列表写出减速器的技术特性，内容包括输入功率和转速，传动效率、总传动比和各级传动比、传动特性（各级传动件的主要几何参数和精度等级）等。表

6-2 为二级圆柱斜齿轮减速器的技术特性表格式。

表 6-2 减速器技术特性

输入功率 P/kW	输入转速 $/n(r/min)$	效率 η	总传动比 i	传动特性							
				第一级				第二级			
				m_n	z_2/z_1	β	精度等级	m_n	z_2/z_1	β	精度等级

6.4 编写技术要求

装配工作图技术要求是用文字说明在视图上无法表示的有关装配、调整、检验和维修等方面的内容。正确地制订技术要求，以保证减速器的工作性能。减速器装配工作图主要有以下几方面的技术要求。

1. 对零件的要求

在装配前所有零件均用煤油或汽油清洗，配合表面涂上润滑油。箱体内不允许有任何杂物存在，箱体内壁涂上防浸蚀涂料。

2. 对安装和调整的要求

（1）滚动轴承的安装和调整 为保证滚动轴承的正常工作，在安装时必须留出一定的轴向游隙。对于可调间隙的轴承（角接触球轴承和圆锥滚子轴承）的轴向游隙值可查表 17-10。对于不可调间隙的轴承（深沟球轴承），可在轴承盖与轴承外圈端面间留出适当间隙 Δ（$\Delta = 0.25 \sim 0.4mm$，见图 6-1）。

轴向游隙调整方法如图 6-1 和图 6-2 所示。

图 6-1 是用垫片调整轴向游隙。先用轴承盖将轴承顶紧，测量轴承盖凸缘与轴承座之间的间隙 δ 值，再用一组厚度为 $\delta + \Delta$ 的调整垫片置于轴承盖凸缘与轴承座端面之间，拧紧螺钉，即可得到所要求的间隙 Δ。

图 6-2 是用螺纹件调整轴承游隙，可将螺钉或螺母拧紧至基本消除轴向游隙，然后再退转到留有需要的轴向游隙时为止，最后锁紧螺母即可。

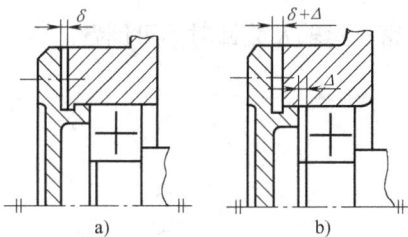

图 6-1 滚动轴承游隙的调整
a）用塞尺测出间隙 δ b）轴承间隙 Δ

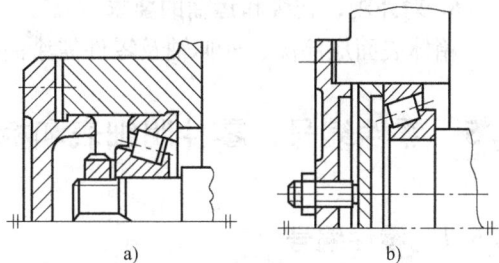

图 6-2 用螺纹件调整轴承游隙
a）调整内圈 b）调整外圈

（2）传动侧隙和接触斑点 齿轮或蜗杆与蜗轮安装后，所要求的传动侧隙和齿面接触斑点是由传动精度确定的，可由有关手册查出。

传动侧隙的检查可用塞尺或把铅丝放入相互啮合的两齿面间，然后测量塞尺或铅丝变形后的厚度。

接触斑点的检查是在主动轮啮合面上涂色，将其转动 2~3 周后，观察从动轮啮合面的着色情况，分析接触区的位置和接触面积的大小。

当传动侧隙或接触斑点不符合要求时，可对齿面进行刮研、跑合或调整传动件的啮合位置。对于锥齿轮传动可通过垫片调整两轮位置，使其锥顶重合。对于蜗杆减速器可调整蜗轮轴承盖与轴承座之间的垫片（一端加垫片，一端减垫片），使蜗杆轴线通过蜗轮主平面。

对于多级传动，如各级传动的侧隙和接触斑点要求不同时，应分别在技术要求中注明。

3. 对润滑的要求

润滑剂对减少传动零件和轴承的摩擦、磨损以及散热、冷却起着重要的作用，同时也有助于减振、防锈。技术要求中应写明所用润滑剂的牌号、油量及更换时间等。

选择传动件的润滑剂时，应考虑传动特点，载荷性质、大小及运转速度。对于多级传动，应按高速级和低速级对润滑剂黏度要求的平均值来选择润滑剂。

对于圆周速度 $v<2\mathrm{m/s}$ 的开式齿轮传动和滚动轴承，也常采用润滑脂。可根据工作温度、运转速度、载荷大小和环境情况进行选择。

一般齿轮减速器常用 N32，N46，N68 等号机械油润滑。对中型、重型减速器可用工业齿轮油和极压齿轮油等润滑。对蜗杆减速器可用汽缸油、工业齿轮油和复合润滑油润滑。对开式齿轮可用齿轮油润滑。

当传动件与轴承采用同一润滑剂时，应优先满足传动件的要求，适当兼顾轴承的要求。对多级传动，应按高速级和低速级对润滑剂黏度要求的平均值来选择润滑剂。

减速器换油时间取决于油中杂质的多少和被氧化与污染的程度，一般为半年左右。

4. 减速器的密封

减速器箱体的剖分面、各接触面及密封处均不允许漏油。剖分面允许涂密封胶和水玻璃，不允许使用任何垫片或填料。轴伸处应涂上润滑脂。

5. 对试验的要求

减速器作空载试验时，在额定转速下正反转各 1 小时，要求运转平稳，噪音小，联接处不松动，无渗漏等。作负载试验时，在额定转速和额定功率下，油池温升不得超过 35℃，轴承温升不得超过 40℃。

6. 对外观、包装和运输的要求

箱体表面应涂漆，外伸轴及零件需涂油并包装严密；运输及装卸时不可倒置。

6.5 零件编号、零件明细表和标题栏

6.5.1 零件编号

装配工作图中零件序号的编排应符合机械制图国家标准的规定。序号按顺时针或逆时针方向依次排列整齐，避免重复或遗漏，对于相同的零件用一个序号，一般只标注 1 次，序号字高

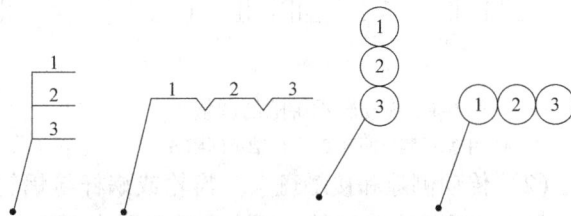

图 6-3 公共指引线序号编注

比图中所注尺寸数字高度大 1~2 号。指引线相互不能相交，也不应与剖面线平行。一组紧固件及装配关系清楚的零件组，可以采用公共指引线（如图 6-3 所示）。

6.5.2　零件明细表

零件明细表是装配图上所有零部件的详细目录，在明细表上应按序号完整地写出零件的名称、数量、材料、规格和标准等。对于齿轮应注明模数 m、齿数 z、螺旋角 β 等。编制明细表的过程也是最后确定材料及标准的过程，因此填写时应注意考虑到节约贵重材料，减少材料及标准件的品种和规格。

6.5.3　编制标题栏

标题栏是用来说明减速器的名称、图号、比例、重量和件数等，应置于图纸的右下角。表明减速器名称和重量、作图比例、图号、设计者姓名、设计时间等。

机械设计课程设计所用的明细表和装配图标题栏如图 6-4、图 6-5 所示。

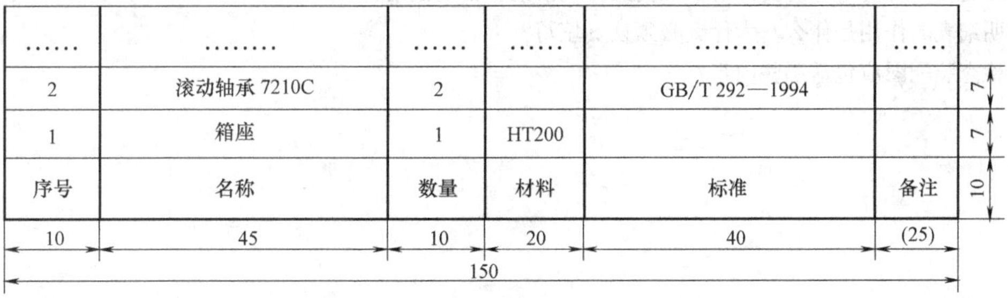

……	………	……	……	………	……
2	滚动轴承 7210C	2		GB/T 292—1994	
1	箱座	1	HT200		
序号	名称	数量	材料	标准	备注
10	45	10	20	40	(25)

150

图 6-4　明细表格式（本课程用）

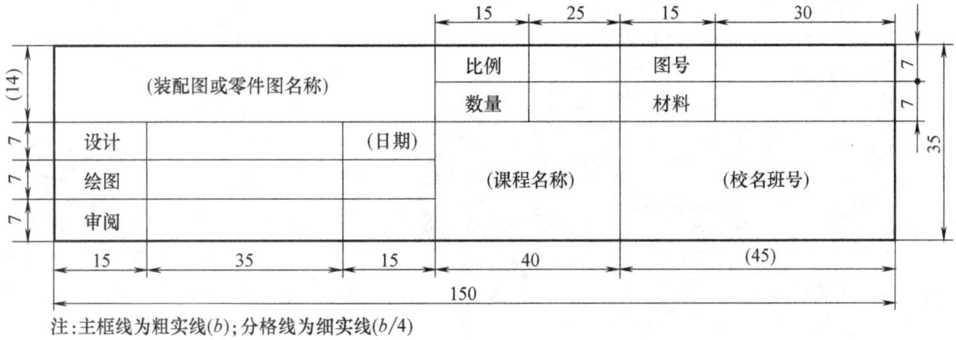

(装配图或零件图名称)			比例		图号	
			数量		材料	
设计		(日期)				
绘图			(课程名称)		(校名班号)	
审阅						

15　25　15　30

(14)　7　7　7

35

15　35　15　40　(45)

150

注：主框线为粗实线(b)；分格线为细实线($b/4$)

图 6-5　标题栏格式（本课程用）

6.6　检查装配工作图

装配图完成后，应按下列项目认真检查：

1）视图的数量是否足够，是否能清楚地表达减速器的结构和装配关系；

2）各零件的结构是否合理，加工、装拆、调整是否可能，维修、润滑是否方便；

3）尺寸标注是否足够、正确，配合和精度的选择是否适当，重要零件的位置及尺寸是否符合设计计算要求，是否与零件图一致，相关零件的尺寸是否协调；

4）零件编号是否齐全，有无遗漏或多余；

5）技术要求和技术性能是否完善、正确；

6）明细表所列项目是否正确，标题栏格式、内容是否符合标准；

7）所有文字是否清楚，是否按制图规定写出。

图样经检查及修改后，待画完零件工作图再加深描粗，应注意保持图样整洁。

思考题与习题

1. 装配图的作用是什么？其包括哪些内容？

2. 装配图中应标注哪几类尺寸？其作用是什么？

3. 传动零件与轴的配合如何选择？滚动轴承与轴和箱体孔的配合如何选择？

4. 装配图的技术要求主要包括哪些内容？

5. 滚动轴承在安装时为什么要留出轴向游隙？如何调整？

6. 如何检查传动零件的齿面接触斑点？它与传动精度的关系如何？当不合要求时如何调整？

7. 减速器中哪些零件需要润滑？如何选择润滑剂？如何润滑？

8. 明细表的作用是什么？为什么必须认真填写？

9. 检查装配图应包括哪些内容？

第7章 减速器零件工作图设计

在装配图设计时已经对主要传动零件的基本结构和尺寸进行了设计，但出发点是表达机械的装配关系和工作原理，仅根据装配图上的信息还不能把零件正确地加工制造出来。

零件工作图又叫零件图，它是生产中重要技术文件，是制造、检验零件和制定工艺规程的依据。它既要根据装配图表明设计要求，又要结合制造的加工工艺性表明加工要求。零件工作图应完整、清楚地表达零件的结构和尺寸，图上应标注尺寸偏差、形位公差和表面粗糙度，写明材料、热处理要求和其他技术要求、标题栏等。每一个零件应单独用一幅图表示，尽量按1:1绘制。

零件工作图是在装配图基础上绘制的，零件图表达的零件结构和尺寸应与装配图一致，如果必须更改，在装配图上亦应作相应的修改。

提示： 绘制零件图时，要时刻提醒自己站在制造和检验的立场上思考问题。例如，轴加工和检验时用两端的中心孔来定位，这个结构在装配图上是没有的，在零件图上却不能缺少。要精心选择零件图的尺寸偏差、形位公差和表面粗糙度，既要满足装配图的要求，又要考虑加工成本。

在机械设计课程设计中，零件的绘制一般以轴类、齿轮类和箱体类零件为主。

7.1 零件工作图的设计要点

1. 视图及比例尺的选择

视图的选择应能清楚地表达零件内、外部的结构形状。零件图的结构与尺寸应与装配图一致，应尽量减少视图数量，选用1:1的比例以增加真实感。

2. 尺寸及偏差的标注

标注尺寸时应注意选择正确的尺寸基准，尺寸标注应清晰、不封闭、不重复。应以一主要视图的尺寸标注为主，同时辅以其他视图的标注，有配合要求的尺寸应标注极限偏差。

3. 表面粗糙度的标注

零件的所有表面都应注明表面粗糙度值，以便于制定加工工艺。在常用参数值范围内，应优先选用 Ra 参数。在保证正常工作的条件下应尽量选用数值较大者，以便于加工。如果大多数表面具有相同的表面粗糙度参数值，可在右上角统一标注，并加"其余"字样。

4. 形位公差的标注

形位公差是评定零件的重要指标之一，应正确选择其等级及具体数值。

5. 齿轮类零件的啮合参数表

对于齿轮、蜗轮类零件，由于其参数及误差检验项目等较多，应在图纸右上角列一啮合参数表，标注主要参数、精度等级及误差检验项目等。

6. 技术要求

对于不便在图形上表明而又是制造中应明确的内容，可用文字在技术要求中说明。技术要求一般包括：

1）对材料的机械性能和化学成分的要求；

2）对铸锻件及其他毛坯件的要求，如时效处理，去毛刺等要求；

3）对零件的热处理方法及热处理后硬度的要求；

4）对加工的要求，如配钻、配铰等；

5）对未注圆角、倒角的要求；

6）其他特殊要求，如对大型或高速齿轮的平衡试验要求等。

7. 标题栏

应注明图号，零件的名称、材料及件数，绘图比例尺等内容。

7.2 轴类零件工作图的设计要点

7.2.1 设计要点

1. 视图

一般只需要一个视图，在有键槽和孔的地方，可增加必要的剖面图。对于不易表达清楚的部位，如中心孔、退刀槽等，必要时应绘制局部放大图。

2. 尺寸标注

标注径向尺寸时应注意，凡有配合处的直径都应标注尺寸的偏差值。

标注轴向尺寸时需要考虑基准面和尺寸链的问题，选定尺寸标注的基准面时，应尽量使尺寸的标注反映加工工艺的要求，轴向尺寸不允许出现封闭的尺寸链。图 7-1 所示为轴的轴向尺寸标注示例，2、3 为主要基准面，1，4 为辅助基准面，这是因为轴段 $22_{-0.14}^{0}$ 和 $12_{-0.12}^{0}$ 的精度较高，其尺寸应从轴环的两侧标出，这种标注方法反映出零件在车床上的加工顺序。

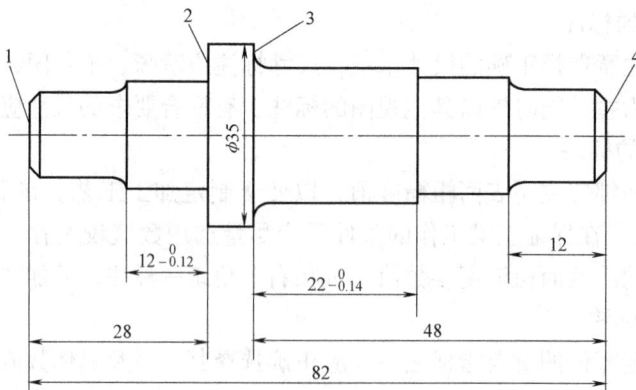

图 7-1 轴的轴向尺寸标注示例

3. 表面粗糙度

与轴承相配合表面及轴肩端面表面粗糙度的选择查表 7-1。轴的所有表面都要加工，其表面粗糙度值可按表 7-2 选择或查设计手册。

表 7-1　配合面的表面粗糙度值

轴或轴承座直径 /mm		轴或外壳孔配合表面直径公差等级								
		IT7			IT6			IT5		
		表面粗糙度值/ μm								
超过	到	Rz	Ra		Rz	Ra		Rz	Ra	
			磨	车		磨	车		磨	车
80	80	10	1.6	3.2	6.3	0.8	1.6	4	0.4	0.8
	500	1.6	1.6	3.2	10	1.6	3.2	6.3	0.8	1.6
端面		25	3.2	6.3	25	3.2	6.3	10	1.6	3.2

注：与/p0、p6（/p6x）级公差轴承配合的轴，其公差等级一般为 IT6，外壳孔一般为 IT7。

表 7-2　轴加工表面粗糙度值 Ra 的推荐值

加工表面	表面粗糙度值 Ra/ μm			
与 G、E 级滚动轴承相配合的表面	3.2；1.6～0.8；0.4			
与传动件及联轴器相配合的轴肩端面	见表 6-1			
与滚动轴承相配合的轴肩端面	6.3；3.2；1.6			
平键键槽	工作面：6.3；3.2；1.6；非工作面：12.5；6.3			
密封处的表面	毡封油圈	橡胶油封		隙缝及迷宫
	与轴接触处的圆周速度/（m/s）			6.3；3.2；1.6
	≤3	>3～5	>5～10	
	3.2；1.6；0.8	1.6；0.8；0.4	0.8；0.4；0.2	

4. 形位公差

在轴的零件工作图上应标注必要的形位公差，以保证减速器的装配质量及工作性能。表 7-3 列出了轴上应标注的形位公差项目，供参考。轴的形位公差标注方法及公差值可参考设计手册，标注示例如图 7-2 所示。

表 7-3　轴的形位公差推荐项目

内容	项目	符号	精度等级	对工作性能影响
形状公差	传动零件相配合直径的圆度	○	7～8	影响传动零件与轴配合的松紧及对中性
	与传动零件相配合直径的圆柱度	⌭		
	与轴承相配合直径的圆柱度	⌭	表 6-1	影响轴承与轴配合松紧及对中性

（续）

内容	项目	符号	精度等级	对工作性能影响
位置公差	齿轮的定位端面相对轴心线的端面圆跳动	↗	6～8	影响齿轮和轴承的定位及其受载均匀性
	轴承的定位端面相对轴心线的端面圆跳动		表6-1	
	与传动零件配合的直径相对于轴心线的径向圆跳动		6～8	影响轴和轴承的运转同心度
	与轴承相配合的直径相对于轴心线的径向圆跳动	↗	5～6	影响轴和轴承的运转同心度
	键槽侧面对轴心线的对称度（要求不高时不注）	≡	7～9	影响键受载的均匀性及装拆的难易

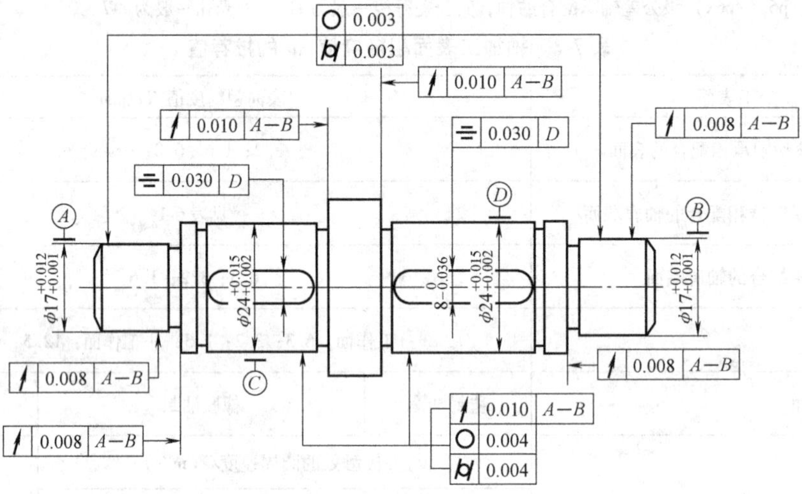

注：φ17为与轴承配合直径，φ24为与齿轮配合直径

图 7-2　轴的形位公差标注示例

5. 技术要求

轴类零件工作图的技术要求通常包括：

1）对材料的机械性能和化学成分的要求，允许的代用材料等。

2）对材料的表面机械性能的要求，如热处理方法、热处理后的硬度、渗碳层深度及淬火硬化层深度等。

3）对加工的要求。例如，是否要保留中心孔，若要保留中心孔，应在零件图上画出中心孔或按国标加以说明；是否与其他零件一起配合加工，如配钻或配铰等，若有要求也应加以说明。

4）对于未注倒角、倒圆的说明以及对较长的轴要求进行毛坯校直等说明。

7.2.2　轴类零件工作图实例

轴类零件工作图实例如图7-3所示。

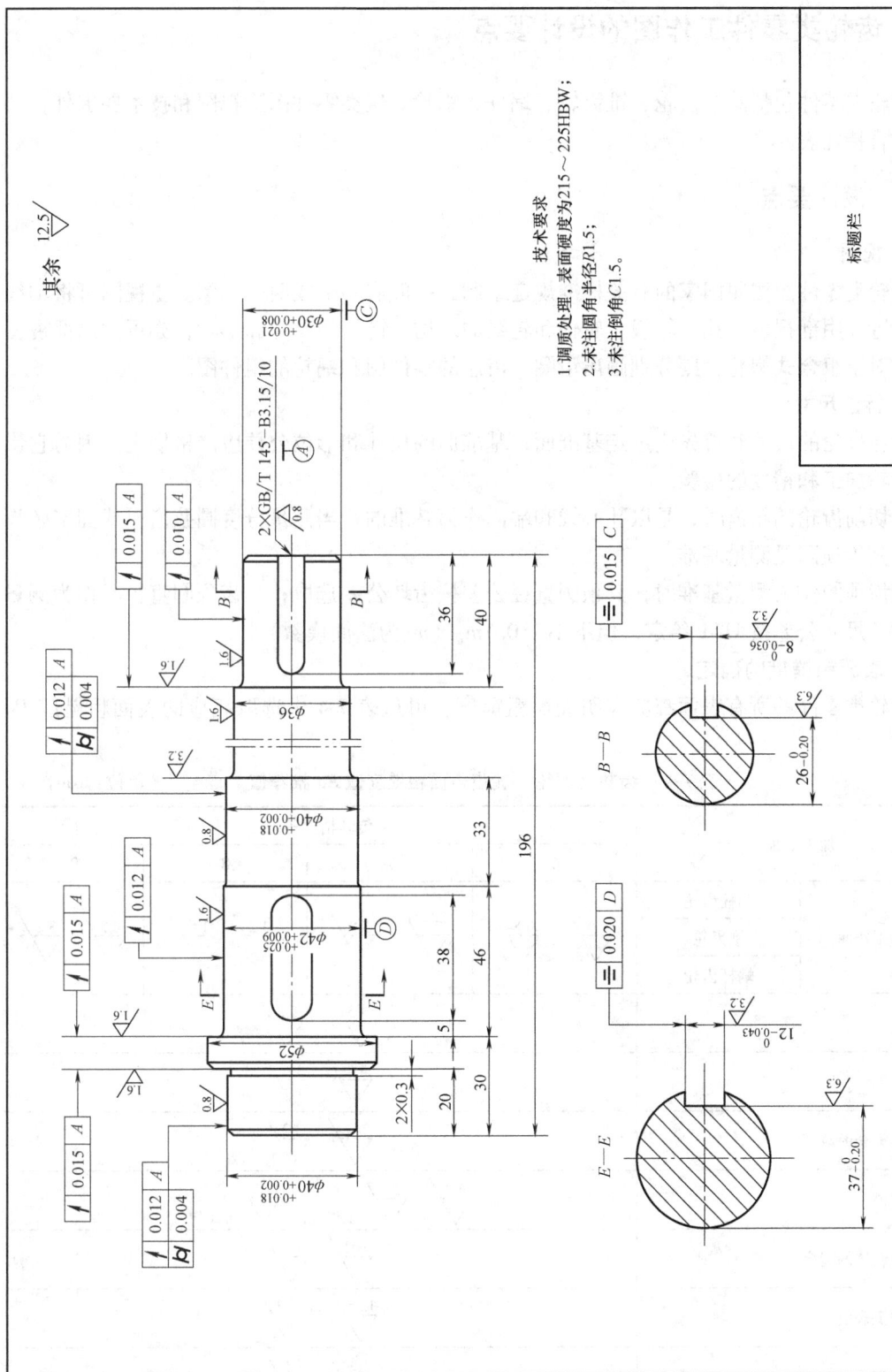

技术要求
1.调质处理,表面硬度为215～225HBW;
2.未注圆角半径R1.5;
3.未注倒角C1.5。

其余 $\sqrt{12.5}$

标题栏

图 7-3　轴类零件工作图

7.3 齿轮类零件工作图的设计要点

齿轮类零件包括圆柱齿轮、锥齿轮、蜗杆、蜗轮。这类零件图除视图和技术要求外，还应有啮合特性表。

7.3.1 设计要点

1. 视图

齿轮类零件图按照国家的有关标准规定绘制，一般需一个或两个视图。主视图可将轴线水平布置，用剖视表达孔、轮毂、轮辐和轮缘的结构。键槽的尺寸和形状，亦可用局部视图表达。对于组合式蜗轮，则分别画出齿圈、齿芯的零件图和蜗轮的组件图。

2. 标注尺寸

标注齿轮的尺寸时首先应选定基准面，基准面的尺寸和形位公差应严格规定，因为它影响到齿轮加工和精度的检验。

在切削齿轮的轮齿时，是以孔心线和端面作为基准的。当测量分度圆弦齿厚或固定弦齿厚时，其齿顶圆是测量基准。

当齿顶圆作为测量基准时，其顶圆直径公差按齿坯公差选取；当齿顶圆直径不作为测量基准时，尺寸公差按 IT11 给定，但不小于 $0.1m_n$（m_n 为法面模数）。

3. 表面粗糙度的确定

齿轮类零件的所有表面都应表明表面粗糙度，可从表 7-4 中选取相应的表面粗糙度 Ra 推荐值。

表 7-4　齿轮（蜗轮）轮齿表面粗糙度值 Ra 推荐值 （单位：μm）

加工表面		传动精度等级			
		6	7	8	9
轮齿工作面	圆柱齿轮	1.6 ～ 0.8	3.2 ～ 0.8	3.2 ～ 1.6	6.3 ～ 3.2
	锥齿轮				
	蜗杆齿轮				
齿顶圆		12.5 ～ 3.2			
轴孔		3.2 ～ 1.6			
与轴肩配合的端面		6.3 ～ 3.2			
平键键槽		6.3 ～ 3.2（工作面）　12.5（非工作面）			
齿圈与轮体的配合面		3.2 ～ 1.6			
其他加工表面		12.5 ～ 6.3			
非加工表面		100　50			

4. 形位公差的选定

轮坯的形位公差对齿轮类零件的传动精度影响很大，一般需标注的项目有：①齿顶圆的径向圆跳动；②基准端面对轴线的端面圆跳动；③键槽侧面对孔中心线的对称度；④轴孔的圆柱度。具体内容和精度等级可从表 7-5 的推荐项目中选取。

表 7-5　轮坯形位公差的推荐项目

项目	符号	精度等级	对工作性能的影响
圆柱齿轮以齿顶圆为测量基准时齿顶圆的径向圆跳动 锥齿轮的齿顶圆的径向圆跳动 蜗轮齿顶圆的径向圆跳动 蜗杆齿顶圆的径向圆跳动	⟋	按齿轮、蜗轮精度等级确定	影响齿厚的测量精度，并在切齿时产生相应的齿圈径向圆跳动误差 导致传动件的加工中心与使用中心不一致，引起分齿不均。同时会使轴心线与机床的垂直导轨不平行而引起齿向误差
基准端面对轴线的端面圆跳动	⟋		
键槽侧面对孔中心线的对称度	≡	7～9	影响键侧面受载的均匀性
轴孔的圆度	○	7～8	影响传动零件与轴配合的松紧及对中性
轴孔的圆柱度	⌀		

5. 啮合参数表

啮合参数表的内容包括齿轮的主要参数及误差检验项目等。表 7-6 所示为圆柱齿轮啮合参数表的主要内容，其中误差检验项目和公差值可查有关齿轮精度的国家标准（如 GB/T10095—1988）。

表 7-6　啮合参数表

模数	m（m_n）	相啮合齿轮图号		
齿数	z	变位系数		x
压力角	α	精度等级		
齿顶高系数	h_a^*	误差 检测 项目		
齿根高系数	$h_a^* + c^*$			
全齿高	h			
螺旋角	β			
轮齿倾斜方向	左或右			

6. 技术要求

齿轮类零件图的技术要求包括：

1）对铸件、锻件或其他类型坯件的要求。

2）对材料的机械性能和化学成分的要求及允许代用的材料。

3）对零件表面机械性能的要求，如热处理方法、热处理后的硬度、渗碳深度及淬火深度等。

4）对未注倒角、圆角半径的说明。

齿轮类传动零件工作图例见第 7.3.2 节。

7.3.2　齿轮类零件工作图实例

图 7-4 为圆柱齿轮零件工作图实例、图 7-5 为小锥齿轮零件工作图实例、图 7-6 为大锥齿轮零件工作图实例、图 7-7 为蜗杆零件工作图实例、图 7-8 为蜗轮零件工作图实例。

法向模数	m_n	2
齿数	z	93
压力角	α	20°
齿顶高系数	h_a^*	1
螺旋角	β	8°6′34″
螺旋方向		右旋
径向变位系数	x	0
公法线长度及其偏差	W_n	$64.675_{-0.168}^{-0.108}$
跨测齿数	K	11
精度等级		7H（GB/T 10095—2001）
齿轮副中心距及其极限偏差	$a\pm f_a$	120 ± 0.027
配对齿轮	图号	
	齿数	28
公差组	检验项目 代号	公差（或极限偏差）值
I	F_r	0.04
	F_w	0.031
II	F_f	0.014
	F_{pt}	±0.013
III	F_b	0.018

技术要求
1. 正火处理，齿面硬度为 215~225HBW；
2. 未注倒角 C2；
3. 未注圆角半径 R5。

标 题 栏

其余 12.5

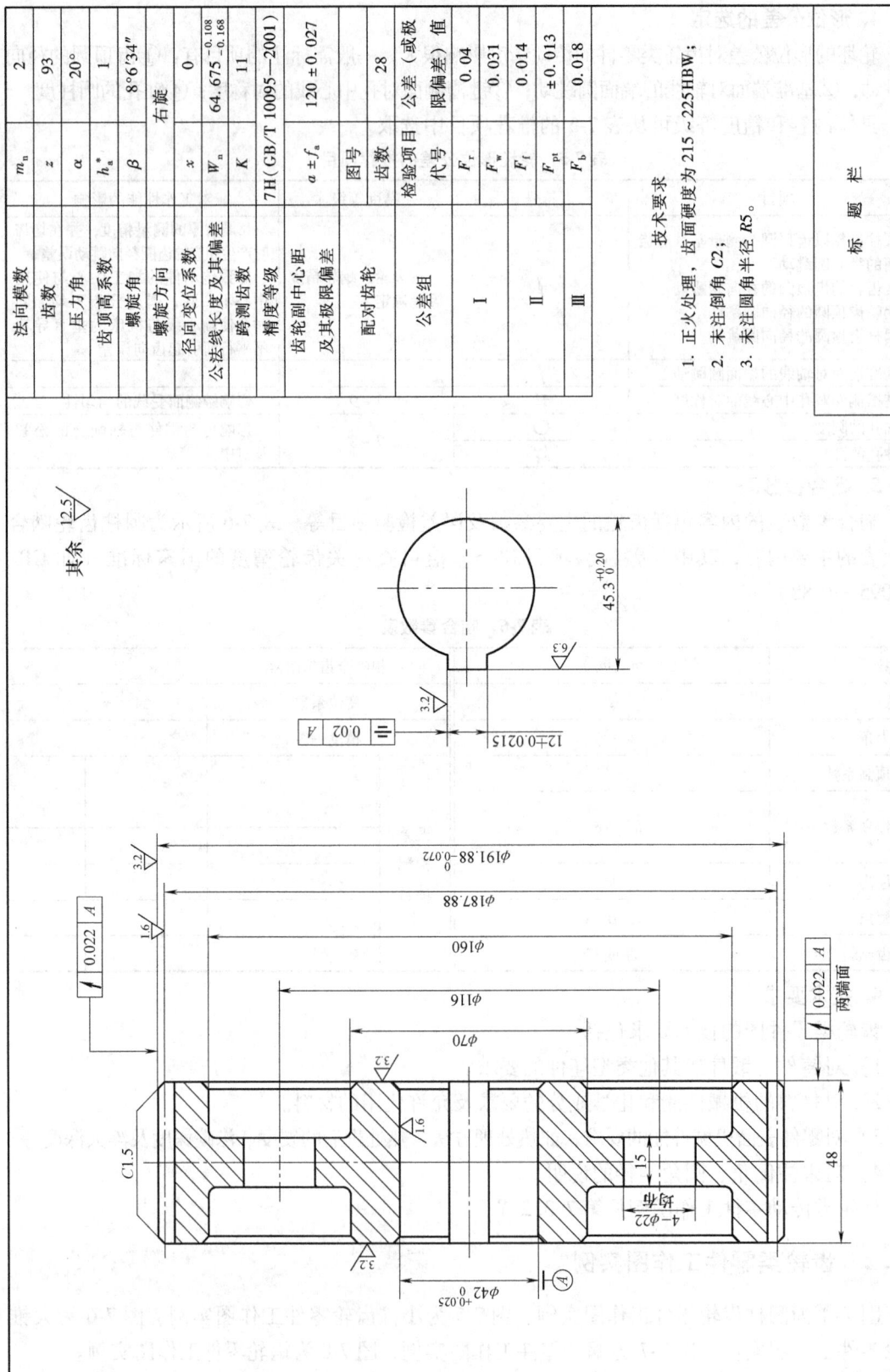

图 7-4 圆柱齿轮零件工作图

模数	m	5
齿数	z	20
法向压力角	α_n	20°
分度圆直径	d	100
分锥角	δ	18°26′
根锥角	δ_f	16°15′
锥距	R	158.114
螺旋角及方向	β	直齿
变位系数 高度	x	0
变位系数 切向		0
测量 齿厚	$\bar{s}$	$7.847^{+0.059}_{-0.144}$
测量 齿高	$\bar{h}_a$	5.147
精度等级		7cB（GB/T 11365）
接触斑点 齿高		≥65%
接触斑点 齿长		≥60%
全齿高	h	11
轴交角	Σ	90°
侧隙	j	0.087
	z	60
配对齿轮齿数		
配对齿轮图号		
公差组	项目 代号	公差值
I	F_r	0.040
II	f_{pt}	±0.018

标 题 栏

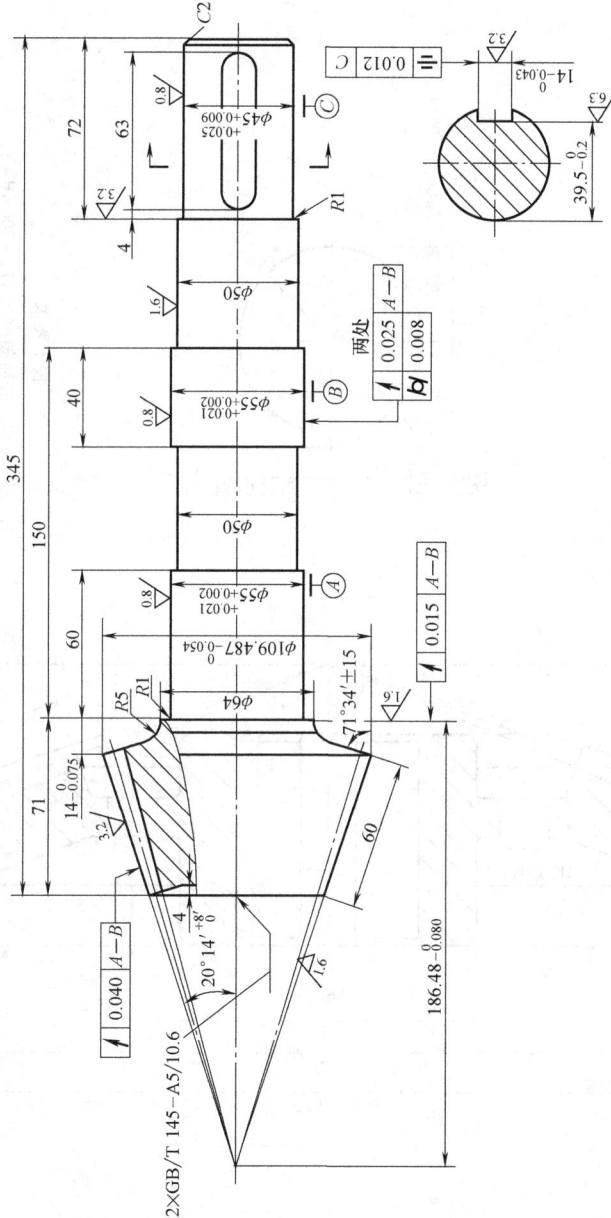

技术要求

1. 调质处理，表面硬度为 180～210HBW；
2. 未注圆角半径 R1.5；
3. 未注倒角 C1.5。

图 7-5 小锥齿轮零件工作图

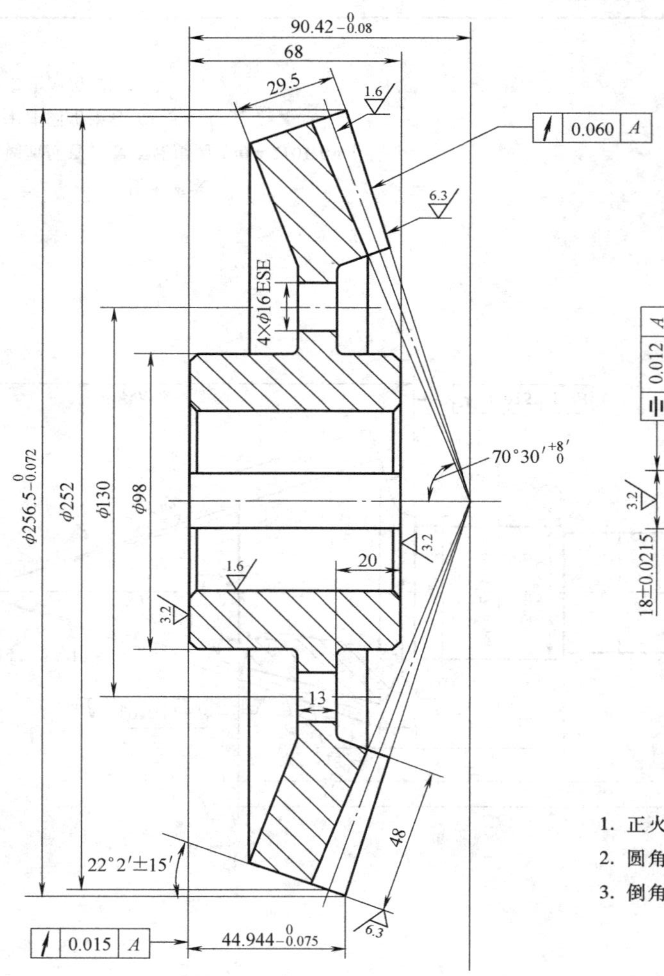

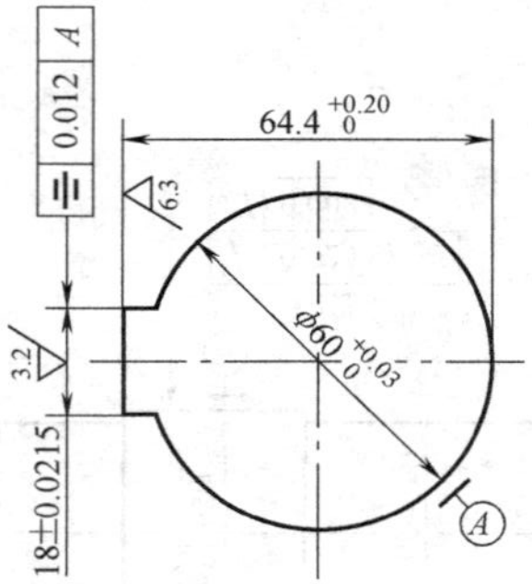

模数	m	6
齿数	z	42
法向压力角	α_n	20°
分度圆直径	d	252
分锥角	δ	67°58′
根锥角	δ_f	64°56′
锥距	R	135.93
螺旋角及方向	β	直齿
变位系数 高度	x	0
变位系数 切向		0
测量 齿厚	$\bar{s}$	$9.424^{+0.090}_{-0.200}$
测量 齿高	$\bar{h}_a$	6.033
精度等级		8c（GB/T 11365）
接触斑点 齿高		≥55%
接触斑点 齿长		≥50%
全齿高	h	13.2
轴交角	Σ	90°
侧隙	j	0.087
配对齿轮齿数	z	
配对齿轮图号		
公差组	项目 代号	公差值
I	F_r	0.071
II	f_{pt}	±0.028
标 题 栏		

其余 12.5

技术要求

1. 正火处理，表面硬度为 170～200HBW；
2. 圆角半径 R3；
3. 倒角 C2。

图 7-6 大锥齿轮零件工作图

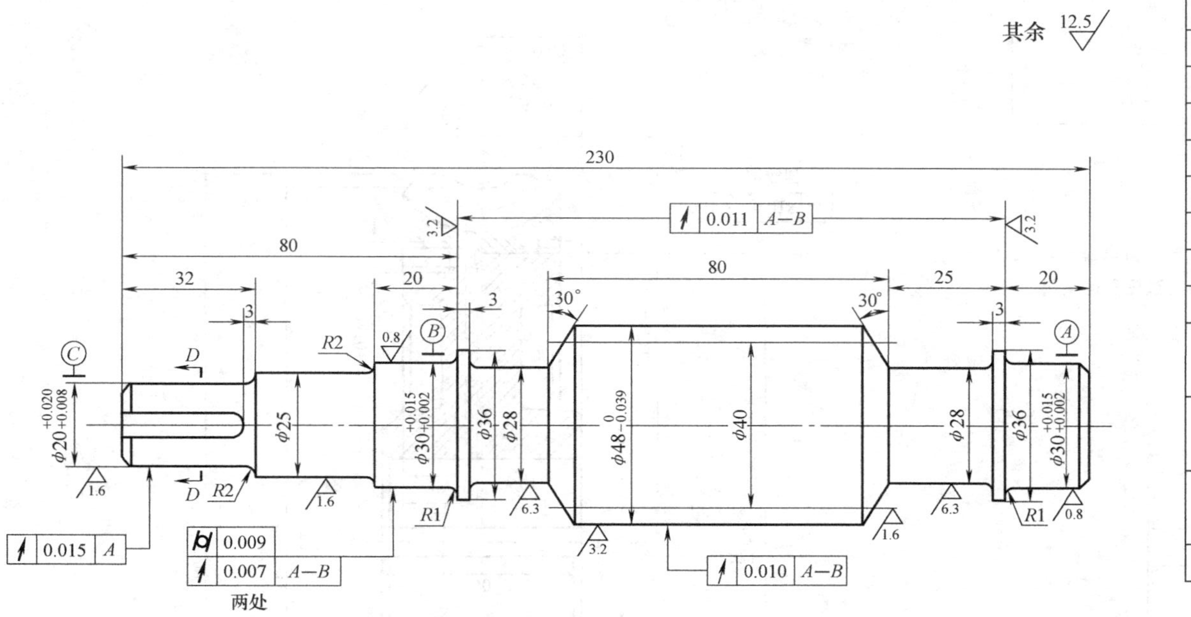

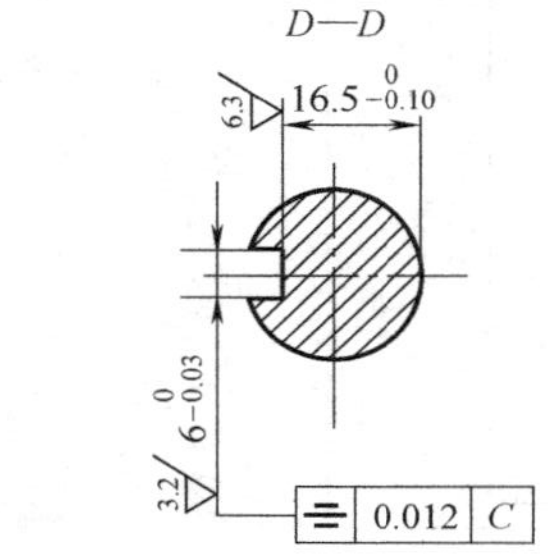

蜗杆类型		阿基米德
模数	m	4
齿数	z	2
压力角	α	20°
齿顶高系数	h_a^*	1
导程	P	11°18′36″
导程角	γ	右旋
螺旋方向		
法向齿厚	S	$6.16_{-0.225}^{-0.154}$
精度等级	8C（GB/T 10089）	
配对蜗轮	图号	
	齿数	
公差组	检验项目	公差值（或极限偏差）
Ⅱ	f_{px}	±0.020
	f_{pxL}	0.034
Ⅲ	f_{r1}	0.032

标 题 栏

其余 $\sqrt[12.5]{}$

技术要求
1. 表面淬火处理，硬度为 45～50HRC；
2. 未注倒角 C1.5；
3. 未注圆角半径 R3；
4. 两端中心孔 B3.15/10（GB/T 145—2001）。

图 7-7 蜗杆零件工作图

模数	m	8		
齿数	z	38		
分度圆直径	d	304		
齿顶高系数	h_a^*	1		
变位系数	x	0		
分度圆齿厚	s	$12.566_{-0.160}^{0}$		
精度等级		8C(GB/T 10089)		
配对蜗杆	图号			
	齿数			
检验项目				公差值(或极限偏差)
公差组	I	F_{pk}		0.125
		F_r		0.080
	II	F_{pt}		±0.032
		F_{r2}		0.028
	III	F_{Σ}		±0.024

技术要求

1. 轮缘和轮芯装配好后再精车和切制轮齿;
2. 件3拧紧后,沿件1、2端面铣平。

标 题 栏

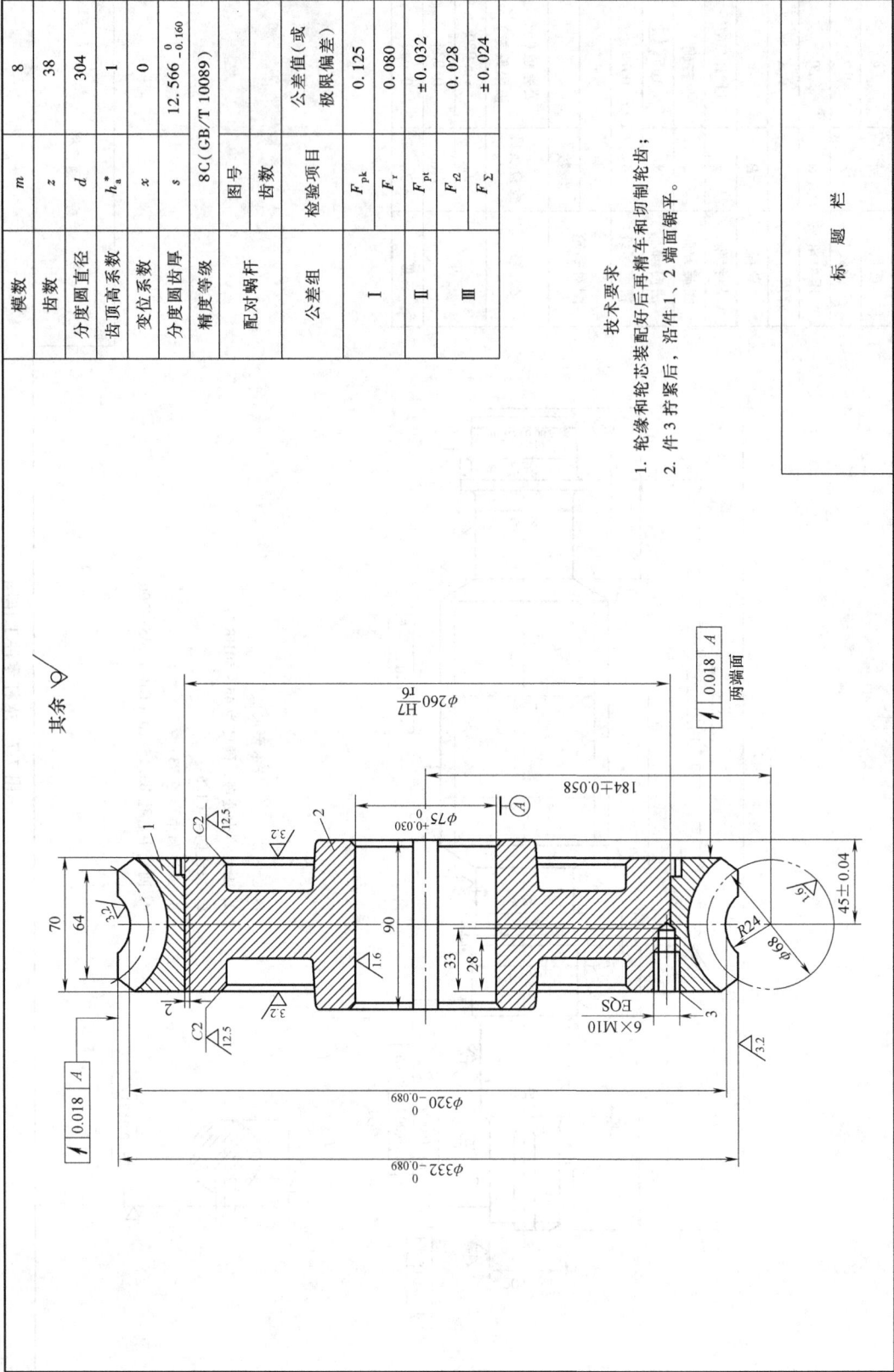

图 7-8 蜗轮零件工作图

7.4　箱体类零件图设计要点

7.4.1　设计要点

箱体分为箱盖和箱座，是课程设计中最复杂的零件。其设计要点有以下步骤。

1. 视图

箱体（箱盖和箱座）零件的结构比较复杂，一般需要 3 个视图表示。为了把它的内部和外部结构表示清楚，还需增加一些局部视图、局部剖视图和局部放大图。

2. 标注尺寸、表面粗糙度和形位公差

箱体的尺寸标注比轴、齿轮等零件要复杂得多。在标注尺寸时，应注意以下几点。

1）要选好基准，最好采用加工基准作为标注尺寸的基准，这样便于加工和测量。如箱盖或箱座的高度方向尺寸最好以剖分面（加工基准面）为基准。箱体的宽度方向尺寸应以宽度的对称中心线作为基准（如图 7-9 所示）。箱体的长度方向可取轴承孔的中心线作为基准（如图 7-10 所示）。

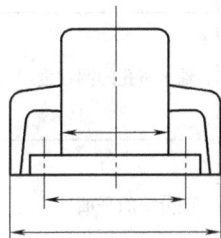

图 7-9　箱体宽度尺寸的标注

2）箱体尺寸可分为形状尺寸和定位尺寸。形状尺寸是箱体各部位形状大小的尺寸，如壁厚，各种孔径及其深度、圆角半径、槽的宽度、螺纹尺寸和箱体长宽高等。这类尺寸应直接标出，而不应有任何运算。

3）定位尺寸是确定箱体各部位相对基准的位置尺寸。如孔的中心线、曲线的中心位置及其他有关部位的平面与基准的距离。定位尺寸都应从基准直接标出。

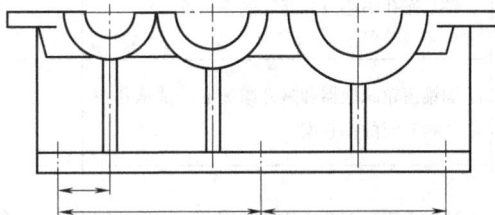

图 7-10　箱体长度尺寸的标注

4）箱体大多为铸件，在标注尺寸时要便于木模的制作。木模是由一些基本形体拼接而成的，在基本形体的定位尺寸标出后，其形状尺寸则以自己的基准标注，如窥视孔、油尺孔、放油孔等。

5）配合尺寸都应标注其极限偏差值。标注尺寸时应避免出现封闭尺寸链。

6）所有圆角、倒角、拔模斜度等都必须标注或在技术要求中说明。

箱体的表面粗糙度 Ra 推荐值见表 7-7。

箱体的形位公差推荐项目见表 7-8。

表 7-7　箱体的表面粗糙度 Ra 推荐值　　　　　　　　　　（单位：μm）

表　　面	表　面　粗　糙　度
形体剖分面	3.2 ~ 1.6
与滚动轴承（G 级）配合的轴承座孔 D	1.0（$D \leqslant 80$mm），2.5（$D > 80$mm）
轴承座外端面	6.3 ~ 3.2
螺栓孔沉头座	12.5

（续）

表　　面	表面粗糙度
与轴承盖及其套杯配合的孔	3.2
油沟及窥视孔的接触面	12.5
箱体底面	12.5~6.3
圆锥销孔	3.2~1.6
铸、焊毛坯表面	

表7-8　箱体形位公差的推荐项目

内容	项目	符号	精度等级	对工作性能的影响
形状公差	轴承座孔的圆柱度	⌭	7	影响箱体与轴承的配合性能及对中性
	剖分面的平面度	⏥	7~8	
位置公差	轴承座孔的中心线对其端面的垂直度	⊥	7	影响轴承固定及轴向受载的均匀性
	轴承座孔中心线相互间的平行度	∥	6	影响传动件的传动平稳性及载荷分布的均匀性
	圆锥齿轮减速器和蜗杆减速器的轴承孔中心线相互间的垂直度	⊥	7	
	两轴承座孔中心线的同轴度	◎	7	影响减速器带装配及传动零件的载荷分布均匀性

3. 技术要求

箱体零件图的技术要求包括：

1）铸件清理及时效处理。

2）箱盖与箱座的轴承孔应用螺栓联接并装入定位销后镗孔。

3）剖分面上的定位销孔加工，应将箱盖和箱座固定后配钻、配铰。

4）铸造斜度及圆角半径。

5）箱体内表面需用煤油清洗，并涂上防浸蚀涂料。

6）箱体应进行消除内应力的处理。

7.4.2　箱体类零件工作图实例

图7-11为单级圆柱齿轮减速器箱座零件工作图实例，图7-12为二级圆柱齿轮减速器箱盖零件工作图实例。

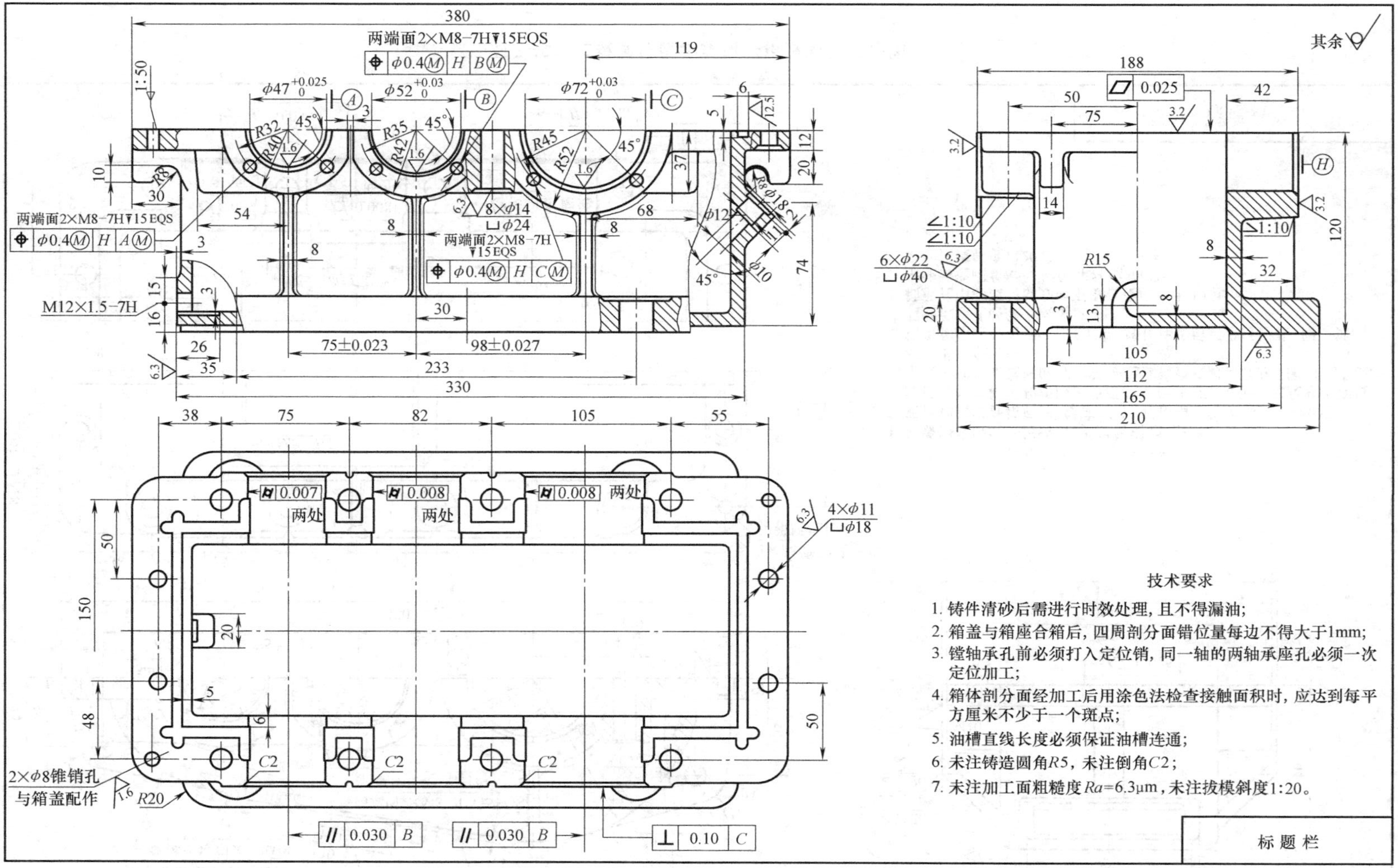

技术要求

1. 铸件清砂后需进行时效处理，且不得漏油；
2. 箱盖与箱座合箱后，四周剖分面错位量每边不得大于1mm；
3. 镗轴承孔前必须打入定位销，同一轴的两轴承座孔，应达到每平方厘米不少于一个斑点；
4. 箱体剖分面经加工后用涂色法检查接触面积时，定位加工；
5. 油槽剖分面长度必须保证油槽连通；
6. 未注铸造圆角R5，未注倒角C2；
7. 未注加工面粗糙度Ra=6.3μm，未注拔模斜度1:20。

标题栏

图 7-11 单级圆柱齿轮减速器箱座零件工作图

技术要求

1. 箱盖铸成后应进行清砂，非进行时效处理；
2. 箱盖和箱座合箱后，边缘应平齐，互相错位每边应不大于1mm；
3. 应仔细检查箱盖和箱座剖分面的密合性，用0.05mm塞尺塞入深度不大于剖分面宽度的1/3，用涂色法检查接触面积达到每平方厘米不少于一个斑点；
4. 箱盖和箱座合箱后，先打上定位销，连接后再进行镗孔，同一轴的两轴孔中心线必须一次定位加工；
5. 轴承座孔与中心线与剖分面不重合度应小于0.15mm；
6. 未注铸造圆角R5～R10，未注倒角C2；
7. 未注拔模斜度1:20。

标题栏

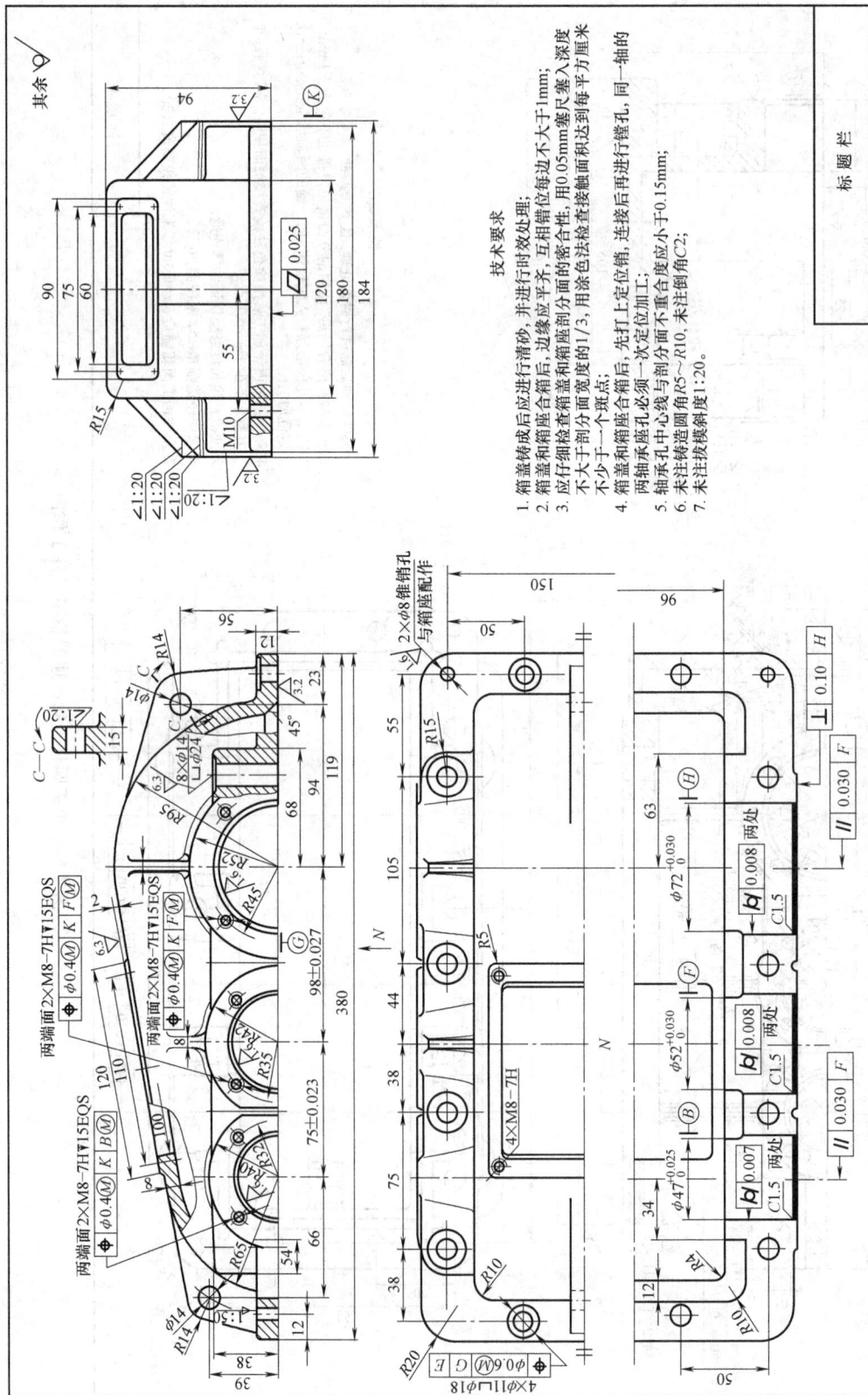

图7-12 二级圆柱齿轮减速器箱盖零件工作图

思考题与习题

1. 零件图的作用是什么? 它包括哪些内容?
2. 标注尺寸时, 如何选取基准?
3. 轴的标注尺寸如何反映加工工艺及测量的要求?
4. 为什么不允许出现封闭的尺寸链?
5. 分析轴的表面粗糙度和形位公差对轴的加工精度和装配质量的影响。
6. 如何选择齿轮类零件的误差检验项目? 其与齿轮精度的关系如何?
7. 为什么要标注齿轮的毛坯公差? 它包括哪些项目?
8. 如何标注箱体零件图的尺寸?
9. 箱体孔的中心距及其偏差如何标注?
10. 分析箱体的形位公差对减速器工作性能的影响。
11. 零件图中哪些尺寸需要圆整?

第8章 编写设计计算说明书和准备答辩

设计计算说明书既是图纸设计的理论依据又是设计计算的总结，也是审核设计是否合理的技术文件之一。因此，编写设计计算说明书是设计工作的一个重要环节。

8.1 设计计算说明书的内容

设计计算说明书的主要内容大致包括：

1）目录（标题及页次）。

2）设计任务书（附传动方案图）。

3）传动方案的分析与拟定。

4）电动机的选择计算。

5）传动装置的运动及动力参数的选择和计算。

6）传动零件的设计计算。

7）轴的设计计算。

8）滚动轴承的选择和计算。

9）键联接的选择和计算。

10）联轴器的选择。

11）箱体设计（主要结构尺寸的设计计算及必要的说明）。

12）减速器的润滑方式和密封类型的选择，润滑油的牌号、选择和用量计算，传动装置（减速器）附件等的说明。

13）设计小结（对设计的体会，设计的优缺点和改进意见等）。

14）参考资料（资料编号，作者，书名，版本，出版地：出版单位，出版年份）

8.2 设计计算说明书的要求与注意事项

设计计算说明书要求计算正确，论述清楚，文字简练，插图简明，书写工整。同时还应注意下列事项：

1）对计算内容只须写出计算公式，再代入数值（运算和简化过程不必写），最后写清计算结果，标注单位并写出结论（如"强度足够"、"在允许范围内"等）。对于主要的计算结果，在说明书的右侧一栏填写，使其醒目突出。

2）说明书中还应包括有关的简图（如传动方案图、轴的受力分析图、弯矩图、传动件草图等）。

3）说明书中所引用的重要公式或数据，应注明来源、参考资料的编号和页次。

4）对每一自成单元的内容，都应有大小标题，使之突出醒目。

设计计算说明书要用钢笔或圆珠笔写在规定格式的16开纸上，标出页次，编好目录，最后装订成册。

8.3 设计计算说明书的书写格式

设计计算说明书的书写格式举例见表 8-1。

表 8-1 设计计算说明书的书写格式

计 算 及 说 明	结 果
五、低速级齿轮传动设计	
$P_1 = 5.5\text{kW}$，$n_1 = 480\text{r/min}$，$T_1 = 109.4\text{N} \cdot \text{m}$，$u = 3.2$	
1. 选择齿轮材料、精度等级和确定许用应力	
（1）齿轮材料	
小齿轮选用 45 钢，调质，$\text{HBS}_1 = 220$	
大齿轮选用 45 钢，正火，$\text{HBS}_2 = 180$	
$\text{HBS}_1 - \text{HBS}_2 = 40$，合适。	
（2）齿轮的精度等级	
………………	
（3）许用应力	
………………	
………………	
2. 选择齿轮参数	
小齿轮的齿数 $z_1 = 28$	$z_1 = 28$
大齿轮的齿数 $z_2 = uz_1 = 3.2 \times 28 = 89.6$，取 $z_2 = 89$	$z_2 = 89$
初选螺旋角 $\beta = 12°$	
3. 按齿面接触疲劳强度设计	
（1）试算小齿轮分度圆直径	
$d_1 \geqslant 3 \sqrt{\dfrac{2kT_1}{\varphi_d} \cdot \dfrac{(u \pm 1)}{u} \left(\dfrac{3.52Z_E}{[\sigma_H]} \right)^2} = \cdots = 70.13\text{mm}$	
………………	
………………	
（2）计算圆周速度	
$v = \dfrac{\pi d_1 n_1}{60 \times 1000} = \cdots = 1.76\text{m/s}$	$v = 1.76\text{m/s}$
………………	
………………	
4. 主要尺寸计算	
法面模数 $m_n = \dfrac{d_1 \cos\beta}{z_1} = \dfrac{70.13 \times \cos 12°}{28}\text{mm} = 2.45\text{mm}$	
取标准值 $m_n = 2.5\text{mm}$	$m_n = 2.5\text{mm}$

（续）

计算及说明	结　果
中心距 $a = \dfrac{m_n\ (z_1 + z_2)}{2\cos\beta} = \dfrac{2.5\ (28 + 89)}{2 \times \cos 12°}\mathrm{mm} = 149.5\mathrm{mm}$	
圆整为 $a = 150\mathrm{mm}$	$a = 150\mathrm{mm}$
螺旋角	
$\beta = \arccos\dfrac{m_n\ (z_1 + z_2)}{2a} = \arccos\dfrac{2.5\ (28 + 89)}{2 \times 150} = 12°50'19''$	$\beta = 12°50'19''$
分度圆直径 $d_1 = \dfrac{z_1 m_n}{\cos\beta} = \dfrac{28 \times 2.5}{\cos 12°50'19''}\mathrm{mm} = 71.79\mathrm{mm}$	$d_1 = 71.79\mathrm{mm}$
$d_2 = \dfrac{z_2 m_n}{\cos b} = \dfrac{89 \times 2.5}{\cos 12°50'19''}\mathrm{mm} = 228.21\mathrm{mm}$	$d_2 = 228.21\mathrm{mm}$
齿宽 $b = \varphi_d d_1 = 1.1 \times 71.97\mathrm{mm} = 78.97\mathrm{mm}$，圆整取 $b_2 = 80\mathrm{mm}$，$b_1 = b_2 + (5 \sim 10) = 85$ ~90mm，取 $b_1 = 85\mathrm{mm}$	$b_2 = 80\mathrm{mm}$ $b_1 = 85\mathrm{mm}$
5. 按齿根弯曲强度校核 …………………… …………………… $\sigma_{F1} = \dfrac{2kT_1}{bm^2 z_1}Y_F Y_S = \cdots = 78.52\mathrm{MPa} < [\sigma_F]_1$ $\sigma_{F2} = \cdots = 74.95\mathrm{MPa} < [\sigma_F]_2$ …………………… ……………………	

8.4　课程设计总结

　　图样和计算说明书完成后，要对设计工作做出总结。通过总结进一步发现设计计算和图样中存在的问题，进一步搞清楚尚未弄懂的、不甚了解的或未曾考虑的问题，得到更大的收获。设计总结要以设计任务书为主要依据，检验自己设计的结果是否满足设计任务书的要求，客观分析自己设计内容的优缺点，可以从以下方面进行：

　　1）分析总体设计方案是否合理。

　　2）分析零部件结构设计是否合理，计算是否正确。

　　3）检查装配工作图设计是否存在错误，表达是否完整、规范、清楚。

　　4）检查零件工作图设计是否存在错误，表达是否完整、规范、清楚。

　　5）说明书计算是否存在错误，所做的分析有无依据。

　　6）对自己设计的结果所具有的特点和不足进行分析和评价。

　　在总结中要考虑如下三方面问题：

　　1）是否巩固并拓宽了机械设计课程的知识。

　　2）是否掌握机械设计的一般规律和基本方法，培养了初步的机械设计的能力。

3）在课程设计过程中哪些技能得到了强化和提高，哪些还训练不足。

8.5　准备答辩

课程设计的最后一个环节，是检查学生实际掌握知识的情况和设计的成果，评定设计成绩的一个重要方面。学生完成设计后，应及时做好答辩准备。通过准备答辩可以对设计过程进行全面的分析和总结，发现存在的问题，因此准备答辩是一个再提高过程。

答辩前，应认真整理和检查全部图样和说明书，进行系统、全面的回顾和总结。搞清设计中每一个数据、公式的使用，弄懂图样上的结构设计问题，每一线条的图样依据以及技术要求等。做好总结可以把还不懂或尚未考虑到的问题搞懂、弄透，以取得更大的收获。总结可以书面写在计算书的最后一页，以便老师查阅。

最后把图样折叠好，说明书装订好，放在图样袋内准备答辩。

图样的折叠方法及图样袋封面的写法如图 8-1 及图 8-2 所示。

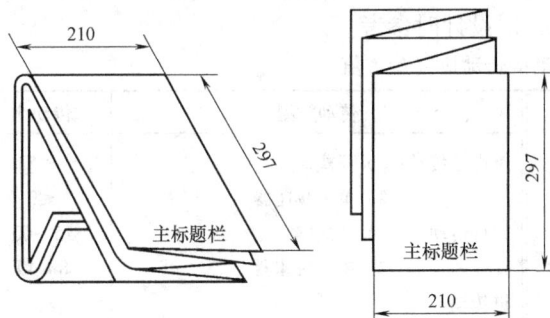

图 8-1　图样折叠方法　　　　图 8-2　图样袋封面书

第2篇　课程设计常用规范

第9章　常用数据和一般标准

9.1　机械传动的传动比及摩擦副的效率

机械传动包括摩擦传动、啮合传动、推压传动。机械传动中各级传动比大小对机械传动影响很大。而各种摩擦副的效率对机器的寿命及润滑有很大影响。表9-1列出了常用机械传动传动比，表9-2列出了常见摩擦副的效率，供设计时参考。

表9-1　机械传动的传动比（参考值）

传动类型	传动比	传动类型	传动比
平带（平型带）传动	≤ 5	锥齿轮传动：1）开式	≤ 5
V带（三角带）传动	≤ 7	2）单级减速器	≤ 3
圆柱齿轮传动：1）开式	≤ 8	蜗杆传动：　1）开式	$15 \sim 60$
2）单级减速器	$\leq 4 \sim 6$	2）单级减速器	$8 \sim 40$
3）单级外啮合	$\leq 3 \sim 9$	链传动	≤ 6
内啮合行星减速器		摩擦轮传动	≤ 5

表9-2　机械传动和摩擦副的效率概略值

种　类		效率 η	种　类		效率 η
圆柱齿轮传动	很好跑合的6级精度和7级精度齿轮传动（油润滑）	$0.98 \sim 0.99$	带传动	平带无张紧轮的传动	0.98
	8级精度的一般齿轮传动（油润滑）	0.97		平带有张紧轮的传动	0.97
	9级精度的一般齿轮传动（油润滑）	0.96		V带传动	0.96
	加工齿的开式齿轮传动（脂润滑）	$0.94 \sim 0.96$	链传动	滚子链	0.96
				齿形链	0.97
锥齿轮传动	很好跑合的6级和7级精度的齿轮传动（油润滑）	$0.97 \sim 0.98$	摩擦传动	平摩擦传动	$0.85 \sim 0.92$
				槽摩擦传动	$0.88 \sim 0.99$
	8级精度的一般齿轮传动（油润滑）	$0.94 \sim 0.97$	复滑轮传动	滑动轴承（$i = 2 \sim 6$）	$0.90 \sim 0.98$
	加工齿的开式齿轮传动（脂润滑）	$0.92 \sim 0.95$		滚动轴承（$i = 2 \sim 6$）	$0.95 \sim 0.99$
蜗杆传动	自锁蜗杆（油润滑）	$0.40 \sim 0.45$	滑动轴承	润滑不良	0.94（一对）
	单头蜗杆（油润滑）	$0.70 \sim 0.75$		润滑正常	0.97（一对）
	双头蜗杆（油润滑）	$0.75 \sim 0.82$		润滑良好（压力润滑）	0.98（一对）
	三头和四头蜗杆（油润滑）	$0.80 \sim 0.92$		液体摩擦	0.99（一对）

（续）

种　类		效率 η	种　类		效率 η
滚动轴承	球轴承	0.99（一对）	减速器	单级圆柱齿轮减速器	0.97 ~ 0.98
	滚子轴承	0.98（一对）		两级圆柱齿轮减速器	0.95 ~ 0.96
				行星圆柱齿轮减速器	0.95 ~ 0.98
				单级圆锥齿轮减速器	0.95 ~ 0.96
联轴器	滑块联轴器	0.97 ~ 0.99		锥齿轮-圆柱齿轮减速器	0.94 ~ 0.95
	齿式联轴器	0.99		无级变速器	0.92 ~ 0.95
	弹性联轴器	0.99 ~ 0.995		摆线针轮减速器	0.90 ~ 0.97
	万向联轴器（$a \leqslant 3$）	0.97 ~ 0.98		传动滚筒	0.96
	万向联轴器（$a > 3$）	0.95 ~ 0.97		螺旋传动（滑动）	0.30 ~ 0.60

9.2　机械设计一般标准

　　GB/T 14689D 对机械制图的图纸幅面、图样比例做出了规定，见表 9-3。此外国家对一系列标准作了规定，表 9-4 为标准尺寸（直径、长度、高度等），表 9-5 为中心孔的有关尺寸，表 9-6 为零件倒圆与倒角，表 9-7 为圆形零件自由过渡圆角，表 9-8 为圆柱形轴伸，表 9-9 为机器轴高，表 9-10 为轴肩和轴环尺寸，表 9-11 为铸件最小壁厚，表 9-12 为铸造斜度，表 9-13 为铸造过渡斜度，表 9-14 为铸造外圆角，表 9-15 为铸造内圆角。以上标准只摘录其中的一部分，可查阅相关的国家标准。

表 9-3　图纸幅面、图样比例

留装订边　　　　　　　　　　　　不留装订边

图纸幅面（摘自 GB/T 14689—2008）　　　mm							图样比例（摘自 GB/T 14690—1993）		
基本幅面（第一选择）					加长幅面（第二选择）		原值比例	缩小比例	放大比例
幅面代号	$B \times L$	a	c	e	幅面代号	$B \times L$			
A0	840 × 1 189			20	A3 × 3	420 × 891	1:1	1:2　1:2 × 10^n	5:1　5 × 10^n:1
								1:5　1:5 × 10^n	2:1　2 × 10^n:1
A1	594 × 841		10		A3 × 4	420 × 1 189		1:10　1:1 × 10^n	1 × 10^n:1
		25						必要时允许选取	必要时允许选取
A2	420 × 594				A4 × 3	297 × 630		1:1.5　1:1.5 × 10^n	4:1　4 × 10^n:1
								1:2.5　1:2.5 × 10^n	2.5:1　2.5 × 10^n:1
A3	297 × 420		5	10	A4 × 4	297 × 841		1:3　1:3 × 10^n	
								1:4　1:4 × 10^n	
A4	210 × 297				A4 × 5	297 × 1 051		1:6　1:6 × 10^n	n——正整数

　　注：1. 加长幅面的图框尺寸，按比所选用的基本幅面大一号的图框尺寸确定。例如对 A3 × 4，按 A2 的图框尺寸确定，即 e 为 10（或 c 为 10）；

　　　　2. 加长幅面（第三选择）的尺寸见 GB/T 14689。

表9-4 标准尺寸（直径、长度、高度等）（摘自 GB/T 2822—2005）（单位：mm）

R			R'			R			R'		
R10	R20	R40	R'10	R'20	R'40	R10	R20	R40	R'10	R'20	R'40
2.50	2.50		2.5	2.5				60.0			60
	2.80			2.8		63.0	63.0	63.0	63	63	63
3.15	3.15		3.0	3.0				67.0			67
	3.55			3.5			71.0	71.0		71	71
4.00	4.00		4.0	4.0				75.0			75
	4.50			4.5		80.0	80.0	80.0	80	80	80
5.00	5.00		5.0	5.0				85.0			85
	5.60			5.5			90.0	90.0		90	90
6.30	6.30		6.0	6.0				95.0			95
	7.10			7.0		100	100	100	100	100	100
8.00	8.00		8.0	8.0				106			105
	9.00			9.0			112	112		110	110
10.0	10.0		10.0	10.0				118			120
	11.2			11		125	125	125	125	125	125
12.5	12.5	12.5	12	12	12			132			130
		13.2			13		140	140		140	140
	14.0	14.0		14	14			150			150
		15.0			15	160	160	160	160	160	160
16.0	16.0	16.0	16	16	16			170			170
		17.0			17		180	180		180	180
	18.0	18.0		18	18			190			190
		19.0			19	200	200	200	200	200	200
20.0	20.0	20.0	20	20	20			212			210
		21.2			21		224	224		220	220
	22.4	22.4		22	22			236			240
		23.6			24	250	250	250	250	250	250
25.0	25.0	25.0	25	25	25			265			260
		26.5			26		280	280		280	280
	28.0	28.0		28	28			300			300
		30.0			30	315	315	315	320	320	320
31.5	31.5	31.5	32	32	32			335			310
		33.5			34		355	355		360	360
	35.5	35.5		36	36			375			380
		37.5			38	400	400	400	400	400	400
40.0	40.0	40.0	40	40	40			425			420
		42.5			42		450	450		450	450
	45.0	45.0		45	45			475			480
		47.5			48	500	500	500	500	500	500
50.0	50.0	50.0	50	50	50			530			530
		53.0			53		560	560		560	560
	56.0	56.0		56	56			600			600

表 9-5　中心孔的有关尺寸（摘自 GB/T 145—2001）　　　　　（单位：mm）

d	型　式						选择中心孔的参考数据（非标准内容）		
	A		B		C		D_{min}	D_{max}	G/t
	D☆	l_2☆	D_2★	l_2★	d	D_1			
1.6	3.35	1.52	5.0	1.99			6	>8～10	0.1
2.0	4.25	1.95	6.3	2.54			8	>10～18	0.12
2.5	5.3	2.42	8.0	3.20			10	>18～30	0.2
3.15	6.7	3.07	10.0	4.03	M3	5.8	12	>30～50	0.5
4.0	8.5	3.90	12.5	5.05	M4	7.4	15	>50～80	0.8
(5.0)	10.6	4.85	16.0	6.41	M5	8.8	20	>80～120	1.0
6.3	13.2	5.98	18.0	7.36	M6	10.5	25	>120～180	1.5
(8.0)	17.0	7.79	22.4	9.36	M8	13.2	30	>180～220	2.0
10.0	21.2	9.70	28.0	11.66	M10	16.3	42	>220～260	3.0

注：1. 括号内的尺寸尽量不采用；

　　2. D_{min}——原料端部最小直径；

　　3. D_{max}——轴状材料最大直径；

　　4. G——工件最大质量。

☆　任选其一。

★　任选其一。

表 9-6　零件倒圆与倒角（GB/T 6403.4—2008 摘录）　　　　　（单位：mm）

倒圆、倒角形式	倒圆、倒角（45°）的四种装配形式

	倒圆、倒角尺寸											
R 或 C	0.1	0.2	0.3	0.4	0.5	0.6	0.8	1.0	1.2	1.6	2.0	2.5	3.0
	4.0	5.0	6.0	8.0	10	12	16	20	25	32	40	50	—

	与直径 ϕ 相应的倒角 C、倒圆 R 的推荐值														
ϕ	～3	>3～6	>6～10	>10～18	>18～30	>30～50	>50～80	>80～120	>120～180	>180～250	>250～320	>320～400	>400～500	>500～630	>630～800	>800～1000
C 或 R	0.2	0.4	0.6	0.8	1.0	1.6	2.0	2.5	3.0	4.0	5.0	6.0	8.0	10	12	16

	内角倒角，外角倒圆时 C_{max} 与 R_1 的关系																		
R_1	0.1	0.2	0.3	0.4	0.5	0.6	0.8	1.0	1.2	1.6	2.0	2.5	3.0	4.0	5.0	6.0	8.0	10	12	16	20	25
C_{max}（$C<0.58R_1$）	—	0.1		0.2		0.3	0.4	0.5	0.6	0.8	1.0	1.2	1.6	2.0	2.5	3.0	4.0	5.0	6.0	8.0	10	12

注：α 一般采用 45°，也可采用 30° 或 60°。

表 9-7　圆形零件自由过渡圆角（参考）　　　　　　（单位：mm）

$D-d$	2	5	8	10	15	20	25	30	35	40
R	1	2	3	4	5	8	10	12	12	16
$D-d$	50	55	65	70	90	100	130	140	170	180
R	16	20	20	25	25	30	30	40	40	50

注：尺寸 $D-d$ 是表中数值的中间值时，则按较小尺寸来选取 R。例：$D-d=98$mm，则按 90mm 选 $R=25$mm。

表 9-8　圆柱形轴伸（摘自 GB/T 1569—2005）　　　　　　（单位：mm）

d	L 长系列	L 短系列
12，14	30	25
16，18，19	40	28
20，22，24	50	36
25，28	60	42
30，32，35，38	80	58
40，42，45，48，50，55，56	110	82
60，63，65，70，71，75	140	105
80，85，90，95	170	130
100，110，120，125	210	165
130，140，150	250	200
160，170，180	300	240
190，200，220	350	280
400，420，440，450，460，480，500	650	540
530，560，600，630	800	680

d 的极限偏差

d	6～30	32～50	55～630
极限偏差	j6	k6	m6

表 9-9　机器轴高（摘自 GB/T 12217—2005）　　　　　　（单位：mm）

系列	轴高的基本尺寸 h
Ⅰ	25，40，63，100，160，250，400，630，1000，1600
Ⅱ	25，32，40，50，63，80，100，125，160，200，250，315，400，500，630，800，1000，1250，1600
Ⅲ	25，28，32，36，40，45，50，56，63，71，80，90，100，112，125，140，160，180，200，225，250，280，315，355，400，450，500，560，630，710，800，900，1000，1120，1250，1400，1600
Ⅳ	25，26，28，30，32，34，36，38，40，42，45，48，50，53，56，60，63，67，71，75，80，85，90，95，100，105，112，118，125，132，140，150，160，170，180，190，200，212，225，236，250，265，280，300，315，335，355，375，400，425，450，475，500，530，560，600，630，670，710，750，800，850，900，950，1000，1060，1120，1180，1250，1320，1400，1500，1600

（续）

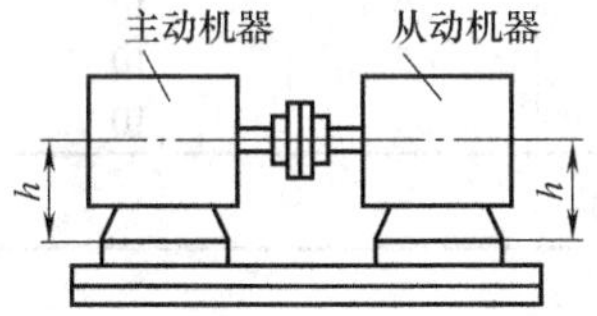

轴高 h	轴高的极限偏差		平行度公差		
	电动机、从动机器、减速器等	除电动机以外的主动机器	$L < 2.5h$	$2.5h \leqslant L \leqslant 4h$	$L > 4h$
>50~250	0 -0.5	+0.5 0	0.25	0.4	0.5
>250~630	0 -1.0	+1.0 0	0.5	0.75	1.0
>630~1000	0 -1.5	+1.5 0	0.75	1.0	1.5
>1000	0 -2.0	+2.0 0	1.0	1.5	2.0

注：1. 机器轴高应优先选用第 Ⅰ 系列数值，如不能满足需要时，可选用第 Ⅱ 系列数值，其次选用第 Ⅲ 系列数值，尽量不采用第 Ⅳ 系列数值；
　　2. h 不包括安装时所用的垫片。L 为轴的全长。

表 9-10　轴肩和轴环尺寸（参考）　　　　（单位：mm）

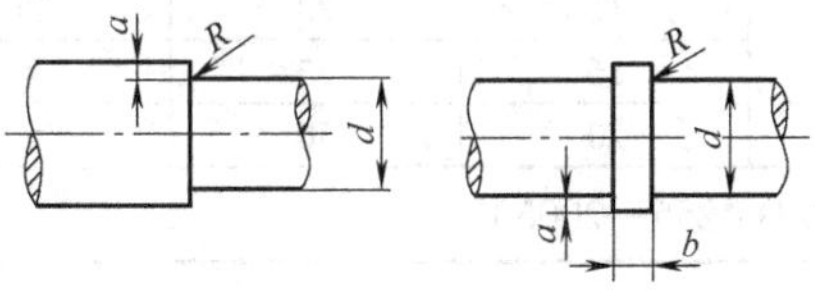

$a = (0.07 \sim 0.1) d$
$b \approx 1.4a$
定位用 $a > R$
R—倒圆半径

表 9-11　铸件最小壁厚（不小于）　　　　（单位：mm）

铸造方法	铸件尺寸	铸钢	灰铸铁	球墨铸铁	可锻铸铁	铝合金	铜合金
砂型	~200×200	8	~6	6	5	3	3~5
	~200×200~500×500	10~12	>6~10	12	8	4	6~8
	>500×500	15~20	15~20			6	

表 9-12　铸造斜度（摘自 JB/ZQ 4257—1997）　　　　（单位：mm）

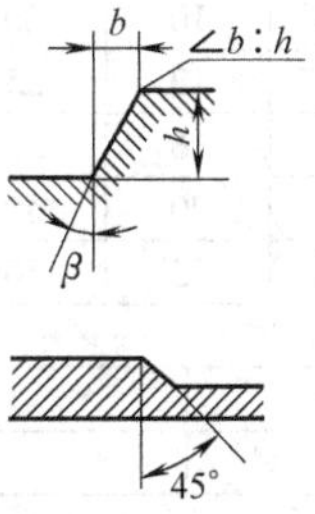

斜度 b:h	角度 β	使　用　范　围
1:5	11°30′	$h < 25mm$ 的钢和铁铸件
1:10	5°30′	h 在 25~500mm 时的钢和铁铸件
1:20	3°	
1:50	1°	$h > 500mm$ 时的钢和铁铸件
1:100	30′	有色金属铸件

注：当设计不同壁厚的铸件时，在转折点处的斜角最大还可增大到 30°~45°。

表 9-13　铸造过渡斜度（摘自 JBZQ 4254—2006）　　　　（单位：mm）

铸铁和铸钢件的壁厚δ	K	h	R
10~15	3	15	5
>15~20	4	20	5
>20~25	5	25	5
>25~30	6	30	8
>30~35	7	35	8
>35~40	8	40	10
>40~45	9	45	10
>45~50	10	50	10

适用于减速器、连接管、气缸及其他连接法兰

表 9-14　铸造外圆角（摘自 JBZQ 4256—2006）

表面的最小边尺寸 P/mm	R/mm					
	外圆角 α					
	<50°	51°~75°	76°~105°	106°~135°	136°~165°	>165°
≤25	2	2	2	4	6	8
>25~60	2	4	4	6	10	16
>60~160	4	4	6	8	16	25
>160~250	4	6	8	12	20	30
>250~400	6	8	10	16	25	40
>400~600	6	8	12	20	30	50

表 9-15　铸造内圆角（摘自 JBZQ 4255—2006）

$a \approx b$
$R_1 = R+a$

$b < 0.8a$ 时
$R_1 = R+b+c$

$\dfrac{a+b}{2}$/mm	R/mm											
	内圆角 α											
	<50°		51°~75°		76°~105°		106°~135°		136°~165°		>165°	
	钢	铁	钢	铁	钢	铁	钢	铁	钢	铁	钢	铁
≤8	4	4	4	4	6	4	8	6	16	10	20	16
9~12	4	4	4	4	6	6	10	8	16	12	25	20
13~16	4	4	6	4	8	6	12	10	20	16	30	25
17~20	6	4	8	6	10	8	16	12	25	20	40	30
21~27	6	6	10	8	12	10	20	16	30	25	50	40

	c 和 h/mm			
b/a	<0.4	0.5~0.65	0.66~0.8	>0.8
$c \approx$	0.7（$a-b$）	0.8（$a-b$）	$a-b$	—
$h \approx$　钢	8c			
铁	9c			

第10章 金属材料

10.1 钢铁材料

钢铁包括铸铁和钢，铸铁包括灰铸铁（表10-1）、球墨铸铁（表10-2）等；钢包括铸造碳钢（表10-3）、普通碳素结构钢（表10-4）、优质碳素结构钢（表10-5）、弹簧钢（表10-6）、合金结构钢（表10-7）。

表 10-1 灰铸铁（摘自 GB/T9439—1988）

牌　号	铸件壁厚/mm		最小抗拉强度	布氏硬度	应用举例
	大于	至	σ_b/MPa	HBW	
HT100	2.5	10	130	110～166	盖、外罩、油盘、手轮、手把、支架等
	10	20	100	93～140	
	20	30	90	87～131	
	30	50	80	82～122	
HT150	2.5	10	175	137～205	端盖、汽轮泵体、轴承座、阀壳、管子及管道附件、手轮、一般机床底座、床身及其他复杂零件、滑座、工作台等
	10	20	145	119～179	
	20	30	130	110～166	
	30	50	120	141～157	
HT200	2.5	10	220	157～236	气缸、齿轮、底架、箱体、飞轮、齿条、衬筒、一般机床铸有导轨的床身及中等压力(8MPa以下)液压缸、液压泵和阀的壳体等
	10	20	195	148～222	
	20	30	170	134～200	
	30	50	160	128～192	
HT250	4.0	10	270	175～262	阀壳、液压缸、气缸、联轴器、箱体、齿轮、齿轮箱外壳、飞轮、衬筒、凸轮、轴承座等
	10	20	240	164～246	
	20	30	220	157～236	
	30	50	200	150～225	
HT300	10	20	290	182～272	齿轮、凸轮、车床卡盘、剪床、压力机的机身、导板、转塔自动车床及其他重负荷机床铸有导轨的床身、高压液压缸、液压泵和滑阀的壳体等
	20	30	250	168～251	
	30	50	230	161～241	
HT350	10	20	340	199～299	
	20	30	290	182～272	
	30	50	260	171～257	

注:灰铸铁的硬度由经验关系式计算:当 $\sigma_b \geqslant 196$MPa 时, HBW = RH($100 + 0.438\sigma_b$);当 $\sigma_b < 196$MPa 时, HBW = RH($44 + 0.724\sigma_b$), RH 一般取 0.80～1.20。

表 10-2　球墨铸铁（摘自 GB/T1348—1988）

牌　号	抗拉强度 σ_b	屈服强度 $\sigma_{0.2}$	伸长率 δ	供参考	用　途
	MPa		%	布氏硬度	
	最小值			HBW	
QT400—18	400	250	18	130 ~ 180	减速器箱体、管道、阀体、阀盖、压缩机气缸、拨叉、离合器壳等
QT400—15	400	250	15	130 ~ 180	
QT450—10	450	310	10	160 ~ 210	油泵齿轮、阀门体、车辆轴瓦、凸轮、犁铧、减速器箱体、轴承座等
QT500—7	500	320	7	170 ~ 230	
QT600—3	600	370	3	190 ~ 270	曲轴、凸轮轴、齿轮轴、机床主轴、缸体、缸套、连杆、矿车轮、农机零件等
QT700—2	700	420	2	225 ~ 305	
QT800—2	800	480	2	245 ~ 335	
QT900—2	900	600	2	280 ~ 360	曲轴、凸轮轴、连杆、履带式拖拉机链轨板等

注：表中牌号系由单铸试块测定的性能。

表 10-3　一般工程用铸造碳钢（摘自 GB/T11352—1989）

牌　号	抗拉强度 σ_b	屈服强度 σ_s 或 $\sigma_{0.2}$	伸长率 δ	根据合同选择		硬　度		应用举例
				断面收缩率 ψ	冲击吸收功 A_{KV}	正火回火 HBW	表面淬火 HRC	
	MPa		%		J			
	最小值							
ZG200—400	400	200	25	40	30			各种形状的机件，如机座、变速箱壳等
ZG230—450	450	230	22	32	25	≥131		铸造平坦的零件，如机座、机盖、箱体、铁砧台，工作温度在450℃以下的管道附件等。焊接性良好
ZG270—500	500	270	18	25	22	≥143	40 ~ 45	各种形状的机件，如飞轮、机架、蒸汽锤、桩锤、联轴器、水压机工作缸、横梁等。焊接性尚可
ZG310—570	570	310	15	21	15	≥153	40 ~ 50	各种形状的机件，如联轴器、气缸、齿轮、齿轮圈及重负荷机架等
ZG340—640	640	340	10	18	10	169 ~ 229	45 ~ 55	起重运输机中的齿轮、联轴器及重要的机件等

注：1. 各牌号铸钢的性能，适用于厚度为 100mm 以下的铸件，当厚度超过 100mm 时，仅表中规定的 $\sigma_{0.2}$ 屈服强度可供设计使用。

　　2. 表中力学性能的试验环境温度为 20℃ ±10℃。

　　3. 表中硬度值非 GB/T11352—1989 内容，仅供参考。

表 10-4　普通碳素结构钢（摘自 GB/T700—1988）

牌号	等级	力学性能													冲击试验		应用举例
		屈服点 σ_s/MPa						抗拉强度 σ_b/MPa	伸长率 δ_5/(%)						温度/℃	V形冲击功(纵向)/J	
		钢材厚度(直径)/mm							钢材厚度(直径)/mm								
		≤16	>16~40	>40~60	>60~100	>100~150	>150		≤16	>16~40	>40~60	>60~100	>100~150	>150			
		不小于							不小于							不小于	
Q195	—	(195)	(185)	—				315~390	33	32					—	—	塑性好,常用其轧制薄板、拉制线材、制钉和焊接钢管
Q215	A	215	205	195	185	175	165	335~410	31	30	29	28	27	26	—	—	金属结构件、拉杆、套圈、铆钉、螺栓、短轴、心轴、凸轮(载荷不大的)、垫圈、渗碳零件及焊接件
	B														20	27	
Q235	A	235	225	215	205	195	185	375~460	26	25	24	23	22	21	—	—	金属结构构件,心部强度要求不高的渗碳或碳氮共渗零件、吊钩、拉杆、套圈、气缸、齿轮、螺栓、螺母、连杆、轮轴、楔、盖及焊接件
	B														20	27	
	C														0	27	
	D														−20	27	
Q255	A	255	245	235	225	215	205	410~510	24	23	22	21	20	19	—	—	轴、轴销、刹车杆、螺母、螺栓、垫圈、连杆、齿轮以及其他强度要求较高的零件,焊接性尚可
	B														20	27	
Q275	—	275	265	255	245	235	225	490~610	20	19	18	17	16	15			

注:括号内的数值仅供参考。

表 10-5　优质碳素结构钢（摘自 GB/T699—1999）

牌号	推荐热处理/℃			试样毛坯尺寸/mm	力学性能					钢材交货状态硬度 HBW 不大于		应用举例
	正火	淬火	回火		抗拉强度 σ_b	屈服强度 σ_s	伸长率 δ_5	收缩率 ψ	冲击功 A_K	未热处理	退火钢	
					MPa		%		J			
					不小于							
08F	930			25	295	175	35	60		131		用于需塑性好的零件,如管子、垫片、垫圈;心部强度要求不高的渗碳和碳氮共渗零件,如套筒、短轴、挡块、支架、靠模、离合器盘
10	930			25	335	205	31	55		137		用于制造拉杆、卡头、钢管垫片、垫圈、铆钉。这种钢无回火脆性,焊接性好,用来制造焊接零件

（续）

牌号	推荐热处理 /℃			试样毛坯尺寸 /mm	力学性能					钢材交货状态硬度 HBW 不大于		应用举例
	正火	淬火	回火		抗拉强度 σ_b	屈服强度 σ_s	伸长率 δ_5	收缩率 ψ	冲击功 A_K	未热处理	退火钢	
					MPa		%		J			
					不小于							
15	920			25	375	225	27	55		143		用于受力不大、韧性要求较高的零件、渗碳零件、紧固件、冲模锻件及不需要热处理的低负荷零件,如螺栓、螺钉、拉条、法兰盘及化工贮器、蒸汽锅炉
20	910			25	410	245	25	55		156		用于不经受很大应力而要求很大韧性的机械零件,如杠杆、轴套、螺钉、起重钩等。也用于制造压力低于6MPa、温度低于450℃、在非腐蚀介质中使用的零件,如管子、导管等。还可用于表面硬度高而心部强度要求不高的渗碳与碳氮共渗零件
25	900	870	600	25	450	275	23	50	71	170		用于制造焊接设备以及经锻造、热冲压和机械加工的不承受高应力的零件,如轴、辊子、联轴器、垫圈、螺栓、螺钉及螺母
35	870	850	600	25	530	315	20	45	55	197		用于制造曲轴、转轴、轴销、杠杆、连杆、横梁、链轮、圆盘、套筒钩环、垫圈、螺钉、螺母。这种钢多在正火和调质状态下使用,一般不作焊接用

表 10-6　弹簧钢（摘自 GB/T1222—1984）

牌号	热处理制度			力学性能					交货状态硬度 HBW 不大于		应用举例
	淬火温度 /℃	淬火介质	回火温度 /℃	抗拉强度 σ_b	屈服强度 σ_s	伸长率		断面收缩率 ψ	热轧	冷拉+热处理	
						δ_5	δ_{10}				
				MPa		%					
				不小于							
65	840	油	500	981	785		9	35	285	321	调压、调速弹簧,柱塞弹簧,测力弹簧,一般机械的圆、方螺旋弹簧
70	830		480	1030	834		8	30			
65Mn	830	油	540	981	785		8	30	302	321	小尺寸的扁、圆弹簧,坐垫弹簧,发条,离合器簧片,弹簧环,刹车弹簧
55Si2Mn	870	油	480	1275	1177		6	30	302	321	汽车、拖拉机、机车的减振板簧和螺旋弹簧,气缸安全阀簧,止回阀簧,250℃以下使用的耐热弹簧
55Si2MnB											
60Si2Mn							5	25	321		
60Si2MnA			440	1569	1373			20			

（续）

牌号	热处理制度			力学性能					交货状态硬度 HBW		应用举例
	淬火温度/℃	淬火介质	回火温度/℃	抗拉强度 σ_b	屈服强度 σ_s	伸长率 δ_5 δ_{10}		断面收缩率 ψ	不大于		
				MPa		%			热轧	冷拉+热处理	
				不小于							
55CrMnA	830~860	油	460~510	1226	1079 ($\sigma_{0.2}$)	9		20	321	321	用于车辆、拖拉机上负荷较重、应力较大的板簧和直径较大的螺旋弹簧
60CrMnA			460~520								
60Si2CrA	870	油	420	1765	1569	6		20	321 （热轧+热处理）	321	用于高应力及温度在300~350℃以下使用的弹簧,如调速器、破碎机、汽轮机汽封用弹簧
60Si2CrVA	850		410	1863	1667						

注:1. 表列性能适用于截面尺寸不大于80mm的钢材,对大于80mm的钢材允许其δ、ψ值较表内规定值分别降低1个单位及5个单位。

2. 除规定的热处理上下限外,表中热处理允许偏差为:淬火±20℃,回火±50℃。

表 10-7 合金结构钢（摘自 GB/T3077—1999 摘录）

钢号	热处理				试样毛坯尺寸/mm	力学性能					钢材退火或高温回火供应状态的布氏硬度 HBW	特性及应用举例
	淬火		回火			抗拉强度 σ_b	屈服强度 σ_s	伸长率 δ_5	断面收缩率 ψ	冲击吸收功 A_K		
	温度/℃	冷却剂	温度/℃	冷却剂		MPa		%		J		
						≥					不大于	
20Mn2	850 880	水、油 水、油	200 440	水、空气 水、空气	15	785	590	10	40	47	187	截面小时与20Cr相当,用于做渗碳小齿轮、小轴、钢套、链板等,渗碳淬火后硬度56~62HRC
35Mn2	840	水	500	水	25	835	685	12	45	55	207	对于截面较小的零件可代替40Cr,可做直径不大于15mm的重要用途的冷镦螺栓及小轴等,表面淬火后硬度40~50HRC
45Mn2	840	油	550	水、油	25	885	735	10	45	47	217	用于制造在较高应力与磨损条件下的零件。在直径不大于60mm时,与40Cr相当。可做万向联轴器、齿轮、齿轮轴、蜗杆、曲轴、连杆、花键轴和摩擦盘等,表面淬火后硬度45~55HRC

（续）

钢号	热处理				试样毛坯尺寸/mm	力学性能					钢材退火或高温回火供应状态的布氏硬度 HBW	特性及应用举例
	淬火		回火			抗拉强度 σ_b	屈服强度 σ_s	伸长率 δ_5	断面收缩率 ψ	冲击吸收功 A_K		
	温度/℃	冷却剂	温度/℃	冷却剂		MPa		%		J		
						≥					不大于	
35SiMn	900	水	570	水、油	25	885	735	15	45	47	229	除了要求低温（-20℃以下）及冲击韧性很高的情况外，可全面代替 40Cr 作调质钢，亦可部分代替 40CrNi，可做中小型轴类、齿轮等零件以及在 430℃以下工作的重要紧固件，表面淬火后硬度 45～55HRC
42SiMn	880	水	590	水	25	885	735	15	40	47	229	与 35SiMn 钢同。可代替 40Cr、34CrMo 钢做大齿圈。适于做表面淬火件，表面淬火后硬度 45～55HRC
20MnV	880	水、油	200	水、空气	15	785	590	10	40	55	187	相当于 20CrNi 的渗碳钢，渗碳淬火后硬度 56～62HRC
20SiMnVB	900	油	200	水、空气	15	1175	980	10	45	55	207	可代替 20CrMnTi 做高级渗碳齿轮等零件,渗碳淬火后硬度 56～62HRC
40MnB	850	油	500	水、油	25	980	785	10	45	47	207	可代替 40Cr 做重要调质件，如齿轮、轴、连杆、螺栓等
37SiMn2MoV	870	水、油	650	水、空气	25	980	835	12	50	63	269	可代替 34CrNiMo 等做高强度、重负荷轴、曲轴、齿轮、蜗杆等零件，表面淬火后硬度 50～55HRC
20CrMnTi	第一次 880 第二次 870	油	200	水、空气	15	1080	835	10	45	55	217	强度、韧性均高，是铬镍钢的代用品。用于承受高速、中等或重负荷以及冲击磨损等的重要零件，如渗碳齿轮、凸轮等，渗碳淬火后硬度 56～62HRC

（续）

钢号	热处理				试样毛坯尺寸 /mm	力学性能					钢材退火或高温回火供应状态的布氏硬度 HBW	特性及应用举例
	淬火		回火			抗拉强度 σ_b	屈服强度 σ_s	伸长率 δ_5	断面收缩率 ψ	冲击吸收功 A_K		
	温度 /℃	冷却剂	温度 /℃	冷却剂		MPa		%		J		
						≥					不大于	
20CrMnMo	850	油	200	水、空气	15	1175	885	10	45	55	217	用于要求表面硬度高,耐磨,心部有较高强度、韧性的零件,如传动齿轮和曲轴等,渗碳淬火后硬度 56 ~ 62HRC
38CrMoAl	940	水、油	640	水、油	30	980	835	14	50	71	229	用于要求高耐磨性、高疲劳强度和相当高的强度且热处理变形最小的零件,如镗杆、主轴、蜗杆、齿轮、套筒、套环等,渗氮后表面硬度 1100HV
20Cr	第一次 880 第二次 780 ~ 820	水、油	220	水、空气	15	835	540	10	40	47	179	用于要求心部强度较高、承受磨损、尺寸较大的渗碳零件,如齿轮、齿轮轴、蜗杆、凸轮、活塞销等;也用于速度较大、受中等冲击的调质零件;渗碳淬火后硬度 56 ~ 62HRC
40Cr	850	油	520	水、油	25	980	785	9	45	47	207	用于承受交变负荷、中等速度、中等负荷、强烈磨损而无很大冲击的重要零件,如重要的齿轮、轴、曲轴、连杆、螺栓、螺母等零件,并用于直径大于 400mm、要求低温冲击韧性的轴与齿轮等,表面淬火后硬度 48 ~ 55HRC
20CrNi	850	水、油	460	水、油	25	785	590	10	50	63	197	用于制造承受较高载荷的渗碳零件,如齿轮、轴、花键轴、活塞销等

（续）

钢号	热处理				试样毛坯尺寸/mm	力学性能					钢材退火或高温回火供应状态的布氏硬度 HBW	特性及应用举例
	淬火		回火			抗拉强度 σ_b	屈服强度 σ_s	伸长率 δ_5	断面收缩率 ψ	冲击吸收功 A_K		
	温度/℃	冷却剂	温度/℃	冷却剂		MPa		%		J		
						≥					不大于	
40CrNi	820	油	500	水、油	25	980	785	10	45	55	241	用于制造要求强度高、韧性高的零件，如齿轮、轴、链条、连杆等
40CrNiMoA	850	油	600	水、油	25	980	835	12	55	78	269	用于特大截面的重要调质件，如机床主轴、传动轴、转子轴等

10.2　非铁金属材料

非铁金属包括铸造合金、铜及铜合金、铝及铝合金。其中铸造铜合金、铸造铝合金、铸造轴承合金的相应技术指标分别见表10-8至表10-10。

表 10-8　铸造铜合金（摘自 GB/T1176—1987）

合金牌号	合金名称（或代号）	铸造方法	合金状态	力学性能（不低于）				应用举例
				抗拉强度 σ_b	屈服强度 $\sigma_{0.2}$	伸长率 δ_5	布氏硬度 HB	
				MPa		%		
ZCuSn5Pb5Zn5	5-5-5 锡青铜	S、J		200	90	13	590 *	较高负荷，中速下工作的耐磨、耐蚀件，如轴瓦、衬套、缸套及蜗轮等
		Li、La		250	100		635 *	
ZCuSn10Pb1	10-1 锡青铜	S		220	130	3	785 *	高负荷（20MPa 以下）和高速（8m/s）、下工作的耐磨件，如连杆、衬套、轴瓦、蜗轮等
		J		310	170	2	885 *	
		Li		330	170	4	885 *	
		La		360	170	6	885 *	
ZCuSn10Pb5	10-5 锡青铜	S		195		10	685	耐蚀、耐酸件及破碎机衬套、轴瓦等
		J		245				
ZCuPb17Sn4Zn4	17-4-4 铅青铜	S		150		5	540	一般耐磨件、轴承等
		J		175		7	590	
ZCuAl10Fe3	10-3 铝青铜	S		490	180	13	980 *	要求强度高、耐磨、耐蚀的零件，如轴套、螺母、蜗轮、齿轮等
		J		540	200	15	1080 *	
		Li、La		540	200	15	1080 *	
ZCuAl10Fe3Mn2	10-3-2 铝青铜	S		490		15	1080	
		J		540		20	1175	

（续）

合金牌号	合金名称（或代号）	铸造方法	合金状态	力学性能（不低于）				应用举例
				抗拉强度 σ_b	屈服强度 $\sigma_{0.2}$	伸长率 δ_5	布氏硬度 HB	
				MPa		%		
ZCuZn38	38 黄铜	S J		295		30	590 685	一般结构件和耐蚀件,如法兰、阀座、螺母等
ZCuZn40Pb2	40-2 铅黄铜	S J		220 280	120	15 20	785 * 885 *	一般用途的耐磨、耐蚀件,如轴套、齿轮等
ZCuZn35Al2Mn2Fe1	35-2-2-1 铝黄铜	S J Li、La		450 475 475	170 200 200	20 18 18	985 * 1080 * 1080 *	管路配件和要求不高的耐磨件
ZCuZn38Mn2Pb2	38-2-2 锰黄铜	S J		245 345		10 18	685 785	一般用途的结构件,如套筒、衬套、轴瓦、滑块等
ZCuZn16Si4	16-4 硅黄铜	S J		345 390		15 20	885 980	接触海水工作的管配件以及水泵、叶轮等

注:1. S—砂型铸造;J—金属型铸造;La—连续铸造;Li—离心铸造。

2. 布氏硬度单位为 N,有 * 者为参考值。

表 10-9　铸造铝合金(摘自 GB/T1173—1995)

合金牌号	合金代号	铸造方法	合金状态	机械性能（不低于）		
				抗拉强度 σ_b/MPa	伸长率 δ_8%	布氏硬度 HBS
ZAlSi7Mg	ZL101	S. R. J. K S. R. J. K JB	F T2 T4	155 135 180	2 2 4	50 45 50
ZAlSi9MgA	ZL101A	S. R. K J. JB S. R. K	T4 T4 T5	190 220 230	5 5 4	70 70 80
ZAlSi12	ZL102	SB. RB. JBK J SB. RB. JB	F F T2	145 155 135	4 2 4	50 50 50
ZAlSi9Mg	ZL104	S. R. J. K J SB. RB. KB	F T1 T6	145 190 220	2 1.5 2	50 70 70

注:1. 铸造方法代号:S—砂型铸造;J—金属型铸造;R—熔模铸造;K—壳型铸造;B—变质处理。

2. 合金状态代号:F—铸态;T1—人工时效;T2—退火;T4—固溶处理加自然时效;T5—固溶处理加不完全人工时效;T6—固溶处理加完全人工时效。

表 10-10　铸造轴承合金(摘自 GB/T1174—1992)

合金牌号	合金名称	机械性能(不低于)				应用举例
		抗拉强度 σ_b/MPa	屈服极限 $\sigma_{0.2}$/MPa	伸长率 δ_s%	布氏硬度 HBS (50°)	
ZSnSb12Pb10Cu4	锡基轴承合金	83	38	—	—	用于浇注中速中等载荷的轴承,如一般机器的主轴承及电机轴承,不适用于高温部件
ZSnSb11Pb10Cu6	锡基轴承合金	88	66	6.0	22.8	它是工业中应用广泛的轴承合金。用于浇注重载荷高速工作的温度低于110℃的重要轴承,例如:1400kW 以上的高速蒸汽机上的轴承
ZPbSb16Sn16Cu2	铅锑轴承合金	76.5	—	0.2	29.5	适用于在工作温度低于120℃的条件下承受无显著冲击载荷的轴承。例如:汽车拖拉机的曲柄轴承
ZPbSb15Sn5Cu3Cd2	铅锑轴承合金	67	—	0.2	24.9	用于浇注汽车、拖拉机、抽水机、球磨机和金属切削机床的轴承

第11章　螺　　纹

螺纹类型很多，常用的螺纹有普通螺纹、管螺纹、梯形螺纹、矩形螺纹和锯齿形螺纹。

11.1　普通螺纹

普通螺纹即米制三角形螺纹，牙型角 $\alpha = 60°$，螺纹大径为公称直径。主要用于联接。表 11-1 为普通螺纹的直径与螺距，表 11-2 为普通螺纹基本尺寸。

表 11-1　普通螺纹的直径与螺距（摘自 GB/T193—2003）　　（单位:mm）

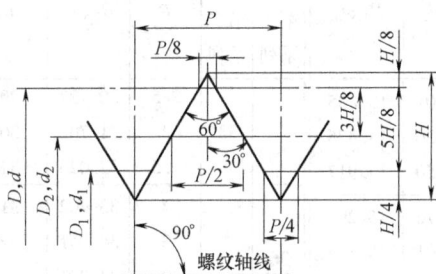

标记示例:

公称直径 10mm、右旋、公差带代号为 6h、中等旋合长度的普通粗牙螺纹标记为:

M10-6h

公称直径 d、D			螺距 P		公称直径 d、D			螺距 P	
第一系列	第二系列	第三系列	粗牙	细牙	第一系列	第二系列	第三系列	粗牙	细牙
3			0.5	0.35			(28)		2,1.5,1
	3.5		(0.6)		30			3.5	(3),2,1.5,(1),(0.75)
4			0.7	0.5			(32)		2,1.5
	4.5		(0.75)			33		3.5	(3),2,1.5,(1),(0.75)
5			0.8				35		(1.5)
		5.5			36			4	3,2,1.5,(1)
6		7	1	0.75,(0.5)			(38)		1.5
8			1.25	1,0.75,(0.5)		39		4	3,2,1.5,(1)
		9	(1.25)				40		(3),(2),1.5
10			1.5	1.25,1,0.75,(0.5)	42	45		4.5	(4),3,2,1.5,(1)
		11	(1.5)	1,0.75,(0.5)	48			5	(4),3,2,1.5,(1)
12			1.75	1.5,1.25,1,(0.75),(0.5)			50		(3),(2),1.5
	14		2	1.5,(1.25),1,(0.75),(0.5)		52		5	(4),3,2,1.5(1)
		15		1.5,(1)			55		(4),(3),2,1.5
16			2	1.5,1,(0.75),(0.5)	56			5.5	4,3,2,1.5,(1)
		17		1.5,(1)			58		(4),(3),2,1.5
20	18		2.5	2,1.5,1,(0.75),(0.5)		60		(5.5)	4,3,2,1.5,(1)
	22			2,1.5,1,(0.75)			62		(4),(3),2,1.5
24			3	2,1.5,(1),(0.75)	64			6	4,3,2,1.5,(1)
		25		2,1.5,(1)			65		(4),(3),2,1.5
		(26)		1.5		68		6	4,3,2,1.5,(1)
	27		3	2,1.5,1,(0.75)			70		(6),(4),(3),2,1.5

注:1. 优先选用第一系列，其次是第二系列，第三系列尽可能不用;

　　2. M14×1.25 仅用于火花塞，M35×1.5 仅用于滚动轴承锁紧螺母。

表 11-2　普通螺纹基本尺寸（摘自 GB/T196—2003）　　　　　（单位:mm）

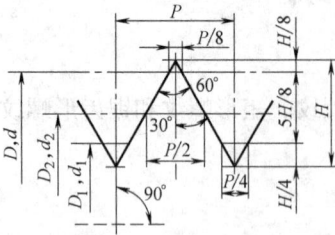

$H = 0.866P$

$d_2 = d - 0.6495P$

$d_1 = d - 1.0825P$

D、d—内、外螺纹大径

D_2、d_2—内、外螺纹中径

D_1、d_1—内、外螺纹小径

P—螺距

标记示例:

M20—6H(公称直径 20 粗牙右旋内螺纹,中径和大径的公差带均为 6H)

M20—6g(公称直径 20 粗牙右旋外螺纹,中径和大径的公差带均为 6g)

M20—6H/6g(上述规格的螺纹副)

M20×2 左-5g6g-S(公称直径 20、螺距 2 的细牙左旋外螺纹,中径、大径的公差带分别为 5g、6g,短旋合长度)

公称直径 D、d 第一系列	公称直径 D、d 第二系列	螺距 P	中径 D_2、d_2	小径 D_1、d_1
3		0.5	2.675	2.459
		0.35	2.773	2.621
	3.5	(0.6)	3.110	2.850
		0.35	3.273	3.121
4		0.7	3.545	3.242
		0.5	3.675	3.459
	4.5	(0.75)	4.013	3.688
		0.5	4.175	3.959
5		0.8	4.480	4.134
		0.5	4.675	4.459
6		1	5.350	4.917
		0.75	5.513	5.188
8		1.25	7.188	6.647
		1	7.350	6.917
		0.75	7.513	7.188
10		1.5	9.026	8.376
		1.25	9.188	8.647
		1	9.350	8.917
		0.75	9.513	9.188
12		1.75	10.863	10.106
		1.5	11.026	10.376
		1.25	11.188	10.647
		1	11.350	10.917
	14	2	12.701	11.835
		1.5	13.026	12.376
		1	13.350	12.917

公称直径 D、d 第一系列	公称直径 D、d 第二系列	螺距 P	中径 D_2、d_2	小径 D_1、d_1
16		2	14.701	13.835
		1.5	15.026	14.376
		1	15.350	14.917
	18	2.5	16.376	15.294
		2	16.701	15.835
		1.5	17.026	16.376
		1	17.350	16.917
20		2.5	18.376	17.294
		2	18.701	17.835
		1.5	19.026	18.376
		1	19.350	18.917
	22	2.5	20.376	19.294
		2	20.701	19.835
		1.5	21.026	20.376
		1	21.350	20.917
24		3	22.051	20.752
		2	22.701	21.835
		1.5	23.026	22.376
		1	23.350	22.917
	27	3	25.051	23.752
		2	25.701	24.835
		1.5	26.026	25.376
		1	26.350	25.917
30		3.5	27.727	26.211
		2	28.701	27.835
		1.5	29.026	28.376
		1	29.350	28.917

公称直径 D、d 第一系列	公称直径 D、d 第二系列	螺距 P	中径 D_2、d_2	小径 D_1、d_1
	33	3.5	30.727	29.211
		2	31.701	30.835
		1.5	32.026	31.376
36		4	33.402	31.670
		3	34.051	32.752
		2	34.701	33.835
		1.5	35.026	34.376
	39	4	36.402	34.670
		3	37.051	35.572
		2	37.701	36.835
		1.5	38.026	37.376
42		4.5	39.077	37.129
		3	40.051	38.752
		2	40.701	39.835
		1.5	41.026	40.376
	45	4.5	42.077	40.129
		3	43.051	41.752
		2	43.701	42.835
		1.5	44.026	43.376
48		5	44.752	42.587
		3	46.051	44.752
		2	46.701	45.835
		1.5	47.026	46.376
	52	5	48.752	46.587
		3	50.051	48.752
		2	50.701	49.835
		1.5	51.026	50.376

（续）

公称直径 D、d		螺距 P	中径 D_2、d_2	小径 D_1、d_1	公称直径 D、d		螺距 P	中径 D_2、d_2	小径 D_1、d_1	公称直径 D、d		螺距 P	中径 D_2、d_2	小径 D_1、d_1
第一系列	第二系列				第一系列	第二系列				第一系列	第二系列			
56		**5.5**	52.428	50.046		60	(5.5)	56.428	54.046	64		**6**	60.103	57.505
		4	53.402	51.670			4	57.402	55.670			4	61.402	59.670
		3	54.051	52.752			3	58.051	56.752			3	62.051	60.752
		2	54.701	53.835			2	58.701	57.835					
		1.5	55.026	54.376			1.5	59.026	58.376					

注：1. "螺距 P" 栏中第一个数值（黑体字）为粗牙螺距，其余为细牙螺距；

2. 优先选用第一系列，其次第二系列，第三系列（表中未列出）尽可能不用；

3. 括号内尺寸尽可能不用。

11.2 梯形螺纹

梯形螺纹牙型为等腰梯形，牙型角 $\alpha = 30°$，牙根强度高。广泛用于传力或传导螺旋。表 11-3 为梯形螺纹的直径与螺距。

表 11-3　梯形螺纹的直径与螺距（摘自 GB/T5796.2—2005）　（单位：mm）

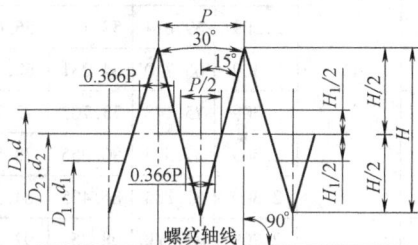

标记示例：

公称直径 40mm、螺距 7mm、右旋、中径公差代号 7e、中等旋合长度的外螺纹标记为：

Tr40×7-7e

公称直径 40mm、螺距 7mm、左旋、中径公差代号 7H、长旋合长度的内螺纹标记为：

Tr40×7LH-7H-L

公称直径		螺　距			公称直径		螺　距		
第一系列	第二系列				第一系列	第二系列			
8			1.5		32		10	6	3
	9		2	1.5		34	10	6	3
10			2	1.5	36		10	6	3
	11	3	2			38	10	7	3
12		3	2		40		10	7	3
	14		3	2		42	10	7	3
16			4	2	44		12	7	3
	18		4	2		46	12	8	3
20			4	2	48		12	8	3
	22	8	5	3		50	12	8	3
24		8	5	3	52		12	8	3
	26	8	5	3		55	14	9	3
28		8	5	3	60		14	9	3
	30	10	6	3					

注：应优先选择第一系列的直径，在每个直径所对应的诸螺距中优先选择粗黑框内的螺距。

11.3 管螺纹

管螺纹为英制螺纹，牙型角 $\alpha = 55°$，公称直径为管子的内径。分为 55°非密封管螺纹和 55°密封管螺纹。表 11-4 为 55°非密封管螺纹的基本尺寸。

表 11-4 55°非密封管螺纹的基本尺寸（摘自 GB/T7307—2001）

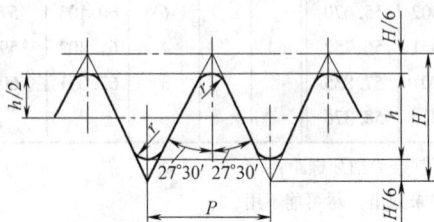

标记示例：
尺寸代号为 3/4、右旋、非螺纹密封的管螺纹标记为：
G3/4

尺寸代号	每25.4mm内的牙数 n	螺距 P /mm	大径 $d=D$ /mm	中径 $d_2=D_2$ /mm	小径 $d_1=D_1$ /mm	尺寸代号	每25.4mm内的牙数 n	螺距 P /mm	大径 $d=D$ /mm	中径 $d_2=D_2$ /mm	小径 $d_1=D_1$ /mm
1/8	28	0.907	9.728	9.147	8.566	11/4		2.309	41.910	40.431	38.952
1/4	19	1.337	13.157	12.301	11.445	11/4		2.309	47.803	46.324	44.845
3/8		1.337	16.662	15.806	14.950	13/4		2.309	53.764	52.267	50.788
1/2	14	1.814	20.955	19.793	18.631	2		2.309	59.614	58.135	56.656
5/8		1.814	22.911	21.749	20.587	21/4	11	2.309	65.710	64.231	62.752
3/4		1.814	26.441	25.279	24.117	21/2		2.309	75.148	73.705	72.226
7/8		1.814	30.201	29.039	27.877	23/4		2.309	81.534	80.055	78.576
1	11	2.309	33.249	31.770	30.291	3		2.309	87.884	86.405	84.926
11/8		2.319	37.897	36.418	34.939	31/4		2.309	100.330	98.851	97.372

第12章　常用标准件

　　标准化是现代生产的重要标志之一，在一定程度上可以反映一个国家工业化的程度，零件、部件或产品的制造如果能够系列化和标准化，就能够缩短设计和制造的周期。凡在结构、尺寸方面均已标准化、系列化的机件称为标准件，常用的标准件有六角头螺栓（表12-1、表12-2）、开槽螺钉（表12-3）、内六角圆柱头螺钉（表12-4）、开槽紧定螺钉（表12-5）、六角螺母（表12-6）、圆螺母（表12-7）、平垫圈（表12-8）、弹簧垫圈（表12-9）、圆螺母用止动垫片（表12-10）、普通平键的基本规格（表12-11）、半圆键（表12-12）、圆锥销（表12-13）、圆柱销（表12-14）、吊环螺钉（表12-15）。

表 12-1　六角头螺栓（摘自 GB/T 5780—2000、GB/T 5781—2000）　　　　　（单位：mm）

六角头螺栓 C 级（GB/T 5780—2000）　　六角头螺栓　全螺纹 C 级（GB/T 5781—2000）

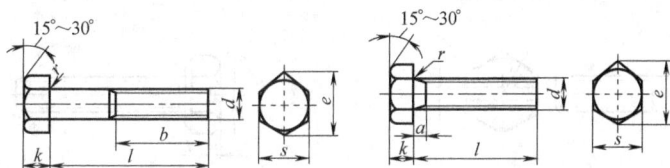

标记示例：

螺纹规格 d = M12、公称长度 l = 80mm、性能等级为 4.8 级、不经表面处理、C 级的六角头螺栓：螺栓 GB/T 5780 M12×80

螺纹规格 d		M5	M6	M8	M10	M12	(M14)	M16	(M18)	M20	(M22)	M24	(M27)	M30	M36
s（公称）		8	10	13	16	18	21	24	27	30	34	36	41	46	55
k（公称）		3.5	4	5.3	6.4	7.5	8.8	10	11.5	12.5	14	15	17	18.7	22.5
r（最小）		0.2	0.25	0.4			0.6			0.8			1		
e（最小）		8.6	10.9	14.2	17.6	19.9	22.8	26.2	29.6	33	37.3	39.6	45.2	50.9	60.8
a（最大）		2.4	3	4	4.5	5.3	6			7.5			9	10.5	12
b（参考）	l≤125	16	18	22	26	30	34	38	42	46	50	54	60	66	78
	125<l≤200			28	32	36	40	44	48	52	56	60	66	72	84
	l>200						53	57	61	65	69	73	79	85	97
l（公称）GB/T 5780—2000		25～50	30～60	40～80	45～100	55～120	60～140	65～160	80～180	80～200	90～220	100～240	110～260	120～300	140～360
全螺纹长度 l GB/T 5781—2000		10～50	12～60	16～80	20～100	25～120	30～140	35～160	35～180	40～200	45～220	50～240	55～280	60～300	70～360
100mm 长的质量/kg		0.013	0.020	0.037	0.063	0.090	0.127	0.172	0.223	0.282	0.359	0.424	0.566	0.721	1.100
l 系列（公称）		10,12,16,20,25,30,35,40,45,50,55,60,65,70,80,90,100,110,120,130,140,150,160,180,200,220,240,260,280,300,320,340,360,380,400,420,440,460,480,500														

技术条件	GB/T 5780　螺纹公差：8g	材料：钢	性能等级：d≤39，3.6、4.6、4.8；d＞39，按协议	表面处理：不经处理，电镀，非电解锌粉覆盖	产品等级：C
	GB/T 5781　螺纹公差：8g				

　　注：1. M5 至 M36 为商品规格，为销售储备的产品最通用的规格；
　　　　2. M42-M64 为通用规格，较商品规格低一档，有时买不到要现制造；
　　　　3. 带括号的为非优选的螺纹规格（其他各表均相同），非优选螺纹规格除表列外还有（M33）、（M39）、（M45）、（M52）和（M60）；
　　　　4. 末端按 GB/T 2 规定；
　　　　5. 标记示例"螺栓 GB/T 5780 M12×80"为简化标记，它代表了标记示例的各项内容，此标准件为常用及大量供应的，与标记示例内容不同的不能用简化标记，应按 GB/T 1237—2000 规定标记；
　　　　6. 表面处理：电镀技术要求按 GB/T 5267；非电解锌粉覆盖技术要求按 ISO 10683；如需其他表面镀层或表面处理，应由双方协议；
　　　　7. GB/T 5780 增加了短规格，推荐采用 GB/T 5781 全螺纹螺栓。

表 12-2　六角头螺栓(摘自 GB/T 5782—2000、GB/T 5783—2000、GB/T 32.1—1988、GB/T 29.1—1988)

（单位：mm）

六角头螺栓（GB/T 5782—2000）　　　　　　　　六角头螺栓　全螺纹（GB/T 5783—2000）

六角头头部带孔螺栓 A 和 B 级（GB/T 32.1—1988）　　六角头头部带槽螺栓 A 和 B 级（GB/T 29.1—1988）

其余的形式与尺寸按 GB/T 5782 规定　　　　　　其余的形式与尺寸按 GB/T 5783 规定

标记示例：

螺纹规格 d = M12、公称长度 l =80mm、性能等级为 8.8 级、表面氧化、A 级的六角头螺栓：螺栓 GB/T 5782 M12×80

螺纹规格 d		M1.6	M2	M2.5	M3	M4	M5	M6	M8	M10	M12	(M14)	M16	(M18)	M20	(M22)	M24	(M27)	M30	M36
s 公称		3.2	4	5	5.5	7	8	10	13	16	18	21	24	27	30	34	36	41	46	55
k 公称		1.1	1.4	1.7	2	2.8	3.5	4	5.3	6.4	7.5	8.8	10	11.5	12.5	14	15	17	18.7	22.5
r_{min}		0.1				0.2		0.25	0.4			0.6			0.8			1		
e_{min}	A	3.41	4.32	5.45	6.01	7.66	8.79	11.05	14.38	17.77	20.03	23.36	26.75	30.14	33.53	37.72	39.98	—	—	—
	B	3.28	4.18	5.31	5.88	7.50	8.63	10.89	14.20	17.59	19.85	22.78	26.17	29.56	32.95	37.29	39.55	45.2	50.85	60.79
d_{wmin}	A	2.27	3.07	4.07	4.57	5.88	6.88	8.88	11.63	14.63	16.63	19.64	22.49	25.34	28.19	31.71	33.61	—	—	—
	B	2.3	2.95	3.95	4.45	5.74	6.74	8.74	11.47	14.47	16.47	19.15	22	24.85	27.7	31.35	33.25	38	42.75	51.11
b（参考）	l≤125	9	10	11	12	14	16	18	22	26	30	34	38	42	46	50	54	60	66	—
	125<l≤200	15	16	17	18	20	22	24	28	32	36	40	44	48	52	56	60	66	72	84
	l>200	28	29	30	31	33	35	37	41	45	49	53	57	61	65	69	73	79	85	97
a		—	—	—	1.5	2.1	2.4	3	3.75	4.5	5.25	6			7.5			9	10.5	12
h		—	—	—	0.8	1.2		1.6	2	2.5	3	—	—	—	—	—	—	—	—	—

表 12-3 开槽螺钉（摘自 GB/T 65—2000、GB/T 67—2000 至 GB/T 69—2000）

（单位：mm）

开槽圆柱头螺钉（GB/T 65—2000）　　　　　　　　开槽盘头螺钉（GB/T 67—2000）

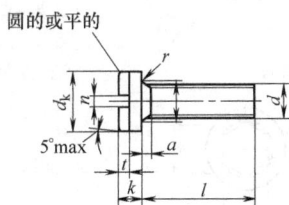

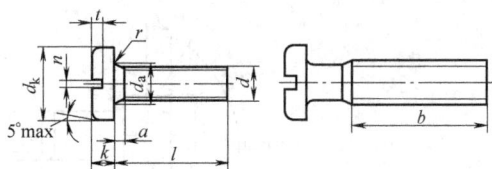

开槽沉头螺钉（GB/T 68—2000）　　　　　　　　开槽半沉头螺钉（GB/T 69—2000）

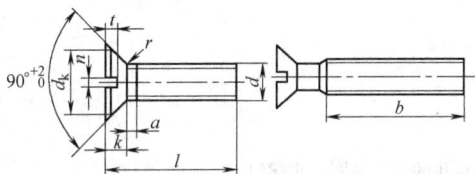

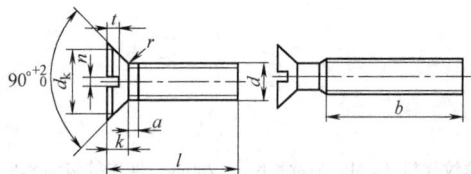

标记示例：

螺纹规格 d = M5、公称长度 l = 20mm、性能等级为 4.8 级、不经表面处理的开槽圆柱头螺钉：

螺钉　GB/T 65　M5×20

螺纹规格 d			M3	(M3.5)	M4	M5	M6	M8	M10
a	max		1	1.2	1.4	1.6	2	2.5	3
b	min		25			38			
n	公称		0.8	1		1.2	1.6	2	2.5
GB/T 65	d_k	max	5.5	6	7	8.5	10	13	16
	k	max	2	2.4	2.6	3.3	3.9	5	6
	t	min	0.85	1	1.1	1.3	1.6	2	2.4
	d_a	max	3.6	4.1	4.7	5.7	6.8	9.2	11.2
	r	min	0.1		0.2		0.25	0.4	
	商品规格长度 l		4~30	5~35	5~40	6~50	8~60	10~80	12~80
全螺纹长度 l			4~30	5~40	5~40	6~40	8~40	10~40	12~40
GB/T 67	d_k	max	5.6	7	8	9.5	12	16	20
	k	max	1.8	2.1	2.4	3	3.6	4.8	6
	t	min	0.7	0.8	1	1.2	1.4	1.9	2.4
	d_a	max	3.6	4.1	4.7	5.7	6.8	9.2	11.2
	r	min	0.1		0.2		0.25	0.4	
	商品规格长度 l		4~30	5~35	5~40	6~50	8~60	10~80	12~80
	全螺纹长度 l		4~30	5~40	5~40	6~40	8~40	10~40	12~40
GB/T 68 GB/T 69	d_k	max	5.5	7.3	8.4	9.3	11.3	15.8	18.3
	k	max	1.65	2.35	2.7		3.3	4.65	5
	r	max	0.8	0.9	1	1.3	1.5	2	2.5
	t min	GB/T 68	0.6	0.9	1	1.1	1.2	1.8	2
		GB/T 69	1.2	1.45	1.6	2	2.4	3.2	3.8
	f		0.7	0.8	1	1.2	1.4	2	2.3
	商品规格长度 l		5~30	6~35	6~40	8~50	8~60	10~80	12~80
	全螺纹长度 l		5~30	6~45	6~45	8~45	8~45	10~45	12~45

表 12-4　内六角圆柱头螺钉的基本规格(摘自 GB/T 70.1—2000)　　(单位:mm)

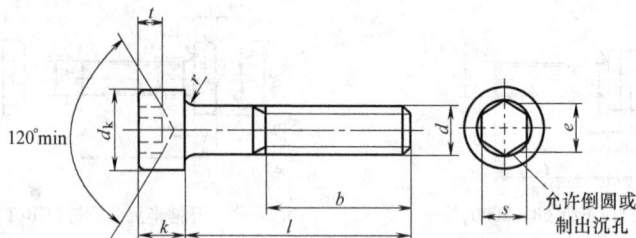

标记示例:

螺纹规格 d = M5,公称长度 l = 200mm,性能等级为 8.8 级,表面氧化的内六角圆柱头螺钉:

螺钉　GB/T 70.1—2000 M5 × 20

螺纹规格 d	M3	M4	M5	M6	M8	M10	M12	(M14)	M16	M20	M24	M30	M36
d_k	5.5	7	8.5	10	13	16	18	21	24	30	36	45	54
k_{max}	3	4	5	6	8	10	12	14	16	20	24	30	36
t	1.3	2	2.5	3	4	5	6	7	8	10	12	15.5	19
r	0.1	0.2	0.2	0.25	0.4	0.4	0.6	0.6	0.6	0.8	0.8	1	1
s	2.5	3	4	5	6	8	10	12	14	17	19	22	27
e_{min}	2.9	3.4	4.6	5.7	6.9	9.2	11.4	13.7	16	19	21.7	25.2	30.9
b(参考)	18	20	22	24	28	32	36	40	44	52	60	72	84
l	5~30	6~40	8~50	10~60	12~80	16~100	20~120	25~140	25~160	30~200	40~200	45~260	55~200
全螺纹时最大长度	20	25	25	30	35	40	45	55 (65)	55	65	80	90	110
l 系列	2.5,3,4,5,6,8,10,12,(14),(16),20,25,30,35,40,45,50,(55),60,(65),70,80,90,100,110,120,130,140,150,160,180,200												

注:1. 尽可能不采用括号内的规格;

　　2. e_{min} = 1.14s_{min}。

表 12-5　开槽紧定螺钉(摘自 GB/T71、73、75—1985)　　　　　(单位:mm)

开槽锥端紧定螺钉(GB/T 71—1985)　　　　　　开槽平端紧定螺钉(GB/T 73—1985)

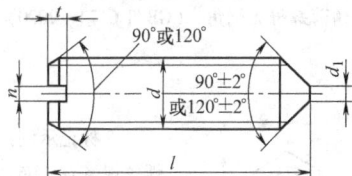

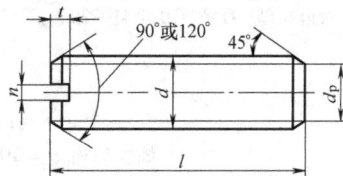

开槽长圆柱端紧定螺钉(GB/T 75—1985)

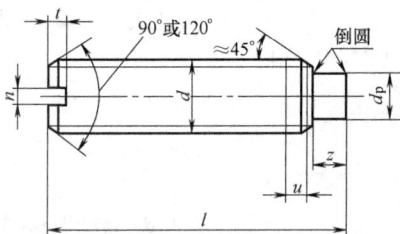

标记示例:

螺纹规格 d = M5,公称长度 l = 12mm,性能等级为 14H、表面氧化的开槽锥端紧定螺钉标记为:

螺钉　GB/T 71—1985 M5×12-14H

	d		M3	M4	M5	M6	M8	M10	M12
P	GB/T 71—85								
	GB/T 73—85		0.5	0.7	0.8	1	1.25	1.5	1.75
	GB/T 75—85								
d_1	GB/T 75—85		0.3	0.4	0.5	1.5	2	2.5	3
d_{pmax}	GB/T 73—85		2	2.5	3.5	4	5.5	7	8.5
	GB/T 75—85								
n 公称	GB/T 71—85								
	GB/T 73—85		0.4	0.6	0.8	1	1.2	1.6	2
	GB/T 75—85								
t_{min}	GB/T 71—85								
	GB/T 73—85		0.8	1.12	1.28	1.6	2	2.4	2.8
	GB/T 75—85								
z_{min}	GB/T 75—85		1.5	2	2.5	3	4	5	6
倒角和锥顶角	GB/T 71—85	120°	$l\leqslant3$	$l\leqslant4$	$l\leqslant5$	$l\leqslant6$	$l\leqslant8$	$l\leqslant10$	$l\leqslant12$
		90°	$l\geqslant4$	$l\geqslant5$	$l\geqslant6$	$l\geqslant8$	$l\geqslant10$	$l\geqslant12$	$l\geqslant14$
	GB/T 73—85	120°	$l\leqslant3$	$l\leqslant4$	$l\leqslant5$	$l\leqslant6$	$l\leqslant8$	$l\leqslant10$	
		90°	$l\geqslant4$	$l\geqslant5$	$l\geqslant6$	$l\geqslant8$	$l\geqslant10$	$l\geqslant12$	
	GB/T 75—85	120°	$l\leqslant5$	$l\leqslant6$	$l\leqslant8$	$l\leqslant10$	$l\leqslant14$	$l\leqslant16$	$l\leqslant20$
		90°	$l\geqslant6$	$l\geqslant8$	$l\geqslant10$	$l\geqslant12$	$l\geqslant16$	$l\geqslant20$	$l\geqslant25$
l 公称	商品规格范围	GB/T 71—85	4~16	6~20	8~25	8~30	10~40	12~50	14~60
		GB/T 73—85	3~16	4~20	5~25	6~30	8~40	10~50	12~60
		GB/T 75—85	5~16	6~20	8~25	8~30	10~40	12~50	14~60
	系列值		2,2.5,3,4,5,6,8,10,12,(14),16,20,25,30,35,40,45,50,(55),60						

注:1. l 系列值中,尽可能不采用括号内的规格;

　　2. 不大于 M5 的 GB/T 71—85 的螺钉,不要求锥端有平面部分(d_1);

　　3. P 为螺距。

表 12-6 六角螺母(GB/T 41—2000、GB/T6170—2000、GB/T 6172.1—2000、GB/T 6174—2000)

(单位:mm)

六角螺母　C 级(GB/T 41—2000)　　　　　　　　　　六角薄螺母无倒角　(GB/T 6174—2000)

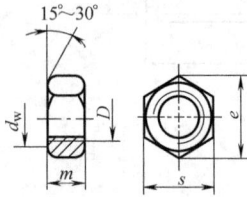

标记示例:

螺纹规格 D = M12、性能等级为 5 级、不经表面处理、产品等级为 C 级的六角螺母:

螺母　GB/T 41　M12

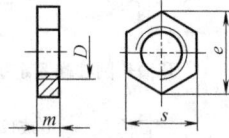

标记示例:

螺纹规格 D = M6、力学性能为 110HV 不经表面处理、B 级的六角薄螺母:

螺母　GB/T 6174　M6

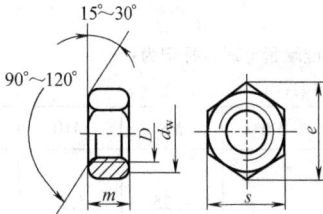

1 型六角螺母(GB/T 6170—2000)

六角薄螺母(GB/T 6172.1—2000)

标记示例:

螺纹规格 D = M12、性能等级为 10 级、不经表面处理、A 级的 1 型六角螺母:

螺母　GB/T 6170　M12

螺纹规格 D = M12、性能等级为 04 级、不经表面处理、A 级的六角薄螺母:

螺母　GB/T 6172.1　M12

螺纹规格 D		M3	(M3.5)	M4	M5	M6	M8	M10	M12	(M14)	M16	(M18)	M20	(M22)	M24	(M27)	M30	M36
e　min	1[①]	5.9	6.4	7.5	8.6	10.9	14.2	17.6	19.9	22.8	26.2	29.6	33	37.3	39.6	45.2	50.9	60.8
	2[②]	6	6.6	7.7	8.8	11	14.4	17.8	20	23.4	26.8	29.6	33	37.3	39.6	45.2	50.9	60.8
s 公称		5.5	6	7	8	10	13	16	18	21	24	27	30	34	36	41	46	55
d_w　min	1[①]	—	—	—	6.7	8.7	11.5	14.5	16.5	19.2	22	24.9	27.7	31.4	33.3	38	42.8	51.1
	2[②]	4.6	5.1	5.9	6.9	8.9	11.6	14.6	16.6	19.6	22.5	24.9	27.7	31.4	33.3	38	42.8	51.1
m　max	GB/T 6170 GB/T 6172.1	2.4	2.8	3.2	4.7	5.2	6.8	8.4	10.8	12.8	14.8	15.8	18	19.4	21.5	23.8	25.6	31
	GB/T 6174	1.8	2	2.2	2.7	3.2	4	5	6	7	8	9	10	11	12	13.5	15	18
	GB/T 41	—	—	—	5.6	6.4	7.9	9.5	12.2	13.9	15.9	16.9	19	20.2	22.3	24.7	26.4	31.9

注:1. A 级用于 $D \leqslant 16$mm,B 级用于 $D > 16$mm 的螺母;

　　2. 尽量不采用括号中的尺寸,除表中所列外,还有(M33)、(M39)、(M45)、(M52)和(M60);

　　3. GB/T 41 的螺纹规格为 M5 ~ M60;GB/T 6174 的螺纹规格为 M1.6 ~ M10。

① 为 GB/T 41 及 GB/T 6174 的尺寸;

② 为 GB/T 6170 及 GB/T 6172.1 的尺寸。

表 12-7　圆螺母（摘自 GB/T 812—1988）　　　　　　　　（单位:mm）

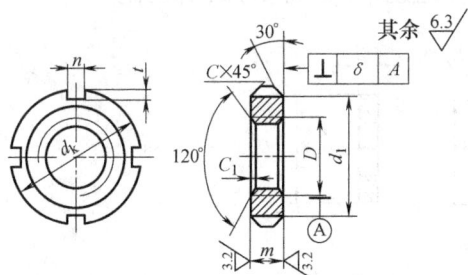

其余 6.3

30°　C×45°　⊥ δ A　120°　C₁　n　t　d_k　D　d₁　m　3.2

标记示例:

螺纹规格 D = M16×1.5、材料为45钢、槽或全部热处理后硬度 35~45HRC、表面氧化的圆螺母;

螺母 GB/T 812—1988 M16×1.5

D	d_k	d_1	m	n	t	C	C_1	D	d_k	d_1	m	n	t	C	C_1
M10×1	22	16	8	4	2	0.5	0.5	M64×2	95	84	12	8	3.5	1.5	1
M12×1.25	25	19						M65×2*	95	84					
M14×1.5	28	20						M68×2	100	88	15	10	4		
M16×1.5	30	22						M72×2	105	93					
M18×1.5	32	24						M75×2*	105	93					
M20×1.5	35	27						M76×2	110	98					
M22×1.5	38	30	10	5	2.5			M80×2	115	103					
M24×1.5	42	34						M85×2	120	108					
M25×1.5*	42	34						M90×2	125	112	18	12	5		
M27×1.5	45	37						M95×2	130	117					
M30×1.5	48	40				1		M100×2	135	122					
M33×1.5	52	43						M105×2	140	127					
M35×1.5*	52	43						M110×2	150	135					
M36×1.5	55	46						M115×2	155	140					
M39×1.5	58	49		6	3			M120×2	160	145	22	14	6		
M40×1.5*	58	49						M125×2	165	150					
M42×1.5	62	53						M130×2	170	155					
M45×1.5	68	59						M140×2	180	165					
M48×1.5	72	61	12			1.5		M150×2	200	180	26	16	7	2	1.5
M50×1.5*	72	61						M160×3	210	190					
M52×1.5	78	67		8	3.5			M170×3	220	200	30				
M55×2*	78	67						M180×3	230	210					
M56×2	85	74					1	M190×3	240	220					
M60×2	90	79						M200×3	250	230					

注:1. 槽数 n:当 D≤M100×2 时,n=4;当 D≥M105×2 时,n=6;

　　2. 标有 * 者仅用滚动轴承锁紧装置。

表12-8　平垫圈(摘自 GB/T848—2002,GB/T97.1、97.2—2002、GB/T 95—2002 摘录)

(单位:mm)

小垫圈 GB/T 848—2002
平垫圈 GB/T 97.1—2002　　平垫圈—倒角型 GB/T 97.2—2002　平垫圈—C 级 GB/T 95—2002

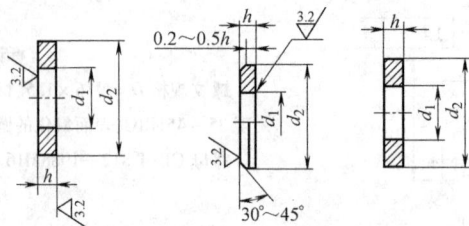

标准系列,公称尺寸 $d=8$ mm、性能等级为 140HV 级、不经表面处理的平垫圈标记为:

垫圈 GB/T 97.1—2002　8~140HV

公称尺寸(螺纹规格)d		4	5	6	8	10	12	14	16	20	24	30	36
d_1 公称(min)	GB/T 848—2002	4.3	5.3	6.4	8.4	10.5	13	15	17	21	25	31	37
	GB/T 97.1—2002	4.3	5.3	6.4	8.4	10.5	13	15	17	21	25	31	37
	GB/T 97.2—2002	—	5.3	6.4	8.4	10.5	13	15	17	21	25	31	37
	GB/T 95—2002	—											
d_2 公称(max)	GB/T 848—2002	8	9	11	15	18	20	24	28	34	39	50	60
	GB/T 97.1—2002	9	10	12	16	20	24	28	30	37	44	56	66
	GB/T 97.2—2002	—	10	12	16	20	24	28	30	37	44	56	66
	GB/T 95—2002		10	12	16	20	24	28	30	37	44	56	66
h 公称	GB/T 848—2002	0.5	1.6	1.6	1.6	1.6	2	2.5	2.5	3	4	4	5
	GB/T 97.1—2002	0.8	1	1.6	1.6	2	2.5	2.5	3	3	4	4	5
	GB/T 97.2—2002	—	1	1.6	1.6	2	2.5	2.5	3	3	4	4	5

表12-9　弹簧垫圈(摘自 GB/T 93—1987,GB/T 859—1987)　　(单位:mm)

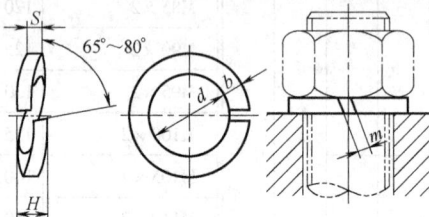

标记示例:

规格 16mm,材料为 65Mn、表面氧化的标准型弹簧垫圈

规格 (螺纹大径)	d	GB 93—1987		GB 859—1987		
		$S=b$	$0<m$	S	b	$0<m$
3	3.1	0.8	0.4	0.8	1	0.3
4	4.1	1.1	0.50	0.8	1.2	0.4
5	5.1	1.3	0.65	1	1.2	0.55
6	6.2	1.6	0.8	1.2	1.6	0.65
8	8.2	2.1	1.05	1.6	2	0.8
10	10.2	2.6	1.3	2	2.5	1
12	12.3	3.1	1.55	2.5	3.5	1.25
(14)	14.3	3.6	1.8	3	4	1.5
16	16.3	4.1	2.05	3.2	4.5	1.6
(18)	18.3	4.5	2.25	3.5	5	1.8
20	20.5	5	2.5	4	5.5	2
(22)	22.5	5.5	2.75	4.5	6	2.25
24	24.5	6	3	4.8	6.5	2.5
(27)	27.5	6.8	3.4	5.5	7	2.75
30	30.5	7.5	3.75	6	8	3
36	36.6	9	4.5			

表 12-10 圆螺母用止动垫片（摘自 GB/T 858—1988） （单位：mm）

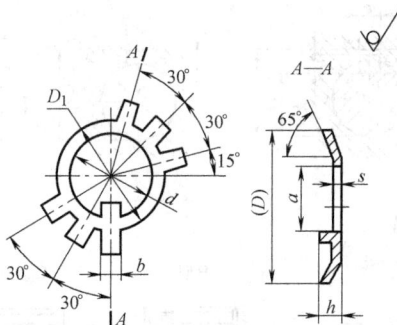

标 记 示 例：

规格 16mm，材料为 Q235、经退火表面氧化的圆螺母用止动垫圈：

垫圈 GB/T 858—1988

规格（螺纹大径）	d	(D)	D₁	S	b	a	h	轴端		规格（螺纹大径）	d	(D)	D₁	S	b	a	h	轴端	
								b_1	t									b_1	t
14	14.5	32	20	1	3.8	11	3	4	10	55*	56	82	67	1.5	7.7	52	6	8	—
16	16.5	34	22	1	3.8	13	3	4	12	56	57	90	74	1.5	7.7	53	6	8	52
18	18.5	35	24	1	3.8	15	3	4	14	60	61	94	79	1.5	7.7	57	6	8	56
20	20.5	38	27	1	3.8	17	3	4	16	64	65	100	84	1.5	7.7	61	6	8	60
22	22.5	42	30	1	4.8	19	4	5	18	65*	66	100	84	1.5	7.7	62	6	8	—
24	24.5	45	34	1	4.8	21	4	5	20	68	69	105	88	1.5	7.7	65	6	8	64
25*	25.5	45	34	1	4.8	22	4	5	—	72	73	110	93	1.5	9.6	69	6	10	68
27	27.5	48	37	1	4.8	24	4	5	23	75*	76	110	93	1.5	9.6	71	6	10	—
30	30.5	52	40	1	4.8	27	4	5	26	76	77	115	98	1.5	9.6	72	6	10	70
33	33.5	56	43	1	4.8	30	4	5	29	80	81	120	103	1.5	9.6	76	6	10	74
35*	35.5	56	43	1	4.8	32	4	5	—	85*	86	125	108	1.5	9.6	81	6	10	—
36	36.5	60	46	1.5	5.7	33	5	6	32	90	91	130	112	2	11.6	86	7	12	84
39	39.5	62	49	1.5	5.7	36	5	6	35	95	96	135	117	2	11.6	91	7	12	89
40*	40.5	62	49	1.5	5.7	37	5	6	—	100	101	140	122	2	11.6	96	7	12	94
42	42.5	66	53	1.5	5.7	39	5	6	38	105	106	145	127	2	11.6	101	7	12	99
45	45.5	72	59	1.5	5.7	42	5	6	41	110	111	156	135	2	11.6	106	7	12	104
48	48.5	76	61	1.5	7.7	45	6	8	44	115	116	160	140	2	11.6	111	7	12	109
50*	50.5	76	61	1.5	7.7	47	6	8	—	120	121	166	145	2	13.5	116	7	14	114
52	52.5	82	67	1.5	7.7	49	6	8	48	125	126	170	150	2	13.5	121	7	14	119

表 12-11　普通平键的基本规格（摘自 GB/T1095、1096—2003）　　　　（单位:mm）

平键　键和键槽的剖面尺寸　GB/T1095—2003

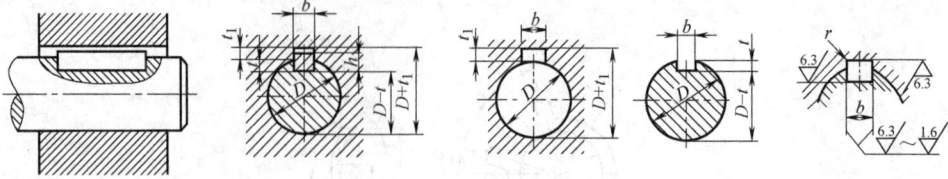

普通平键　型式尺寸 GB/T1096—2003

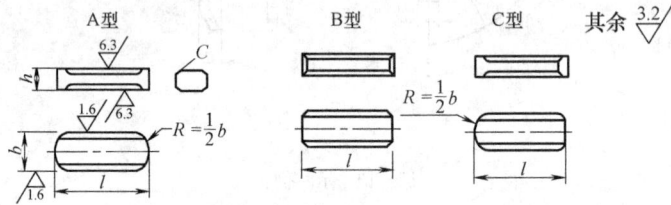

标记示例:

$L = 100mm$

平头普通平键（B 型）、$b = 18mm$、$h = 11mm$、$L = 100mm$

单圆头普通平键（C 型）、$b = 18mm$　$h = 11mm$、$L = 100mm$

键　18×100　GB/T1096—2003

键　B18×100　GB/T1096—2003

键　C18×100　GB/T1096—2003

轴	键	键槽											
		宽度 b						深度				半径 r	
轴颈 D	公称尺寸 b×h	公称尺寸 b	偏差					轴 t		毂 t_1			
			较松键连接		一般键连接		较紧键连接	公称	偏差	公称	偏差	最小	最大
			轴H9	毂D10	轴N9	毂Js9	轴和毂P9						
自6~8	2×2	2	+0.025	+0.060	-0.004	±0.0125	-0.006	1.2	+0.1	1	+0.1	0.08	0.16
>8~10	3×3	3	0	+0.020	-0.029		-0.031	1.8		1.4			
>10~12	4×4	4	+0.030	+0.078	0	±0.015	-0.012	2.5	0	1.8	0	0.16	0.25
>12~17	5×5	5						3.0		2.3			
>17~22	6×6	6	0	+0.030	-0.030		-0.042	3.5		2.8			
>22~30	8×7	8	+0.036	+0.098	0	±0.018	-0.015	4.0		3.3			
>30~38	10×8	10	0	+0.040	-0.036		-0.051	5.0		3.3			
>38~44	12×8	12	+0.043	+0.120	0		-0.018	5.0	+0.2	3.3	+0.2	0.25	0.40
>44~50	14×9	14				±0.0215		5.5		3.8			
>50~58	16×10	16	0	+0.050	-0.043		-0.061	6.0		4.3			
>58~65	18×11	18						7.0		4.4			
>65~75	20×12	20	+0.052	+0.149	0		0.022	7.5	0	4.9	0	0.40	0.60
>75~85	22×14	22				±0.026		9.0		5.4			
>85~95	25×14	25	0	+0.065	-0.052		-0.074	9.0		5.4			
>95~110	28×16	28						10.0		6.4			

注:$D - t$ 和 $D + t_1$ 两组组合尺寸的偏差按相应的 t 和 t_1 的偏差选取,但 $D - t$ 偏差值应取负号（ - ）。

对于键,b 的偏差按h9,h 的偏差按h11,L 的偏差按h14。

长度（L）系列为:6.8,10,12,14,16,18,20,22,25,28,32,35,40,45,50,55,60,70,80,90,100,…,500。

表 12-12 半圆键（摘自 GB/T 1098、1099—2003） （单位：mm）

半圆键 键和键槽的剖面尺寸 GB/T 1098—2003 GB/T 1099—2003

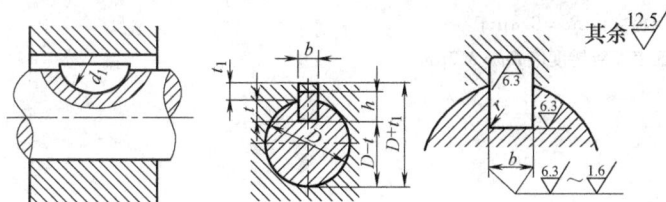

其余 12.5 （d_1, t_1, b, h, $D-t$, $D+t_1$, r, 6.3, 1.6）

半圆键 型式尺寸 GB/T 1099—2003

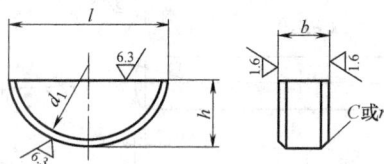

（l, d_1, h, b, C 或 r, 6.3, 1.6）

标记示例：

$b=6$mm、$h=10$mm、$d_1=25$mm 的半圆键：

键 6×25 GB/T 1099—2003

轴径 D 键传递扭矩	轴径 D 键定位用	键 公称尺寸 $b \times h \times d_1$	键槽 宽度 b 公称尺寸	宽度 b 极限偏差 一般键连接 轴 N9	宽度 b 极限偏差 一般键连接 毂 Js9	宽度 b 极限偏差 较紧键连接 轴和毂 P9	深度 轴 t 公称尺寸	深度 轴 t 极限偏差	深度 毂 t_1 公称尺寸	深度 毂 t_1 极限偏差	半径 r 最小	半径 r 最大
自 3~4	自 3~4	1.0×1.4×4	1.0				1.0	+0.1	0.6	+0.1		
>4~5	>4~6	1.5×2.6×7	1.5	−0.004		−0.006	2.0		0.8			
>5~6	>6~8	2.0×2.6×7	2.0				1.8		1.0			
>6~7	>8~10	2.0×3.7×10	2.0		±0.012		2.9		1.0		0.08	0.16
>7~8	>10~12	2.5×3.7×10	2.5				2.7	0	1.2			
>8~10	>12~15	3.0×5.0×12	3.0	−0.029		−0.031	3.8		1.4			
>10~12	>15~18	3.0×6.5×16	3.0				5.3	+0.2	1.4			
>12~14	>18~20	4.0×6.5×16	4.0				5.0		1.8			
>14~16	>20~22	4.0×7.5×19	4.0	0		−0.012	6.0		1.8			
>16~18	>22~25	5.0×6.5×16	5.0				4.5	0	2.3			
>18~20	>25~28	5.0×7.5×19	5.0		±0.015		5.5		2.3	0	0.16	0.25
>20~22	>28~32	5.0×9.0×22	5.0	−0.030		−0.042	7.0		2.3			
>22~25	>32~36	6.0×9.0×22	6.0				6.5		2.8			
>25~28	>36~40	6.0×10.0×25	6.0				7.5	+0.3	2.8			
>28~32	40	8.0×11.0×28	8.0	0	±0.018	−0.015	8.0		3.3	+0.2	0.25	0.40
>32~38	—	10.0×13.0×32	10.0	−0.036		−0.051	10.0	0	3.3	0		

注：$D-t$ 和 $D+t_1$ 两个组合尺寸的极限偏差按相应的 t 和 t_1 的极限偏差选取，但 $D-t$ 极限偏差值应取负号。

表 12-13　圆锥销（摘自 GB/T 117—2000）　　　　　　　　（单位：mm）

A 型（磨削）：锥面表面粗糙度值 $Ra = 0.8\mu m$

B 型（切削或冷镦）：锥面表面粗糙度值 $Ra = 3.2\mu m$

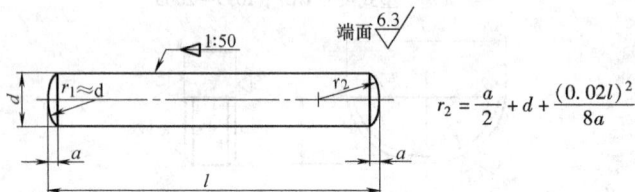

$$r_2 = \frac{a}{2} + d + \frac{(0.02l)^2}{8a}$$

标记示例：

公称直径 $d = 6mm$、公称长度 $l = 30mm$、材料为 35 钢、热处理硬度 28～38HRC、表面氧化处理 A 型圆锥销的标记：

　销　GB/T 117　6×30

d　h10	0.6	0.8	1	1.2	1.5	2	2.5	3	4	5	6	8	10	12	16	20	25	30	40	50
a	0.08	0.1	0.12	0.16	0.2	0.25	0.3	0.4	0.5	0.63	0.8	1	1.2	1.6	2	2.5	3	4	5	6.3
商品规格 l	4～8	5～12	6～16	6～20	8～24	10～35	10～35	12～45	14～55	18～60	22～90	22～120	26～160	32～180	40～200	45～200	50～200	55～200	60～200	65～200

l 系列	2,3,4,5,6,8,10,12,14,16,18,20,22,24,26,28,30,32,35,40,45,50,55,60,65,70,75,80,85,90,95,100,120,140,160,180,200

技术条件	材料	易切钢：Y12、Y15；碳素钢：35、45；合金钢：30CrMnSiA；不锈钢：1Cr13、2Cr13、Cr17Ni2、0Cr18Ni9Ti
	表面处理	①钢：不经处理；氧化；磷化；镀锌钝化。②不锈钢：简单处理。③其他表面镀层或表面处理，由供需双方协议。④所有公差仅适用于涂、镀前的公差

注：1. d 的其他公差，如 a11、c11、f8 由供需双方协议；

　　2. 公称长度大于 200mm，按 20mm 递增。

表 12-14　圆柱销（摘自 GB/T119.1—2000、GB/T119.2—2000）　　　（单位：mm）

圆柱销　不淬硬钢和奥氏体不锈钢
（GB/T119.1—2000）

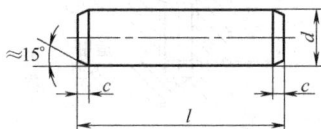

标记示例：

公称直径 $d=6$mm、其公差为 m6、公称长度 $l=30$mm、材料为钢、不经淬火、不经表面处理的圆柱销：

销　GB/T119.1　6m6×30

公称直径 $d=6$mm、其公差为 m6、公称长度 $l=30$mm、材料为 A1 组奥氏体不锈钢、表面简单处理的圆柱销：

销　GB/T119.1　6m6×30—A1

圆柱销　淬硬钢和马氏体不锈钢
（GB/T119.2—2000）

末端形状，由制造者确定
允许倒圆或凹穴

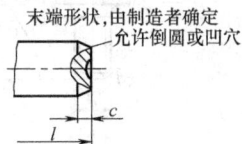

标记示例：

公称直径 $d=6$mm、其公差为 m6、公称长度 $l=30$mm、材料为钢、普通淬火（A 型）、表面氧化处理的圆柱销：

销　GB/T119.2　6×30

公称直径 $d=6$mm、其公差为 m6　公称长度 $l=30$mm、材料为 C1 组马氏体不锈钢、表面简单处理的圆柱销：

销　GB/T119.2　6×30—C1

d m6/h8	0.6	0.8	1	1.2	1.5	2	2.5	3	4	5	6	8	10	12	16	20	25	30	40	50
c	0.12	0.16	0.2	0.25	0.3	0.35	0.4	0.5	0.63	0.8	1.2	1.6	2	2.5	3	3.5	4	5	6.3	8
商品 规格 l	2~6	2~8	4~10	4~12	4~16	6~20	6~24	8~30	8~40	10~50	12~60	14~80	18~95	22~140	26~180	35~200	50~200	60~200	80~200	95~200
1m 长的 重量/kg	0.002	0.004	0.006	—	0.014	0.024	0.037	0.054	0.097	0.147	0.221	0.395	0.611	0.887	1.57	2.42	3.83	5.52	9.64	15.2

l 系列	2,3,4,5,6,8,10,12,14,16,18,20,22,24,26,28,30,32,35,40,45,50,55,60,65,70,75,80,85,90,95, 100,120,140,160,180,200

技术条件	材料	GB/T119.1　钢；奥氏体不锈钢 A1。GB/T119.2　钢：A 型，普通淬火；B 型，表面淬火；马氏体不锈钢 C1
	表面 粗糙度	GB/T119.1　公差　m6：$Ra\leqslant0.8\mu$m；h8：$Ra\leqslant1.6\mu$m。GB/T119.2　$Ra\leqslant0.8\mu$m
	表面 处理	①钢：不经处理；氧化；磷化；镀锌钝化。②不锈钢：简单处理。③其他表面镀层或表面处理，应由供需双方协议。④所有公差仅适用于涂、镀前的公差

注：1. d 的其他公差由供需双方协议；

　　2. GB/T119.2　d 的尺寸范围为 1~20mm；

　　3. 公称长度大于 200mm（GB/T119.1），大于 100mm（GB/T119.2），按 20mm 递增。

表 12-15 吊环螺钉(摘自 GB/T825—1988)

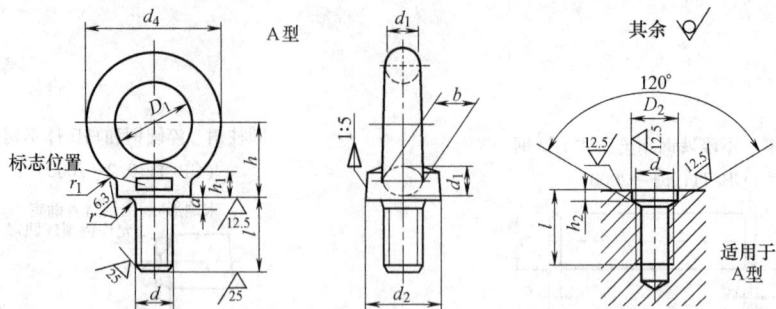

规格为 20mm、材料为 20 钢、经正火处理、不经表面处理的 A 型吊环螺钉的标记示例:

螺钉 GB/T825—1988 M20

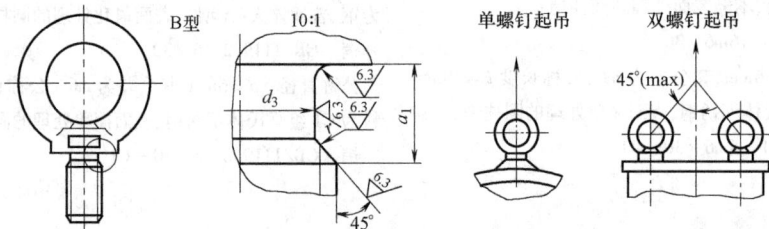

螺纹规格 d			M3	M10	M12	M16	M20	M24	M30	M36	M42	M48
d_1		max	9.1	11.1	13.1	15.2	17.4	21.4	25.7	30	34.4	40.7
		min	7.6	9.6	11.6	13.6	15.6	19.6	23.5	27.5	31.2	37.1
D_1		公称	20	24	28	34	40	48	56	67	80	95
d_2		max	21.1	25.1	29.1	35.2	41.4	49.4	57.7	69	82.4	97.7
		min	19.6	23.6	27.6	33.6	39.6	47.6	55.5	66.5	79.2	94.1
h_1		max	7	9	11	13	15.1	19.1	23.2	27.4	31.7	36.9
		min	5.6	7.6	9.6	11.6	13.5	17.5	21.4	25.4	29.2	34.1
l		公称	16	20	22	28	35	40	45	55	65	70
d_4		参考	36	44	52	62	72	88	104	123	144	171
h			18	22	26	31	36	44	53	63	74	87
r_2			4	4	6	6	8	12	15	18	20	22
r		min	1	1	1	1	1	2	2	3	3	3
a_1		max	3.75	4.5	5.25	5	7.5	9	10.5	12	13.5	15
d_3		公称(max)	6	7.7	9.4	13	16.4	19.6	25	30.8	35.6	41
a		max	2.5	3	3.5	4	5	6	7	8	9	10
b			10	12	14	16	19	24	28	32	38	46
D_2		公称(min)	13	15	17	22	28	32	38	45	52	60
h_2		公称(min)	2.5	3	3.5	4.5	5	7	8	9.5	10.5	11.5
最大起吊重量(t)	单螺钉起吊	(见右上图)	0.16	0.25	0.4	0.63	1	1.6	2.5	4	6.3	8
	双螺钉起吊		0.08	0.125	0.2	0.32	0.5	0.8	1.25	2	3.2	4

注:1. M8 ~ M36 为商品规格。

2. 最大起吊重量系指平稳起吊时的重量。

第 13 章 密 封 件

在机械设备中，为了阻止润滑剂泄漏及防止灰尘、水分进入润滑部位，必须采用相应的密封装置，以保证持续、清洁的润滑。常用的有毡圈油封（表 13-1）、O 形橡胶密封圈（表 13-2）、J 形无骨架橡胶油封（表 13-3）、旋转轴唇形密封（表 13-4）、油沟式密封槽（表 13-5）、迷宫式密封（表 13-6）、外六角螺塞、纸封油圈、皮封油圈（表 13-7）、挡油环、甩油环（表 13-8）。

表 13-1 毡圈油封（摘自 JB/ZQ4606—1986）   （单位：mm）

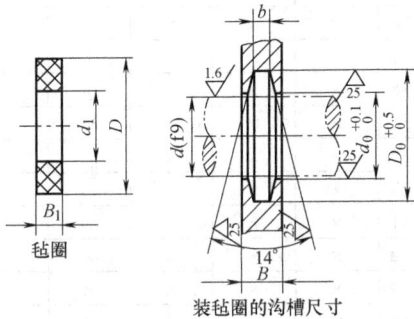

毡圈

装毡圈的沟槽尺寸

标记示例：

毡圈 40 JB/ZQ4606—1986
（$d = 40$ 的毡圈）
材料：半粗羊毛毡

轴径 d	毡 圈			槽			B_{min}	
	D	d_1	B_1	D_0	d_0	b	钢	铸铁
15	29	14	6	28	16	5	10	12
20	33	19		32	21			
25	39	24	7	38	26	6		
30	45	29		44	31			
35	49	34		48	36			
40	53	39		52	41			
45	61	44		60	46		12	15
50	69	49		68	51			
55	74	53		72	56			
60	80	58	8	78	61	7		
65	84	63		82	66			
70	90	68		88	71			
75	94	73		92	77			
80	102	78		100	82			
85	107	83	9	105	87			
90	112	88		110	92	8	15	18
95	117	93	10	115	97			
100	122	98		120	102			

注：本标准适用于线速度 $v < 5$m/s。

表 13-2 一般应用的 O 形圈内径、截面直径尺寸和公差（G 系列）

（摘自 GB/T 3452.1—2005） （单位：mm）

d_1 尺寸	公差 ±	d_2 1.8±0.08	2.65±0.09	3.55±0.10	5.3±0.13	7±0.15	d_1 尺寸	公差 ±	d_2 1.8±0.08	2.65±0.09	3.55±0.10	5.3±0.13	7±0.15
1.8	0.13	×					18	0.25	×	×	×		
2	0.13	×					19	0.25	×	×	×		
2.24	0.13	×					20	0.26	×	×	×		
2.5	0.13	×					20.6	0.26	×	×	×		
2.8	0.13	×					21.2	0.27	×	×	×		
3.15	0.14	×					22.4	0.28	×	×	×		
3.55	0.14	×					23	0.29	×	×	×		
3.75	0.14	×					23.6	0.29	×	×	×		
4	0.14	×					24.3	0.30	×	×	×		
4.5	0.15	×					25	0.30	×	×	×		
4.75	0.15	×					25.8	0.31	×	×	×		
4.87	0.15	×					26.5	0.31	×	×	×		
5	0.15	×					27.3	0.32	×	×	×		
5.15	0.15	×					28	0.32	×	×	×		
5.3	0.15	×					29	0.33	×	×	×		
5.6	0.16	×					30	0.34	×	×	×		
6	0.16	×					31.5	0.35	×	×	×		
6.3	0.16	×					32.5	0.36	×	×	×		
6.7	0.16	×					33.5	0.36	×	×	×		
6.9	0.16	×					34.5	0.37	×	×	×		
7.1	0.16	×					35.5	0.38	×	×	×		
7.5	0.17	×					36.5	0.38	×	×	×		
8	0.17	×					37.5	0.39	×	×	×		
8.5	0.17	×					38.7	0.40	×	×	×		
8.75	0.18	×					40	0.41	×	×	×		
9	0.18	×					41.2	0.42	×	×	×	×	
9.5	0.18	×					42.5	0.43	×	×	×	×	
9.75	0.18	×					43.7	0.44	×	×	×	×	
10	0.19	×					45	0.44	×	×	×	×	
10.6	0.19	×	×				46.2	0.45	×	×	×	×	
11.2	0.20	×	×				47.5	0.46	×	×	×	×	
11.6	0.20	×	×				48.7	0.47	×	×	×	×	
11.8	0.19	×	×				50	0.48	×	×	×	×	
12.1	0.21	×	×				51.5	0.49		×	×	×	
12.5	0.21	×	×				53	0.50		×	×	×	
12.8	0.21	×	×				54.5	0.51		×	×	×	
13.2	0.21	×	×				56	0.52		×	×	×	
14	0.22	×	×				58	0.54		×	×	×	
14.5	0.22	×	×				60	0.55		×	×	×	
15	0.22	×	×				61.5	0.56		×	×	×	
15.5	0.23	×	×				63	0.57		×	×	×	
16	0.23	×	×				65	0.58		×	×	×	
17	0.24	×	×				67	0.60		×	×	×	

表 13-3 J 形无骨架橡胶油封（摘自 HG/T 4-338—1966）（1988 确认继续执行）

（单位：mm）

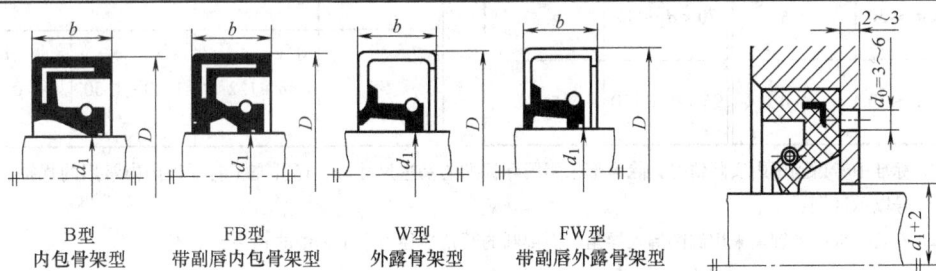

	轴径 d	30~95（按 5 进位）	100~170（按 10 进位）
油封尺寸	D	$d+25$	$d+30$
	D_1	$d+16$	$d+20$
	d_1	$d-1$	
	H	12	16
油封槽尺寸	S	6~8	8~10
	D_0	$D+15$	
	D_2	D_0+15	
	n	4	6
	H_1	$H-(1~2)$	

标 记 示 例：

J 形油封 50×75×12 橡胶Ⅰ-1HG 4-338—1966

（$d=50$、$D=75$、$H=12$、材料为耐油橡胶Ⅰ-1 的 J 形无骨架橡胶油封）

表 13-4 旋转轴唇形密封的型式、尺寸及安装要求（GB/T 13871.1—2007）

（单位：mm）

B 型 内包骨架型　FB 型 带副唇内包骨架型　W 型 外露骨架型　FW 型 带副唇外露骨架型

安装图

标 记 示 例：

（F）B 120 150 GB/T 13871.1—2007（带副唇的内包骨架型旋转轴唇形密封圈，$d_1=120$，$D=150$）

d_1	D	b	d_1	D	b	d_1	D	b
6	16,22		25	40,47,52		55	72,(75),80	
7	22		28	40,47,52	7	60	80,85	8
8	22,24		30	42,47,(50)		65	85,90	
9	22		30	52		70	90,95	
10	22,25		32	45,47,52		75	95,100	10
12	24,25,30	7	35	50,52,55		80	100,110	
15	26,30,35		38	52,58,62	8	85	110,120	
16	30,(35)		40	55,(60),62		90	(115),120	
18	30,35		42	55,62		95	120	12
20	35,40,(45)		45	62,65		100	125	
22	35,40,47		50	68,(70),72		105	(130)	

（续）

| 旋转轴唇形密封圈的安装要求 |

轴导入倒角	d_1	$d_1 - d_2$	d_1	$d_1 - d_2$	腔体内孔尺寸	基本宽度 b	最小内孔深 h	倒角长度 C	r_{max}
	$d_1 \leqslant 10$	1.5	$40 < d_1 \leqslant 50$	3.5		$\leqslant 10$	$b + 0.9$	$0.70 \sim 1.00$	0.50
	$10 < d_1 \leqslant 20$	2.0	$50 < d_1 \leqslant 70$	4.0					
	$20 < d_1 \leqslant 30$	2.5	$70 < d_1 \leqslant 95$	4.5		$> b$	$b + 1.2$	$1.20 \sim 1.50$	0.75
	$30 < d_1 \leqslant 40$	3.0	$95 < d_1 \leqslant 130$	5.5					

注：1. 标准中考虑到国内实际情况，除全部采用国际标准的基本尺寸外，还补充了若干种国内常用的规格，并加括号以示区别；

2. 安装要求中若轴端采用倒圆倒入导角，则倒圆的圆角半径不小于表中的 $d_1 - d_2$ 之值。

表 13-5 油沟式密封槽（摘自 JB/ZQ 4245—1986）

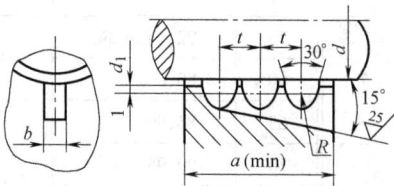

（单位：mm）

轴径 d	$25 \sim 80$	$> 80 \sim 120$	$> 120 \sim 180$	油沟数 n
R	1.5	2	2.5	$2 \sim 3$（使用 3 个的情况较多）
t	4.5	6	7.5	
b	4	5	6	
d_1		$d + 1$		
a_{min}		$nt + R$		

表 13-6 迷宫式密封

（单位：mm）

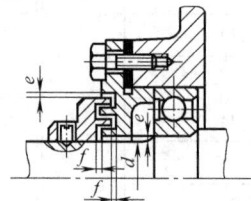

轴径 d	$10 \sim 50$	$50 \sim 80$	$80 \sim 110$	$110 \sim 180$
e	0.2	0.3	0.4	0.5
f	1	1.5	2	2.5

表 13-7　外六角螺塞（JB/ZQ 4450—1997）　　　　　　　（单位：mm）

d	d_1	D	e	S	L	h	b	b_1	R	C	D_0	H 纸圈	H 皮圈
M10×1	8.5	18	12.7	11	20	10	3	2	0.5	0.7	18	2	2
M12×1.25	10.2	22	15	13	24	12	3	2	0.5	1.0	22	2	2
M14×1.5	11.8	23	20.8	18	25	12	3	2	0.5	1.0	22	2	2
M18×1.5	15.8	28	24.2	21	27	12	3	3	0.5	1.0	25	2	2
M20×1.5	17.8	30	24.2	21	30	15	3	3	0.5	1.0	30	2	2
M22×1.5	19.8	32	27.7	24	30	15	4	3	1	1.0	32	2	2
M24×2	21	34	31.2	27	32	16	4	4	1	1.5	35	3	2.5
M27×2	24	38	34.6	30	35	17	4	4	1	1.5	40	3	2.5
M30×2	27	42	39.3	34	38	18	4	4	1	1.5	45	3	2.5

标记示例：螺塞　M20×1.5　JB/ZQ 4450—1997

　　　　　　油圈　30×20　ZB70—62（$D_0=30$，$d_0=20$ 的皮封油圈）

　　　　　　油圈　30×20　ZB71—62（$D_0=30$，$d_0=20$ 的纸封油圈）

材料：螺塞—Q235，纸封油圈—石棉橡胶纸，皮封油圈—工业用革。

表 13-8　挡油环、甩油环　　　　　　　　　　　　（单位：mm）

挡油环	甩油环

挡油环

a）　　　　b）

$a=6\sim9$mm
$b=2\sim3$mm

（a）用于油润滑和脂润滑

（b）用于脂润滑，密封效果较好

甩油环

d	d_1	d_2	b（参考）	b_1	C
30	48	36		4	0.5
35	65	42		4	0.5
40	75	50	12	5	0.5
50	90	60	12	5	0.5
55	100	65	12	5	0.5
65	115	80	15	5	1
80	140	95	30	7	1

第14章 润 滑 剂

在摩擦副间加入润滑剂，以降低摩擦、减轻磨损。常用的润滑剂有润滑油（表 14-1）、润滑脂（表 14-2）。

表 14-1 常用润滑油的主要性质和用途

名　称	代　号	运动黏度/（mm²/s）		倾点 ≤℃	闪点（开口）≥℃	主要用途
		40/℃	100/℃			
全损耗系统用油 （GB 443—1989）	L-AN5	4.14～5.06	—	−5	80	用于各种高速轻载机械轴承的润滑和冷却（循环式或油箱式），如转速在 10 000r/min 以上的精密机械、机床及纺纱纱锭的润滑和冷却
	L-AN7	6.12～7.48			110	
	L-AN10	9.00～11.0			130	
	L-AN15	13.5～16.5			150	用于小型机床齿轮箱、传动装置轴承、中小型电机、风动工具等
	L-AN22	19.8～24.2				
	L-AN32	28.8～35.2				用于一般机床齿轮变速箱、中小型机床导轨及 100kW 以上电机轴承
	L-AN46	41.4～50.6			160	主要用在大型机床、大型刨床上
	L-AN68	61.2～74.8				主要用在低速重载的纺织机械及重型机床、锻压、铸工设备上
	L-AN100	90.0～110			180	
	L-AN150	135～165				
工业闭式齿轮油 （GB 5903—1995）	L-CKC68	61.2～74.8	—	−8	180	适用于煤炭、水泥、冶金工业部门大型封闭式齿轮传动装置的润滑
	L-CKC100	90.0～110				
	L-CKC150	135～165			200	
	L-CKC220	198～242				
	L-CKC320	288～352				
	L-CKC460	414～506				
	L-CKC680	612～748		−5	220	
液压油 （GB 11118.1 —1994）	L-HL15	13.5～16.5	—	−12	140	适用于机床和其他设备的低压齿轮泵，也可以用于使用其他抗氧防锈型润滑油的机械设备（如轴承和齿轮等）
	L-HL22	19.8～24.2		−9		
	L-HL32	28.8～35.2			160	
	L-HL46	41.4～50.6		−6		
	L-HL68	61.2～74.8			180	
	L-HL100	90.0～110				
汽轮机油 （GB 11120—1989）	L-TSA32	28.8～35.2	—	−7	180	适用于电力、工业、船舶及其他工业汽轮机组、水轮机组的润滑和密封
	L-TSA46	41.4～50.6				
	L-TSA68	61.2～74.8			195	
	L-TSA100	90.0～110				

（续）

名　称	代　号	运动黏度/（mm²/s）		倾点 ≤℃	闪点（开口）≥℃	主要用途
		40/℃	100/℃			
QB 汽油机润滑油（GB 485—1984）（1988 年确认）	20 号		6 ~ 9.3	-20	185	用于汽车、拖拉机汽化器、发动机汽缸活塞的润滑，以及各种中、小型柴油机等动力设备的润滑
	30 号		10 ~ <12.5	-15	200	
	40 号		12.6 ~ <16.3	-5	210	
L-CPE/P 蜗轮蜗杆油（SH/T 0094—1991）	220	198 ~ 242				用于铜-钢配对的圆柱形、承受重负荷、传动中有振动和冲击的蜗轮蜗杆副
	320	288 ~ 352				
	460	414 ~ 506		-12		
	680	612 ~ 748				
	1000	900 ~ 1100				
仪表油（GB 487—1984）		12 ~ 14		-60（凝点）	125	适用于各种仪表（包括低温下操作）的润滑

表 14-2　常用润滑脂的主要性质和用途

名　称	牌号	针入度/℃（25℃，150g）/×0.1mm	滴点/℃ 不低于	使用温度/℃	主要用途
钙基润滑脂（GB/T 491—2008）	1 号	310 ~ 340	80	<55	用于轻负荷、有自动给脂的轴承、汽车底盘和气温较低地区的小型机械润滑
	2 号	265 ~ 295	85	<55	用于轻载荷、中小型滚动轴承及轻载和、高速机械的摩擦面润滑
	3 号	200 ~ 250	90	<60	用于中型的滚动轴承、发电机及其他中等载荷、中转速摩擦部位的润滑
	4 号	175 ~ 205	95	<60	用于重载荷、低速的机械和轴承润滑
钠基润滑脂（GB/T 492—1989）	2 号	265 ~ 295	160	<110	耐高温，但不抗水，适用于各种类型的电动机、发电机、汽车、拖拉机和其他机械设备的高温轴承润滑
	3 号	220 ~ 250	160	<110	
锂基润滑脂（GB/T 7324—1994）	1 号	310 ~ 340	170		是一种多用途的润滑脂，适用于 -20 ~ 145℃范围的各种机械设备的滚动轴承和滑动摩擦部位的润滑
	2 号	265 ~ 295	175	<145	
	3 号	220 ~ 250	180		

第15章 公差与配合及表面粗糙度

机械零件几何精度包括尺寸精度、形状和位置精度以及表面粗糙度等，它们是根据机器中的使用要求确定的。为了满足使用要求，保证互换性，与孔、轴尺寸精度有机联系的公差与配合应标准化，制订了《极限与配合》国家标准。国家标准是一项用于尺寸精度设计的基础标准。

15.1 极限与配合

极限与配合国家标准主要包括标准公差值（表 15-1）、轴的各种基本偏差的应用（表 15-2）、公差等级与加工方法的关系（表 15-3）、优先配合特性及应用举例（表 15-4），优先配合中轴的极限偏差（表 15-5）、优先配合中孔的极限偏差（表 15-6）、线性尺寸的未注公差（表 15-7）。《公差与配合》在机械产品中，常用尺寸小于或等于 500mm 的尺寸，该尺寸段在生产实践中应用最广。

表 15-1　基本尺寸至 3 150mm 的标准公差数值（摘自 GB/T 1800.3—2009）

（单位：μm）

基本尺寸 /mm	标准公差等级																	
	IT1	IT2	IT3	IT4	IT5	IT6	IT7	IT8	IT9	IT10	IT11	IT12	IT13	IT14	IT15	IT16	IT17	IT18
≤3	0.8	1.2	2	3	4	6	10	14	25	40	60	100	140	250	400	600	1 000	1 400
>3~6	1	1.5	2.5	4	5	8	12	18	30	48	75	120	180	300	480	750	1 200	1 800
>6~10	1	1.5	2.5	4	6	9	15	22	36	58	90	150	220	360	580	900	1 500	2 200
>10~18	1.2	2	3	5	8	11	18	27	43	70	110	180	270	430	700	1 100	1 800	2 700
>18~30	1.5	2.5	4	6	9	13	21	33	52	84	130	210	330	520	840	1 300	2 100	3 300
>30~50	1.5	2.5	4	7	11	16	25	39	62	100	160	250	390	620	1 000	1 600	2 500	3 900
>50~80	2	3	5	8	13	19	30	46	74	120	190	300	460	740	1 200	1 900	3 000	4 600
>80~120	2.5	4	6	10	15	22	35	54	87	140	220	350	540	870	1 400	2 200	3 500	5 400
>120~180	3.5	5	8	12	18	25	40	63	100	160	250	400	630	1 000	1 600	2 500	4 000	6 300
>180~250	4.5	7	10	14	20	29	46	72	115	185	290	460	720	1 150	1 850	2 900	4 600	7 200
>250~315	6	8	12	16	23	32	52	81	130	210	320	520	810	1 300	2 100	3 200	5 200	8 100
>315~400	7	9	13	18	25	36	57	89	140	230	360	570	890	1 400	2 300	3 600	5 700	8 900
>400~500	8	10	15	20	27	40	63	97	155	250	400	630	970	1 550	2 500	4 000	6 300	9 700
>500~630	9	11	16	22	30	44	70	110	175	280	440	700	1 100	1 750	2 800	4 400	7 000	11 000
>630~800	10	13	18	25	35	50	80	125	200	320	500	800	1 250	2 000	3 200	5 000	8 000	12 500

注：1. 基本尺寸大于 500mm 的 IT1 至 IT5 的数值为试行的；

　　2. 基本尺寸小于或等于 1mm 时，无 IT14 至 IT18。

表 15-2　轴的各种基本偏差的应用

配合种类	基本偏差	配合特性及应用
间隙配合	a、b	可得到特别大的间隙，很少应用
	c	可得到很大的间隙，一般适用于缓慢、松弛的动配合。用于工作条件较差（如农业机械）、受力变形，或为了便于装配，而必须保证有较大的间隙时。推荐配为 H11/c11，其较高级的配合，如 H8/c7 适用于轴在高温工作的紧密间隙配合，例如内燃机排气阀和导管
	d	一般用于 IT7～IT11 级，适用于松的转动配合，如密封盖、滑轮、空转带轮等与轴的配合，也适用于大直径滑动轴承配合，如透平机、球磨机、轧辊成型和重型弯曲机及其他重型机械中的一些滑动支承
	e	多用于 IT7～IT9 级，通常适用于要求有明显间隙，易于转动的支承配合，如大跨距、多支点支承等。高等级的 e 轴适用于大型、高速、重载支承配合，如涡轮发电机、大型电动机、内燃机、凸轮轴及摇臂支承等
	f	多用于 IT6～IT8 级的一般转动配合。当温度影响不大时，被广泛用于普通润滑油（或润滑脂）润滑的支承，如齿轮箱、小电动机、泵等的转轴与滑动支承的配合
	g	配合间隙很小，制造成本高，除很轻负荷的精密装置外，不推荐用于转动配合。多用于 IT5～IT7 级，最适合不回转的精密滑动配合，也用于插销等定位配合，如精密连杆轴承、活塞、滑阀及连杆销等
	h	多用于 IT4～IT11 级。广泛用于无相对转动的零件，作为一般的定位配合。若没有温度、变形影响，也用于精密滑动配合
过渡配合	js	为完全对称偏差（±IT/2），平均为稍有间隙的配合，多用于 IT4～IT7 级，要求间隙比 h 轴小，并允许略有过盈的定位配合，如联轴器，可用手或木锤装配
	k	平均为没有间隙的配合，适用于 IT4～IT7 级。推荐用于稍有过盈的定位配合，例如为了消除振动用的定位配合，一般用木锤装配
	m	平均为具有小过盈的过渡配合，适用 IT4～IT7 级，一般用木锤装配，但在最大过盈时，要求相当的压入力
	n	平均过盈比 m 轴稍大，很少得到间隙，适用 IT4～IT7 级，用锤或压力机装配，通常推荐用于紧密的组件配合。H6/n5 配合为过盈配合
过盈配合	p	与 H6 孔或 H7 孔配合时是过盈配合，与 H8 孔配合时则为过渡配合。对非铁类零件，为较轻的压入配合，易于拆卸。对钢、铸铁或铜、钢组件装配是标准压入配合
	r	对铁类零件为中等打入配合；对非铁类零件，对轻打入的配合，可拆卸。与 H8 孔配合，直径在 100mm 以上时为过盈配合，直径小时为过渡配合
	s	用于钢和铁制零件的永久性和半永久性装配，可产生相当大的结合力。当用弹性材料，如轻合金时，配合性质与铁类零件的 p 轴相当，例如用于套环压装在轴上、阀座与机体等配合。尺寸较大时，为了避免损伤配合表面，需用热胀或冷缩法装配
	t、u、v、x、y、z	过盈量依次增大，一般不推荐采用

表 15-3　公差等级与加工方法的关系

加工方法	公差等级 (IT)																	
	01	0	1	2	3	4	5	6	7	8	9	10	11	12	13	14	15	16
研　磨	─	─	─	─	─	─	─											
珩						─	─	─	─	─								
圆磨、平磨							─	─	─	─								
金刚石车、金刚石镗							─	─	─	─								
拉　削							─	─	─	─	─							
铰　孔								─	─	─	─	─	─					
车、镗									─	─	─	─	─	─	─			
铣										─	─	─	─	─	─			
刨、插												─	─	─	─			
钻　孔												─	─	─	─			
滚压、挤压												─	─					
冲　压												─	─	─	─	─		
压　铸													─	─	─	─		
粉末冶金成型								─	─	─								
粉末冶金烧结									─	─	─							
砂型铸造、气割																	─	─
锻　造																─	─	─

表 15-4　优先配合特性及应用举例

基孔制	基轴制	优先配合特性及应用举例
$\dfrac{H11}{c11}$	$\dfrac{C11}{h11}$	间隙非常大，用于很松的、转动很慢的间隙配合，或要求大公差与大间隙的外露组件，或要求装配方便的很松的配合
$\dfrac{H9}{d9}$	$\dfrac{D9}{h9}$	间隙很大的自由转动配合，用于精度非主要要求时，或有大的温度变动、高转速或大的轴颈压力时
$\dfrac{H8}{f7}$	$\dfrac{F8}{h7}$	间隙不大的转动配合，用于中等转速与中等轴颈压力的精确转动，也用于装配较易的中等定位配合
$\dfrac{H7}{g6}$	$\dfrac{G7}{h6}$	间隙很小的滑动配合，用于不希望自由转动，但可自由移动和滑动并精密定位时，也可用于要求明确的定位配合
$\dfrac{H7}{h6}$　$\dfrac{H8}{h7}$　$\dfrac{H9}{h9}$　$\dfrac{H11}{h11}$	$\dfrac{H7}{h6}$　$\dfrac{H8}{h7}$　$\dfrac{H9}{h9}$　$\dfrac{H11}{h11}$	均为间隙定位配合，零件可自由装拆，而工作时一般相对静止不动。在最大实体条件下的间隙为零，在最小实体条件下的间隙由公差等级决定
$\dfrac{H7}{k6}$	$\dfrac{K7}{h6}$	过渡配合，用于精密定位
$\dfrac{H7}{n6}$	$\dfrac{N7}{h6}$	过渡配合，允许有较大过盈的更精密定位
$\dfrac{H7}{p6}$ *	$\dfrac{P7}{h6}$	过盈定位配合，即小过盈配合，用于定位精度特别重要时，能以最好的定位精度达到部件的刚性及对中性要求，而对内孔承受压力无特殊要求，不依靠配合的紧固性传递摩擦负荷

（续）

基孔制	基轴制	优先配合特性及应用举例
$\dfrac{H7}{s6}$	$\dfrac{S7}{h6}$	中等压入配合，适用于一般钢件，或用于薄壁件的冷缩配合，用于铸铁件可得到最紧的配合
$\dfrac{H7}{u6}$	$\dfrac{U7}{h6}$	压入配合，适用于可以承受大压入力的零件或不宜承受大压入力的冷缩配合

* 基本尺寸小于或等于3mm为过渡配合。

表 15-5　优先配合中轴的极限偏差　（单位：μm）

基本尺寸/mm 大于	至	c 11	d 9	f 7	g 6	h 6	h 7	h 9	h 11	k 6	n 6	p 6	s 6	u 6
—	3	-60 / -120	-20 / -45	-6 / -16	-2 / -8	0 / -6	0 / -10	0 / -25	0 / -60	+6 / 0	+10 / +4	+12 / +6	+20 / +14	+24 / +18
3	6	-70 / -145	-30 / -60	-10 / -22	-4 / -12	0 / -8	0 / -12	0 / -30	0 / -75	+9 / +1	+16 / +8	+20 / +12	+27 / +19	+31 / +23
6	10	-80 / -170	-40 / -76	-13 / -28	-5 / -14	0 / -9	0 / -15	0 / -36	0 / -90	+10 / +1	+19 / +10	+24 / +15	+32 / +23	+37 / +28
10	14	-95 / -205	-50 / -93	-16 / -34	-6 / -17	0 / -11	0 / -18	0 / -43	0 / -110	+12 / +1	+23 / +12	+29 / +18	+39 / +28	+44 / +33
14	18	-95 / -205	-50 / -93	-16 / -34	-6 / -17	0 / -11	0 / -18	0 / -43	0 / -110	+12 / +1	+23 / +12	+29 / +18	+39 / +28	+44 / +33
18	24	-110 / -240	-65 / -117	-20 / -41	-7 / -20	0 / -13	0 / -21	0 / -52	0 / -130	+15 / +2	+28 / +15	+35 / +22	+48 / +35	+54 / +41
24	30	-110 / -240	-65 / -117	-20 / -41	-7 / -20	0 / -13	0 / -21	0 / -52	0 / -130	+15 / +2	+28 / +15	+35 / +22	+48 / +35	+61 / +48
30	40	-120 / -280	-80 / -142	-25 / -50	-9 / -25	0 / -16	0 / -25	0 / -62	0 / -160	+18 / +2	+33 / +17	+42 / +26	+59 / +43	+76 / +60
40	50	-130 / -290	-80 / -142	-25 / -50	-9 / -25	0 / -16	0 / -25	0 / -62	0 / -160	+18 / +2	+33 / +17	+42 / +26	+59 / +43	+86 / +70
50	65	-140 / -330	-100 / -174	-30 / -60	-10 / -29	0 / -19	0 / -30	0 / -74	0 / -190	+21 / +2	+39 / +20	+51 / +32	+72 / +53	+106 / +87
65	80	-150 / -340	-100 / -174	-30 / -60	-10 / -29	0 / -19	0 / -30	0 / -74	0 / -190	+21 / +2	+39 / +20	+51 / +32	+78 / +59	+121 / +102
80	100	-170 / -390	-120 / -207	-36 / -71	-12 / -34	0 / -22	0 / -35	0 / -87	0 / -220	+25 / +3	+45 / +23	+59 / +37	+93 / +71	+146 / +124
100	120	-180 / -400	-120 / -207	-36 / -71	-12 / -34	0 / -22	0 / -35	0 / -87	0 / -220	+25 / +3	+45 / +23	+59 / +37	+101 / +79	+166 / +144
120	140	-200 / -450	-145 / -245	-43 / -83	-14 / -39	0 / -25	0 / -40	0 / -100	0 / -250	+28 / +3	+52 / +27	+68 / +43	+117 / +92	+195 / +170
140	160	-210 / -460	-145 / -245	-43 / -83	-14 / -39	0 / -25	0 / -40	0 / -100	0 / -250	+28 / +3	+52 / +27	+68 / +43	+125 / +100	+215 / +190
160	180	-230 / -480	-145 / -245	-43 / -83	-14 / -39	0 / -25	0 / -40	0 / -100	0 / -250	+28 / +3	+52 / +27	+68 / +43	+133 / +108	+235 / +210

（续）

基本尺寸/mm 大于	至	公差带 c 11	d 9	f 7	g 6	h 6	h 7	h 9	h 11	k 6	n 6	p 6	s 6	u 6
180	200	−240 −530											+151 +122	+265 +236
200	225	−260 −550	−170 −285	−50 −96	−15 −44	0 −29	0 −46	0 −115	0 −290	+33 +4	+60 +31	+79 +50	+159 +130	+287 +258
225	250	−280 −570											+169 +140	+313 +284
250	280	−300 −620	−190 −320	−56 −108	−17 −49	0 −32	0 −52	0 −130	0 −320	+36 +4	+66 +34	+88 +56	+190 +158	+347 +315
280	315	−330 −650											+202 +170	+382 +350
315	355	−360 −720	−210 −350	−62 −119	−18 −54	0 −36	0 −57	0 −140	0 −360	+40 +4	+73 +37	+98 +62	+226 +190	+426 +390
355	400	−400 −760											+244 +208	+471 +435
400	450	−440 −840	−230 −385	−68 −131	−20 −60	0 −40	0 −63	0 −155	0 −400	+45 +5	+80 +40	+108 +68	+272 +232	+530 +490
450	500	−480 −980											+292 +252	+580 +540

表 15-6　优先配合中孔的极限偏差　　　（单位：μm）

基本尺寸/mm 大于	至	公差带 C 11	D 9	F 8	G 7	H 7	H 8	H 9	H 11	K 7	N 7	P 7	S 7	U 7
—	3	+120 +60	+45 +20	+20 +6	+12 +2	+10 0	+14 0	+25 0	+60 0	0 −10	−4 −14	−6 −16	−14 −24	−18 −28
3	6	+145 +70	+60 +30	+28 +10	+16 +4	+12 0	+18 0	+30 0	+75 0	+3 −9	−4 −16	−8 −20	−15 −27	−19 −31
6	10	+170 +80	+76 +40	+35 +13	+20 +5	+15 0	+22 0	+36 0	+90 0	+5 −10	−4 −19	−9 −24	−17 −32	−22 −37
10	14	+205 +95	+93 +50	+43 +16	+24 +6	+18 0	+27 0	+43 0	+110 0	+6 −12	−5 −23	−11 −29	−21 −39	−26 −44
14	18													

（续）

基本尺寸/mm		公差带												
		C	D	F	G	H				K	N	P	S	U
18	24	+240 +110	+117 +65	+53 +20	+28 +7	+21 0	+33 0	+52 0	+130 0	+6 -15	-7 -28	-14 -35	-27 -48	-33 -54
24	30													-40 -61
30	40	+280 +120	+142 +80	+64 +25	+34 +9	+25 0	+39 0	+62 0	+160 0	+7 -18	-8 -23	-17 -42	-34 -59	-51 -76
40	50	+290 +130												-61 -86
50	65	+330 +140	+174 +100	+76 +30	+40 +10	+30 0	+46 0	+74 0	+190 0	+9 -21	-9 -39	-21 -51	-42 -72	-76 -106
65	80	+340 +150											-48 -78	-91 -121
80	100	+390 +170	+207 +120	+90 +36	+47 +12	+35 0	+54 0	+87 0	+220 0	+10 -25	-10 -45	-24 -59	-58 -93	-111 -146
100	120	+400 +180											-66 -101	-131 -166
120	140	+450 +200	+245 +145	+106 +43	+54 +14	+40 0	+63 0	+100 0	+250 0	+12 -28	-12 -52	-28 -68	-77 -117	-155 -195
140	160	+460 +210											-85 -125	-175 -215
160	180	+480 +230											-93 -133	-195 -235
180	200	+530 +240	+285 +170	+122 +50	+61 +15	+46 0	+72 0	+115 0	+290 0	+13 -33	-14 -60	-33 -79	-105 -151	-219 -265
200	225	+550 +260											-113 -159	-241 -287
225	250	+570 +280											-123 -169	-267 -313
250	280	+620 +300	+320 +190	+137 +56	+69 +17	+52 0	+81 0	+130 0	+320 0	+16 -36	-14 -66	-36 -88	-138 -190	-295 -347
280	315	+650 +330											-150 -202	-330 -382
315	355	+720 +360	+350 +210	+151 +62	+75 +18	+57 0	+89 0	+140 0	+360 0	+17 -40	-16 -73	-41 -98	-169 -226	-369 -426
355	400	+760 +400											-187 -244	-414 -471
400	450	+840 +440	+385 +230	+165 +68	+83 +20	+63 0	+97 0	+155 0	+400 0	+18 -45	-17 -80	-45 -108	-209 -272	-467 -530
450	500	+880 +480											-229 -292	-517 -580

表 15-7　线性尺寸的未注公差（摘自 GB/T1804—1992）　　　　　（单位：mm）

公差等级	线性尺寸的极限偏差数值							倒圆半径与倒角高度尺寸的极限偏差数值			
	尺寸分段							尺寸分段			
	0.5~3	>3~6	>6~30	>30~120	>120~400	>400~1000	>1000~2000	>2000~4000	0.5~3	>3~6	>6~30	>30
f(精密级)	±0.05	±0.05	±0.1	±0.15	±0.2	±0.3	±0.5	—	±0.2	±0.5	±1	±2
m(中等级)	±0.1	±0.1	±0.2	±0.3	±0.5	±0.8	±1.2	±2	±0.2	±0.5	±1	±2
c(粗糙级)	±0.2	±0.3	±0.5	±0.8	±1.2	±2	±3	±4	±0.4	±1	±2	±4
v(最粗级)	—	±0.5	±1	±1.5	±2.5	±4	±6	±8	±0.4	±1	±2	±4

在图样上,技术文件或标准中的表示方法示例:GB/T 1804-m(表示选用中等级)

15.2　形状与位置公差

零件在加工过程中会产生或大或小的形状和位置误差（简称形位误差），影响机器、仪表、刀具等各种机械产品的工作精度、联接强度、运动平稳性、密封性、耐磨性和使用寿命。因此，为了保证机械产品质量，保证零部件的互换性，应给定形状公差和位置公差，以限制形位误差。表 15-8 为形状和位置公差特征项目的符号及其标法，表 15-9 为形状和位置公差的数值直线度、平面度公差，表 15-10 为圆度、圆柱度公差；表 15-11 为平行度、垂直度、倾斜度公差。

表 15-8　形状和位置公差特征项目的符号及其标法（摘自 GB/T 1182—1996）

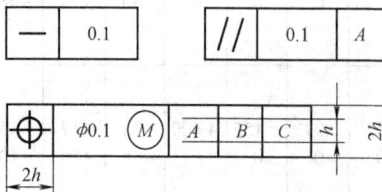

公差特征项目的符号						被测要素、基准要素的标注要求及其他附加符号			
公差	特征项目	符号	公差	特征项目	符号	说明	符号	说明	符号
形状	形状 直线度	—	位置	定向 平行度	//	被测要素的标注	直接 / 用字母	最大实体要求	Ⓜ
	平面度	▱		垂直度	⊥			最小实体要求	Ⓛ
	圆度	○		倾斜度	∠	基准要素的标注	Ⓐ	可逆要求	Ⓡ
	圆柱度	⌭		定位 同轴(同心)度	◎	基准目标的标注	φ2/A1	延伸公差带	Ⓟ
形状或位置	轮廓 线轮廓度	⌒		对称度	═	理论正确尺寸	50	自由状态(非刚性零件)条件	Ⓕ
	面轮廓度	⌓		位置度	⊕	包容要求	Ⓔ	全周(轮廓)	⌀
				跳动 圆跳动	↗				
				全跳动	⌰				
公差框格	— 0.1			// 0.1 A		公差要求在矩形方框中给出,该方框由2格或多格组成。框格中的内容从左到右按以下次序填写: ——公差特征的符号; ——公差值; ——如需要,用一个或多个字母表示基准要素或基准体系。 (h 为图样中采用字体的高度)			
	⊕ φ0.1 Ⓜ A B C h 2h 2h								

表 15-9 形状和位置公差的数值直线度、平面度公差（摘自 GB/T 1184—1996）

主参数 L 图例

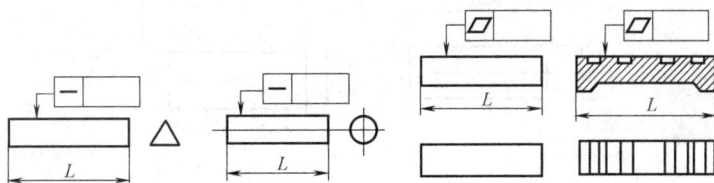

（单位：μm）

精度等级	主参数 L/mm													应用举例
	≤10	>10 ~16	>16 ~25	>25 ~40	>40 ~63	>63 ~100	>100 ~160	>160 ~250	>250 ~400	>400 ~630	>630 ~1000	>1000 ~1600	>1600 ~2500	
5	2	2.5	3	4	5	6	8	10	12	15	20	25	30	普通精度机床导轨,柴油机进、排气门导杆
6	3	4	5	6	8	10	12	15	20	25	30	40	50	
7	5	6	8	10	12	15	20	25	30	40	50	60	80	轴承体的支承面,压力机导轨及滑块,减速器箱体、油泵、轴系支承轴承的接合面
8	8	10	12	15	20	25	30	40	50	60	80	100	120	
9	12	15	20	25	30	40	50	60	80	100	120	150	200	辅助机构及手动机械的支承面,液压管件和法兰的连接面
10	20	25	30	40	50	60	80	100	120	150	200	250	300	
11	30	40	50	60	80	100	120	150	200	250	300	400	500	离合器的摩擦片,汽车发动机缸盖接合面
12	60	80	100	120	150	200	250	300	400	500	600	800	1000	

标注示例	说 明	标注示例	说 明
— 0.02	圆柱表面上任一素线必须位于轴向平面内,距离为公差值 0.02mm 的两平行平面之间	— φ0.04	φd 圆柱体的轴线必须位于直径为公差值 0.04mm 的圆柱面内
— 0.02	棱线必须位于箭头所示方向,距离为公差值 0.02mm 的两平行平面内	— 0.02	上表面必须位于距离为公差值 0.1mm 的两平行平面内

注：表中"应用举例"非 GB/T 1184—1996 内容，仅供参考。

表 15-10 圆度、圆柱度公差（摘自 GB/T 1184—1996）

主参数 $d(D)$ 图例

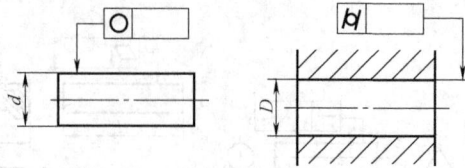

（单位：μm）

精度等级	主参数 $d(D)$/mm										应用举例
	>10 ~18	>18 ~30	>30 ~50	>50 ~80	>80 ~120	>120 ~180	>180 ~250	>250 ~315	>315 ~400	>400 ~500	
7	5	6	7	8	10	12	14	16	18	20	发动机的胀圈、活塞销及连杆中装衬套的孔等,千斤顶或压力油缸活塞,水泵及减速器轴颈,液压传动系统的分配机构,拖拉机气缸体与气缸套配合面,炼胶机冷铸轧辊
8	8	9	11	13	15	18	20	23	25	27	
9	11	13	16	19	22	25	29	32	36	40	起重机、卷扬机用的滑动轴承,带软密封的低压泵的活塞和气缸 通用机械杠杆与拉杆、拖拉机的活塞环与套筒孔
10	18	21	25	30	35	40	46	52	57	63	

标 注 示 例	说 明
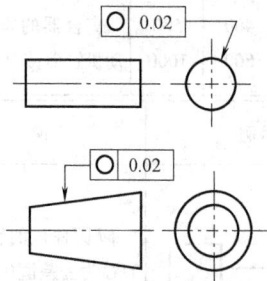	被测圆柱(或圆锥)面任一正截面的圆周必须位于半径差为公差值 0.02mm 的两同心圆之间
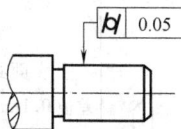	被测圆柱面必须位于半径差为公差值 0.05mm 的两同轴圆柱面之间

注：表中"应用举例"非 GB/T 1184—1996 内容,仅供参考。

表 15-11　平行度、垂直度、倾斜度公差（摘自 GB/T 1184—1996）

主参数 $L,d(D)$ 图例

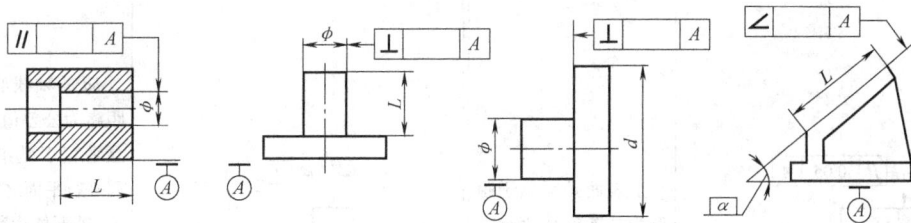

（单位：μm）

精度等级	主参数 $L,d(D)$/mm													应用举例	
	≤10	>10~16	>16~25	>25~40	>40~63	>63~100	>100~160	>160~250	>250~400	>400~630	>630~1000	>1000~1600	>1600~2500	平行度	垂直度
7	12	15	20	25	30	40	50	60	80	100	120	150	200	一般机床零件的工作面或基准面，压力机和锻锤的工作面，中等精度钻模的工作面，一般刀量、模具 机床一般轴承孔对基准面的要求，床头箱一般孔间要求，气缸轴线，变速器箱孔，主轴花键对定心直径，重型机械轴承盖的端面，卷扬机、手动传动装置中的传动轴	低精度机床主要基准面和工作面、回转工作台端面跳动，一般导轨，主轴箱体孔，刀架、砂轮架及工作台回转中心，机床轴肩，气缸配合面对其轴线，活塞销孔对活塞中心线以及装 P6、P0 级轴承壳体孔的轴线等
8	20	25	30	40	50	60	80	100	120	150	200	250	300		
9	30	40	50	60	80	100	120	150	200	250	300	400	500	低精度零件，重型机械滚动轴承端盖 柴油机和煤气发动机的曲轴孔、轴颈等	花键轴轴肩端面、带式输送机法兰盘等端面对轴心线，手动卷扬机及传动装置中轴承端面、减速器壳体平面等
10	50	60	80	100	120	150	200	250	300	400	500	600	800		

（续）

标注示例	说 明	标注示例	说 明
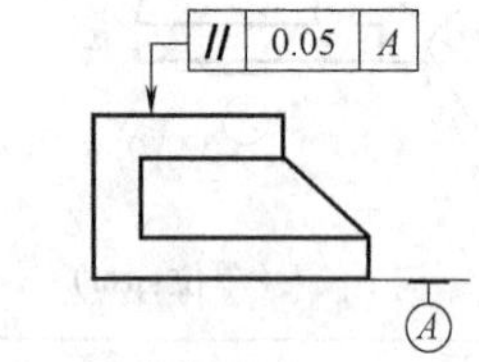 ‖ 0.05 A	上表面必须位于距离为公差值 0.05mm，且平行于基准表面 A 的两平行平面之间	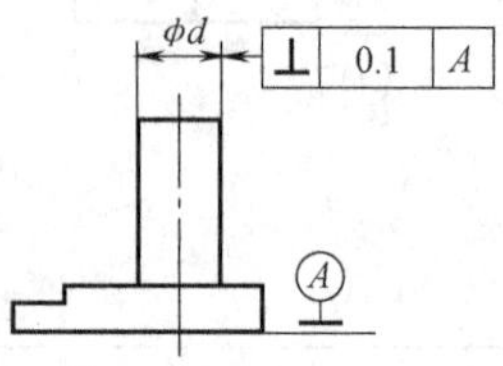 φd ⊥ 0.1 A	φd 的轴线必须位于距离为公差值 0.1mm，且垂直于基准平面的两平行平面之间（若框格内数字标注为 φ0.1mm，则说明 φd 的轴线必须位于直径为公差值 0.1mm，且垂直于基准平面 A 的圆柱面内）
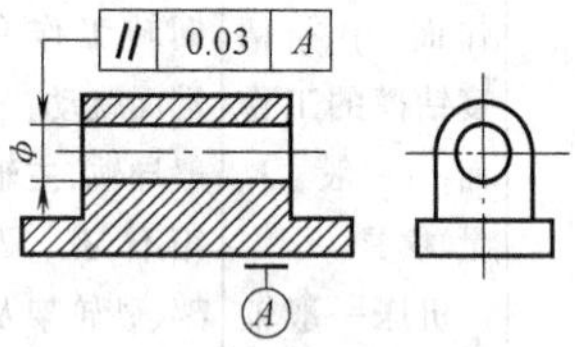 ‖ 0.03 A	孔的轴线必须位于距离为公差值 0.03mm，且平行于基准表面 A 的两平行平面之间	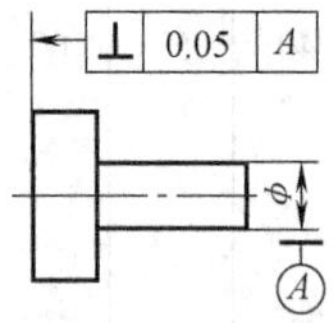 ⊥ 0.05 A	左侧端面必须位于距离为公差值 0.05mm，且垂直于基准轴线的两平行平面之间

注：表中"应用举例"非 GB/T 1184—1996 内容，仅供参考。

15.3 表面粗糙度

无论是机械加工的零件表面，或者是用其他方法获得的零件表面，总会存在微观几何形状。微观几何形状特征可用它的特征量——表面粗糙度表示。表面粗糙度的大小，对机械零件的使用性能影响很大。因此，合理地选取参数值有重要意义。表 15-12 为表面粗糙度主要评定参数、表 15-13 为加工方法与表面粗糙度 Ra 值关系、表 15-14 为表面粗糙度符号代号及其注法。

表 15-12　表面粗糙度主要评定参数 *Ra* 的数值系列（摘自 GB/T 3505—2000）

（单位：μm）

Ra					Ra				
	0.012	0.2	3.2	50		0.05	0.8	12.5	—
	0.025	0.4	6.3	100		0.1	1.6	25	—

注：在表面粗糙度参数常用的参数范围内（*Ra* 为 0.025 ~ 6.3μm），推荐优先选用 *Ra*。

表 15-13　加工方法与表面粗糙度 *Ra* 值关系（参考）　（单位：μm）

加工方法		*Ra*	加工方法		*Ra*	加工方法		*Ra*
砂模铸造		80 ~ 20 *	铰孔	粗铰	40 ~ 20	齿轮加工	插齿	5 ~ 1.25 *
模型锻造		80 ~ 10		半精铰，精铰	2.5 ~ 0.32 *		滚齿	2.5 ~ 1.25 *
车外圆	粗车	20 ~ 10	拉削	半精拉	2.5 ~ 0.63		剃齿	1.25 ~ 0.32 *
	半精车	10 ~ 2.5		精拉	0.32 ~ 0.16	切螺纹	板牙	10 ~ 2.5
	精车	1.25 ~ 0.32	刨削	粗刨	20 ~ 10		铣	5 ~ 1.25 *
镗孔	粗镗	40 ~ 10		精刨	1.25 ~ 0.63		磨削	2.5 ~ 0.32 *
	半精镗	2.5 ~ 0.63 *	钳工加工	粗锉	40 ~ 10	镗磨		0.32 ~ 0.04
	精镗	0.63 ~ 0.32		细锉	10 ~ 2.5	研磨		0.63 ~ 0.16
圆柱铣和端铣	粗铣	20 ~ 5 *		刮削	2.5 ~ 0.63	精研磨		0.08 ~ 0.02
	精铣	1.25 ~ 0.63 *		研磨	1.25 ~ 0.08	抛光	一般抛	1.25 ~ 0.16
钻孔，扩孔		20 ~ 5	插削		40 ~ 2.5		精抛	0.08 ~ 0.04
锪孔，锪端面		5 ~ 1.25	磨削		5 ~ 0.01 *			

注：1. 表中数据系指钢材加工而言；

　　2. * 为该加工方法可达到的 *Ra* 极限值。

表 15-14　表面粗糙度符号及其注法

表面粗糙度符号及意义		表面粗糙度数值及其有关的规定在符号中注写的位置
符　号	**意义及说明**	
	基本符号，表示表面可用任何方法获得，当不加注粗糙度参数值或有关说明（例如：表面处理、局部热处理状况等）时，仅适用于简化代号标注	
	基本符号上加一短划，表示表面是用去除材料方法获得。例如：车、铣、钻、磨、剪切、抛光、腐蚀、电火花加工、气割等	a_1、a_2——粗糙度高度参数代号及其数值（μm）； b——加工要求、镀覆、涂覆、表面处理或其他说明等； c——取样长度（mm）；或波纹度（μm）； d——加工纹理方向符号； e——加工余量（mm）； f——粗糙度间距参数值（mm）或轮廓支承长度率
	基本符号上加一小圆，表示表面是用不去除材料的方法获得。例如：铸、锻、冲压变形、热轧、冷轧、粉末冶金等。或者是用于保持原供应状况的表面（包括保持上道工序的状况）	
	在上述三个符合的长边上均可加一横线，用于标注有关参数和说明	
	在上述三个符号上均可加一小圆，表示所有表面具有相同的表面粗糙度要求	

（续）

Ra 值的标注		Ra 值的标注	
代　号	意　义	代　号	意　义
3.2	用任何方法获得的表面粗糙度，Ra 的上限值为 3.2μm	3.2max	用任何方法获得的表面粗糙度，Ra 的最大值为 3.2μm
3.2	用去除材料方法获得的表面粗糙度，Ra 的上限值为 3.2μm	3.2max	用去除材料获得的表面粗糙度，Ra 的最大值为 3.2μm
3.2	用不去除材料方法获得的表面粗糙度，Ra 的上限值为 3.2μm	3.2max	用不去除材料获得的表面粗糙度，Ra 的最大值为 3.2μm
3.2 1.6	用去除材料方法获得的表面粗糙度，Ra 的上限值为 3.2μm，Ra 的下限值为 1.6μm	3.2max 1.6min	用去除材料获得的表面粗糙度，Ra 的最大值为 3.2μm，Ra 的最小值为 1.6μm

第16章 联 轴 器

机器是由几个部件组合而成的，各部件之间通常靠轴与轴联起来传递能量和功率，需要联轴器来实现。联轴器的类型较多，部分已标准化。表 16-1 为轴孔和键槽的形式、代号及系列尺寸，表 16-2 为凸缘式联轴器，表 16-3 为弹性套柱销联轴器，表 16-4 为弹性柱销联轴器的相关数据。

表 16-1　轴孔和键槽的形式、代号及系列尺寸（摘自 GB/T3852—1997）

	长圆柱形轴孔（Y 型）	有沉孔的短圆柱形轴孔（J 型）	无沉孔的短圆柱形轴孔（J₁ 型）	有沉孔的圆锥形轴孔（Z 型）
轴孔	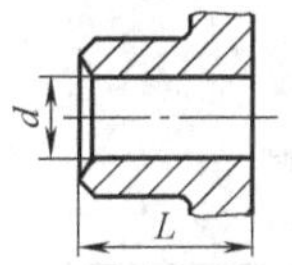	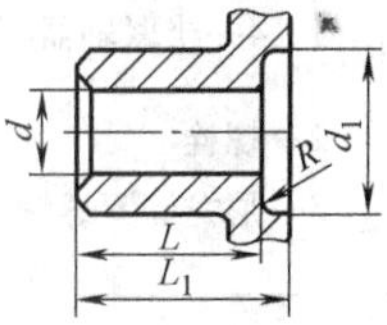	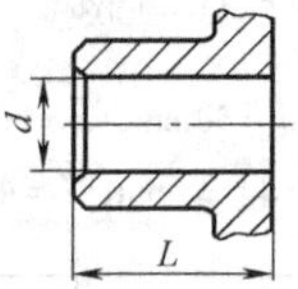	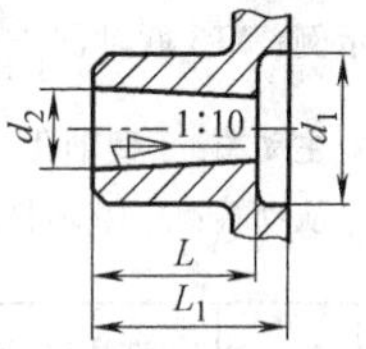
键槽	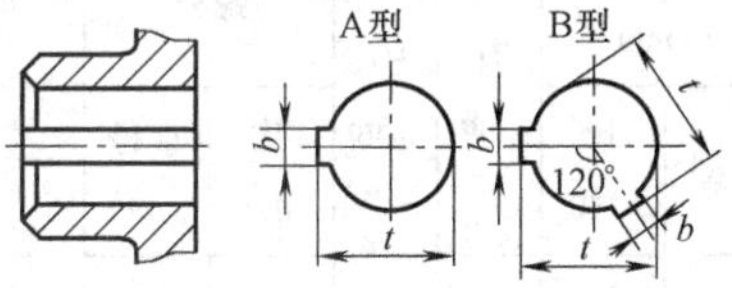 A 型　B 型			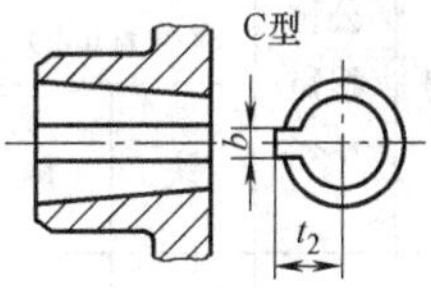 C 型

轴孔和 C 型键槽尺寸　　　　　　　　　（单位：mm）

直径	轴孔长度		L₁	沉孔		C 型键槽		直径	轴孔长度		L₁	沉孔		C 型键槽	
	L			d₁	R	b	t₂		*L*			d₁	R	b	t₂
d、d_z	Y 型	J、J₁、Z 型					公称尺寸	极限偏差	Y 型	J、J₁、Z 型					公称尺寸	极限偏差

直径 d、d_z	轴孔长度 L (Y型)	轴孔长度 L (J、J₁、Z型)	L₁	沉孔 d₁	沉孔 R	b	C型键槽 t₂ 公称尺寸	C型键槽 t₂ 极限偏差	直径 d、d_z	轴孔长度 L (Y型)	轴孔长度 L (J、J₁、Z型)	L₁	沉孔 d₁	沉孔 R	b	C型键槽 t₂ 公称尺寸	C型键槽 t₂ 极限偏差
16	42	30	42	38	1.5	3	8.7	±0.1	55	112	84	112	95	2.5	14	29.2	±0.2
18	42	30	42	38	1.5	3	10.1	±0.1	56	112	84	112	95	2.5	14	29.7	±0.2
19	52	38	52	38	1.5	4	10.6	±0.1	60	142	107	142	105	2.5	16	31.7	±0.2
20	52	38	52	38	1.5	4	10.9	±0.1	63	142	107	142	105	2.5	16	32.2	±0.2
22	52	38	52	38	1.5	4	11.9	±0.1	65	142	107	142	105	2.5	16	34.2	±0.2
24	52	38	52	48	1.5	5	13.4	±0.1	70	142	107	142	120	2.5	18	36.8	±0.2
25	62	44	62	48	1.5	5	13.7	±0.1	71	142	107	142	120	2.5	18	37.3	±0.2
28	62	44	62	48	1.5	5	15.2	±0.1	75	142	107	142	120	2.5	18	39.3	±0.2
30	82	60	82	55	1.5	6	15.8	±0.1	80	172	132	172	140	3	20	41.6	±0.2
32	82	60	82	55	1.5	6	17.3	±0.1	85	172	132	172	140	3	20	44.1	±0.2
35	82	60	82	55	1.5	6	18.3	±0.1	90	172	132	172	160	3	22	47.1	±0.2
38	82	60	82	55	1.5	6	20.3	±0.1	95	172	132	172	160	3	22	49.6	±0.2
40	112	84	112	65	2	10	21.2	±0.2	100	212	167	212	180	3	25	51.3	±0.2
42	112	84	112	65	2	10	22.2	±0.2	110	212	167	212	180	3	25	56.3	±0.2
45	112	84	112	80	2	12	23.7	±0.2	120	212	167	212	210	4	28	62.3	±0.2
48	112	84	112	80	2	12	25.2	±0.2	125	212	167	212	210	4	28	64.8	±0.2
50	112	84	112	95	2	12	26.2	±0.2	130	252	202	252	235	4	28	66.4	±0.2

表 16-2　凸缘式联轴器（摘自 GB/T 5843—2003）

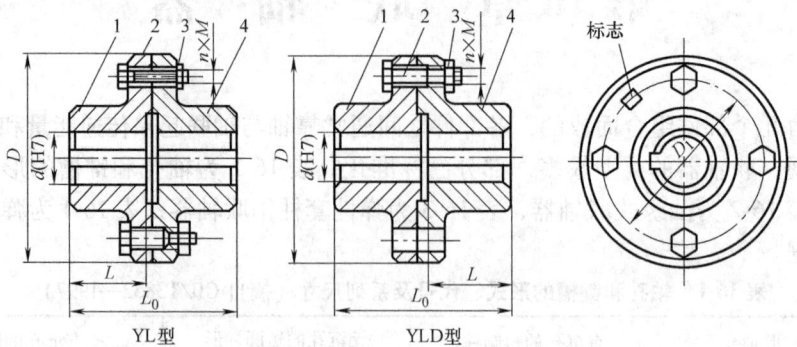

标记示例：YL3 联轴器 $\dfrac{J30\times 60}{J_1 B28\times 44}$ GB/T 5843—2003

主动端：J 型轴孔，A 型键槽，$d=30\text{mm}$，$L=60\text{mm}$

从动端：J_1 型轴孔，B 型键槽，$d=28\text{mm}$，$L=44\text{mm}$

1、4—半联轴器

2—螺栓

3—尼龙锁紧螺帽

型号	公称扭矩 /N·m	许用转速 /(r/min)		轴孔直径① d (H7) /mm	轴孔长度 L/mm		D /mm	D_1 /mm	螺栓		L_0/mm		质量 /kg	转动惯量 /(kg·m²)
		铁	钢		Y 型	J、J_1 型			数量②	直径 /mm	Y 型	J、J_1 型		
YL1 YLD1	10	8100	13000	10, 11	25	22	71	53	3 (3)	M6	54	48	0.94	0.0018
				12, 14	32	27					68	58		
				16, 18, 19	42	30					88	64		
				20, (22)	52	38					108	80		
YL2 YLD2	16	7200	12000	12, 14	32	27	80	64	4 (4)		68	58	1.50	0.0035
				16, 18, 19	42	30					88	64		
				20, (22)	52	38					108	80		
YL3 YLD3	25	6400	10000	14	32	27	90	69	3 (3)		68	58	1.99	0.0060
				16, 18, 19	42	30					88	64		
				20, 22, (24)	52	38					108	80		
				(25)	62	44					128	92		
YL4 YLD4	40	5700	9500	18, 19	42	30	100	80		M8	88	64	2.47	0.0092
				20, 22, 24	52	38					108	80		
				25, (28)	62	44					128	92		
YL5 YLD5	63	5500	9000	22, 24	52	38	105	85	4 (4)		108	80	3.19	0.013
				25, 28	62	44					128	92		
				30, (32)	82	60					168	124		

① 括号内的轴孔直径仅适用于钢制联轴器；

② 括号内的螺栓数量为铰制孔用螺栓数量。

表 16-3　弹性套柱销联轴器（摘自 GB/T 4323—2002）　　　　　　　　　　（单位：mm）

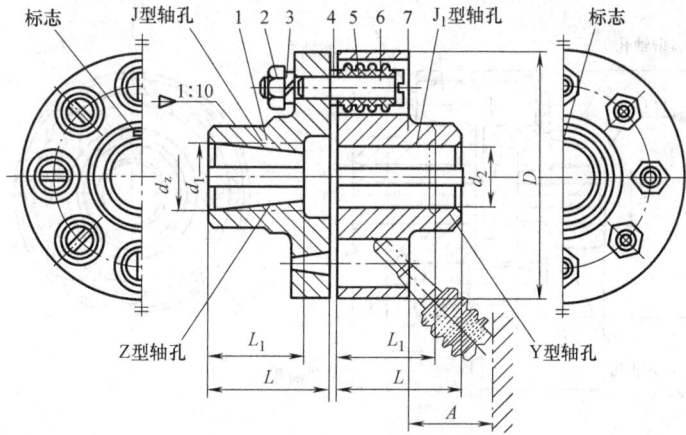

标志　J型轴孔　1 2 3　4 5 6 7　J$_1$型轴孔　标志

1:10

Z型轴孔　Y型轴孔

1、7—半联轴器
2—螺母
3—弹簧垫圈
4—挡圈
5—弹性套
6—柱销

标记示例：TL3 联轴器 $\dfrac{ZC16\times30}{JB18\times42}$ GB/T 4323—2002

主动端：Z 型轴孔，C 型键槽，$d_z=16\text{mm}$，$L=30\text{mm}$

从动端：J 型轴孔，B 型键槽，$d_2=18\text{mm}$，$L=42\text{mm}$

型号	公称扭矩 /N·m	许用转速 /(r/min)		轴孔直径 * d_1、d_2、d_z mm	轴孔长度/mm			D	A	质量 /kg	转动惯量 /kg·m²	许用补偿量	
		铁	钢		Y 型 L	J、J$_1$、Z 型 L_1	Z 型 L	mm				径向 ΔY/mm	角向 $\Delta\alpha$
TL1	6.3	6600	8800	9	20	14	—	71	18	1.16	0.0004	0.2	1°30′
				10,11	25	17							
				12,(14)	32	20							
TL2	16	5500	7600	12,14			42	80		1.64	0.001		
				16,(18),(19)	42	30							
TL3	31.5	4700	6300	16,18,19			52	95	35	1.9	0.002		
				20,(22)	52	38							
TL4	63	4200	5700	20,22,24			62	106		2.3	0.004		
				(25),(28)	62	44							
TL5	125	3600	4600	25,28			82	130		8.36	0.011	0.3	
				30,32,(35)	82	60							
TL6	250	3300	3800	32,35,38				160	45	10.36	0.026		
				40,(42)			112						
TL7	500	2800	3600	40,42,45,(48)	112	84	112	190		15.6	0.06		1°
TL8	710	2400	3000	45,48,50,55,(56)			142	224	65	25.4	0.13		
				(60),(63)	142	107							
TL9	1000	2100	2850	50,55,56	112	84	112	250		30.9	0.20	0.4	
				60,63,(65),(70),(71)	142	107	142						
TL10	2000	1700	2300	63,65,70,71,75				315	80	65.9	0.64		
				80,85,(90),(95)	172	132	172						
TL11	4000	1350	1800	80,85,90,95				400	100	122.6	2.06	0.5	0°30′
				100,110	212	167	212						
TL12	8000	1100	1450	100,110,120,125				475	130	218.4	5.00		
				(130)	252	202	252						
TL13	16000	800	1150	120,125	212	167	212	600	180	425.8	16.00	0.6	
				130,140,150	252	202	252						
				160,(170)	302	242	302						

注：1. "＊"栏内带括号的值仅适用于钢制联轴器；

　　2. 短时过载不得超过公称扭矩值的 2 倍；

　　3. 轴孔型式及长度 L、L_1 可根据需要选取。

表 16-4　弹性柱销联轴器（摘自 GB/T 5014—2003）　　　　　　　　（单位：mm）

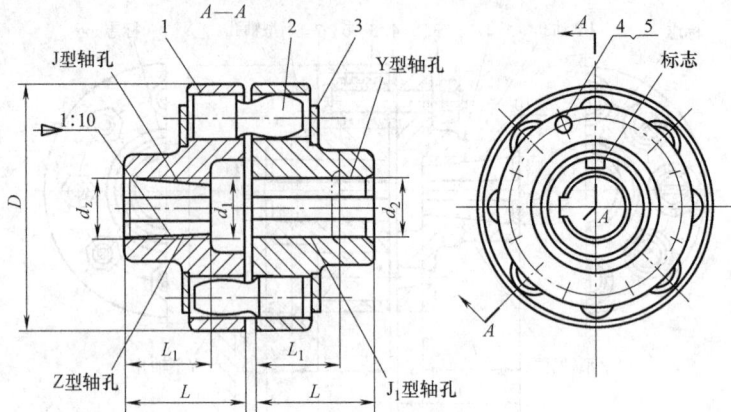

标记示例：HL7 联轴器 $\dfrac{ZC75 \times 107}{JB70 \times 107}$ GB/T 5014—2003

主动端：Z 型轴孔，C 型键槽，$d_z = 75\text{mm}$，$L_1 = 107\text{mm}$

从动端：J 型轴孔，B 型键槽，$d_z = 70\text{mm}$，$L_1 = 107\text{mm}$

1—半联轴器
2—柱销
3—挡板
4—螺栓
5—垫圈

型号	公称扭矩 /N·m	许用转速/(r/min) 铁	许用转速/(r/min) 钢	轴孔直径* d_1、d_2、d_z /mm	轴孔长度/mm Y型 L	轴孔长度/mm J、J₁、Z型 L₁	轴孔长度/mm J、J₁、Z型 L	D /mm	质量 /kg	转动惯量 /kg·m²	许用补偿量 径向 ΔY /mm	许用补偿量 轴向 ΔX /mm	许用补偿量 角向 Δα
HL1	160	7100	7100	12,14	32	27	32	90	2	0.0064		±0.5	
				16,18,19	42	30	42						
				20,22,(24)	52	38	52						
HL2	315	5600	5600	20,22,24	52	38	52	120	5	0.253		±1	
				25,28	62	44	62				0.15		
				30,32,(35)	82	60	82						
HL3	630	5000	5000	30,32,35,38	82	60	82	160	8	0.6			
				40,42,(45),(48)									
HL4	1250	2800	4000	40,42,45,48,50,55,56	112	84	112	195	22	3.4		±1.5	≤0°30′
				(60),(63)									
HL5	2000	2500	3550	50,55,56,60,63,65,70,(71),(75)	142	107	142	220	30	5.4			
HL6	3150	2100	2800	60,63,65,70,71,75,80	142	107	142	280	53	15.6		±2	
				(85)	172	132	172						
HL7	6300	1700	2240	70,71,75	142	107	142	320	98	41.1	0.20		
				80,85,90,95	172	132	172						
				100,(110)									
HL8	10000	1600	2120	80,85,90,95,100,110,(120),(125)	212	167	212	360	119	56.5			
HL9	16000	1250	1800	100,110,120,125	212	167	212	410	197	133.3			
				130,(140)	252	202	252						
HL10	25000	1120	1560	110,120,125	212	167	212	480	322	273.2	0.25	±2.5	
				130,140,150	252	202	252						
				160,(170),(180)	302	242	302						

注：1. 该联轴器最大型号为 HL14，详见 GB/T 5014—2003；

　　2. 带制动轮的弹性柱销联轴器 HLL 型可参阅 GB/T 5014—2003；

　　3. "＊"栏内带括号的值仅适用于钢制联轴器；

　　4. 轴孔型式及长度 L、L_1 可根据需要选取。

第17章 滚动轴承

滚动轴承在各种机器设备中广泛使用。滚动轴承具有摩擦阻力小、起动灵活、效率高、轴向尺寸小、维护方便，互换性能好等优点。滚动轴承是标准件，其产品已标准化、系列化了，根据使用性能正确地选择轴承是设计的主要问题。

17.1 常用滚动轴承

表 17-1 为深沟球轴承，表 17-2 为角接触球轴承，表 17-3 圆锥滚子轴承的相关数据。

表 17-1 深沟球轴承(摘自 GB/T276—1994)

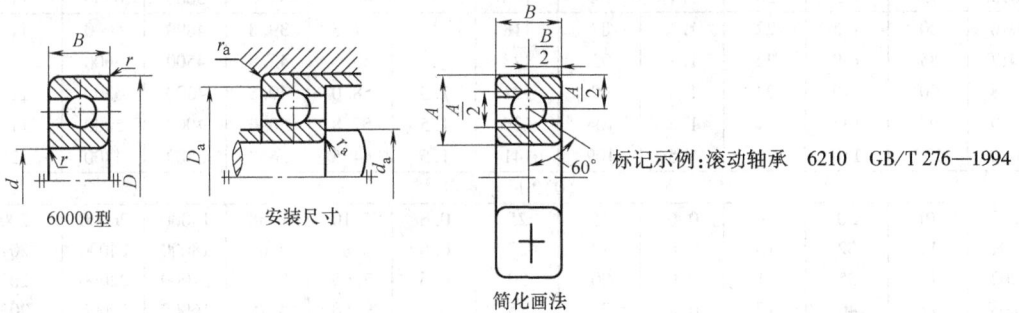

60000型　　安装尺寸　　标记示例:滚动轴承 6210 GB/T 276—1994

简化画法

F_a/C_{0r}	e	Y	径向当量动载荷	径向当量静载荷
0.014	0.19	2.30		
0.028	0.22	1.99		
0.056	0.26	1.71		
0.084	0.28	1.55	当 $\dfrac{F_a}{F_r} \leqslant e, P_r = F_r$	$P_{0r} = F_a$
0.11	0.30	1.45		$P_{0r} = 0.6F_r + 0.5F_a$
0.17	0.34	1.31	当 $\dfrac{F_a}{F_r} > e, P_r = 0.56F_r + YF_a$	取上列两式计算结果的较大值
0.28	0.38	1.15		
0.42	0.42	1.04		
0.56	0.44	1.00		

轴承代号	基本尺寸/mm				安装尺寸/mm			基本额定动载荷 C_r	基本额定静载荷 C_{0r}	极限转速/(r/min)		原轴承代号
	d	D	B	r_a min	d_a min	D_a max	r_{as} max	kN		脂润滑	油润滑	
(1)0 尺寸系列												
6000	10	26	8	0.3	12.4	23.6	0.3	4.58	1.98	20000	28000	100
6001	12	28	8	0.3	14.4	25.6	0.3	5.10	2.38	19000	26000	101
6002	15	32	9	0.3	17.4	29.6	0.3	5.58	2.85	18000	24000	102
6003	17	35	10	0.3	19.4	32.6	0.3	6.00	3.25	17000	22000	103
6004	20	42	12	0.6	25	37	0.6	9.38	5.02	15000	19000	104
6005	25	47	12	0.6	30	42	0.6	10.0	5.85	13000	17000	105

（续）

轴承代号	基本尺寸/mm				安装尺寸/mm			基本额定动载荷 C_r	基本额定静载荷 C_{0r}	极限转速/(r/min)		原轴承代号
	d	D	B	r_a min	d_a min	D_a max	r_{as} max	kN		脂润滑	油润滑	
(1)0 尺寸系列												
6006	30	55	13	1	36	49	1	13.2	8.30	10000	14000	106
6007	35	62	14	1	41	56	1	16.2	10.5	9000	12000	107
6008	40	68	15	1	46	62	1	17.0	11.8	8500	11000	108
6009	45	75	16	1	51	69	1	21.0	14.8	8000	10000	109
6010	50	80	16	1	56	74	1	22.0	16.2	7000	9000	110
6011	55	90	18	1.1	62	83	1	30.2	21.8	6300	8000	111
6012	60	95	18	1.1	67	88	1	31.5	24.2	6000	7500	112
6013	65	100	18	1.1	72	93	1	32.0	24.8	5600	7000	113
6014	70	110	20	1.1	77	103	1	38.5	30.5	5300	6700	114
6015	75	115	20	1.1	82	108	1	40.2	33.2	5000	6300	115
6016	80	125	22	1.1	87	118	1	47.5	39.8	4800	6000	116
6017	85	130	22	1.1	92	123	1	50.8	42.8	4500	5600	117
6018	90	140	24	1.5	99	131	1.5	58.0	49.8	4300	5300	118
6019	95	145	24	1.5	104	136	1.5	57.8	50.0	4000	5000	119
6020	100	150	24	1.5	109	141	1.5	64.5	56.2	3800	4800	120
(0)2 尺寸系列												
6200	10	30	9	0.6	15	25	0.6	5.10	2.38	19000	26000	200
6201	12	32	10	0.6	17	27	0.6	6.82	3.05	18000	24000	201
6202	15	35	11	0.6	20	30	0.6	7.65	3.72	17000	22000	202
6203	17	40	12	0.6	22	35	0.6	9.58	4.78	16000	20000	203
6204	20	47	14	1	26	41	1	12.8	6.65	14000	18000	204
6205	25	52	15	1	31	46	1	14.0	7.88	12000	16000	205
6206	30	62	16	1	36	56	1	19.5	11.5	9500	13000	206
6207	35	72	17	1.1	42	65	1	25.5	15.2	8500	11000	207
6208	40	80	18	1.1	47	73	1	29.5	18.0	8000	10000	208
6209	45	85	19	1.1	52	78	1	31.5	20.5	7000	9000	209
6210	50	90	20	1.1	57	83	1	35.0	23.2	6700	8500	210
6211	55	100	21	1.5	64	91	1.5	43.2	29.2	6000	7500	211
6212	60	110	22	1.5	69	101	1.5	47.8	32.8	5600	7000	212
6213	65	120	23	1.5	74	111	1.5	57.2	40.0	5000	6300	213
6214	70	125	24	1.5	79	116	1.5	60.8	45.0	4800	6000	214
6215	75	130	25	1.5	84	121	1.5	66.0	49.5	4500	5600	215
6216	80	140	26	2	90	130	2	71.5	54.2	4300	5300	216
6217	85	150	28	2	95	140	2	83.2	63.8	4000	5000	217
6218	90	160	30	2	100	150	2	95.8	71.5	3800	4800	218
6219	95	170	32	2.1	107	158	2.1	110	82.8	3600	4500	219
6220	100	180	34	2.1	112	168	2.1	122	92.8	3400	4300	220
(0)3 尺寸系列												
6300	10	35	11	0.6	15	30	0.6	7.65	3.48	18000	24000	300
6301	12	37	12	1	18	31	1	9.72	5.08	17000	22000	301
6302	15	42	13	1	21	36	1	11.5	5.42	16000	20000	302
6303	17	47	14	1	23	41	1	13.5	6.58	15000	19000	303
6304	20	52	15	1.1	27	45	1	15.8	7.88	13000	17000	304
6305	25	62	17	1.1	32	55	1	22.2	11.5	10000	14000	305

(续)

轴承 代号	基本尺寸/mm				安装尺寸/mm			基本额 定动载 荷 C_r	基本额 定静载 荷 C_{Or}	极限转速 /(r/min)		原轴承 代号
	d	D	B	r_a min	d_a min	D_a max	r_{as} max	kN		脂润滑	油润滑	
(0)3 尺寸系列												
6306	30	72	19	1.1	37	65	1	27.0	15.2	9000	12000	306
6307	35	80	21	1.5	44	71	1.5	33.2	19.2	8000	10000	307
6308	40	90	23	1.5	49	81	1.5	40.8	24.0	7000	9000	308
6309	45	100	25	1.5	54	91	1.5	52.8	31.8	6300	8000	309
6310	50	110	27	2	60	100	2	61.8	38.0	6000	7500	310
6311	55	120	29	2	65	110	2	71.5	44.8	5300	6700	311
6312	60	130	31	2.1	72	118	2.1	81.8	51.8	5000	6300	312
6313	65	140	33	2.1	77	128	2.1	93.8	60.5	4500	5600	313
6314	70	150	35	2.1	82	138	2.1	105	68.0	4300	5300	314
6315	75	160	37	2.1	87	148	2.1	112	76.8	4000	5000	315
6316	80	170	39	2.1	92	158	2.1	122	86.5	3800	4800	316
6317	85	180	41	3	99	166	2.5	132	96.5	3600	4500	317
6318	90	190	43	3	104	176	2.5	145	108	3400	4300	318
6319	95	200	45	3	109	186	2.5	155	122	3200	4000	319
6320	100	215	47	3	114	201	2.5	172	140	2800	3600	320
(0)4 尺寸系列												
6403	17	62	17	1.1	24	55	1	22.5	10.8	11000	15000	403
6404	20	72	19	1.1	27	65	1	31.0	15.2	9500	13000	404
6405	25	80	21	1.5	34	71	1.5	38.2	19.2	8500	11000	405
6406	30	90	23	1.5	39	81	1.5	47.5	24.5	8000	10000	406
6407	35	100	25	1.5	44	91	1.5	56.8	29.5	6700	8500	407
6408	40	110	27	2	50	100	2	65.5	37.5	6300	8000	408
6409	45	120	29	2	55	110	2	77.5	45.5	5600	7000	409
6410	50	130	31	2.1	62	118	2.1	92.2	55.2	5300	6700	410
6411	55	140	33	2.1	67	128	2.1	100	62.5	4800	6000	411
6412	60	150	35	2.1	72	138	2.1	108	70.0	4500	5600	412
6413	65	160	37	2.1	77	148	2.1	118	78.5	4300	5300	413
6414	70	180	42	3	84	166	2.5	140	99.5	3800	4800	414
6415	75	190	45	3	89	176	2.5	155	115	3600	4500	415
6416	80	200	48	3	94	186	2.5	162	125	3400	4300	416
6417	85	210	52	4	103	192	3	175	138	3200	4000	417
6418	90	225	54	4	108	207	3	192	158	2800	3600	418
6420	100	250	58	4	118	232	3	222	195	2400	3200	420

注:1. 表中 C_r 值适用于真空脱气轴承钢材料的轴承。如轴承材料为普通电炉钢,C_r 值降低;如为真空重熔或电渣重熔轴承钢,C_r 值提高;

2. r_{smin} 为 r 的单向最小倒角尺寸;r_{asmax} 为 r_a 的单向最大倒角尺寸。

表 17-2 角接触球轴承（摘自 GB/T 292—1994）

70000C（AC）型　　安装尺寸　　简化画法

iF_a/C_{0r}	e	Y
0.015	0.38	1.47
0.029	0.40	1.40
0.058	0.43	1.30
0.087	0.46	1.23
0.12	0.47	1.19
0.17	0.50	1.12
0.29	0.55	1.02
0.44	0.56	1.00
0.58	0.56	1.00

70000C 型

径向当量动载荷

当 $F_a/F_r \le e$，$P_r = F_r$

当 $F_a/F_r > e$，$P_r = 0.44F_r + YF_a$

径向当量静载荷

$P_{0r} = 0.5F_r + 0.46F_a$

当 $P_{0r} < F_r$，取 $P_{0r} = F_r$

70000AC 型

径向当量动载荷

当 $F_a/F_r \le 0.68$，$P_r = F_r$

当 $F_a/F_r > 0.68$，$P_r = 0.41F_r + 0.87F_a$

径向当量静载荷

$P_{0r} = 0.5F_r + 0.38F_a$

当 $P_{0r} < F_r$，取 $P_{0r} = F_r$

标记示例：滚动轴承 7210C，GB/T 292—1994

轴承代号		基本尺寸/mm				安装尺寸/mm				70000C ($\alpha=15°$)			70000AC ($\alpha=25°$)			极限转速 /(r/min)		原轴号代号	
70000C	70000AC	d	D	B	r_s min	r_{1s} min	d_a min	D_a max	r_{as} max	a/mm	动载荷 C_r kN	静载荷 C_{0r} kN	a/mm	动载荷 C_r kN	静载荷 C_{0r} kN	脂润滑	油润滑		
(1)0 尺寸系列																			
7000C	7000AC	10	26	8	0.3	0.15	12.4	23.6	0.3	6.4	4.92	2.25	8.2	4.75	2.12	19 000	28 000	36 100	46 100
7001C	7001AC	12	28	8	0.3	0.15	14.4	25.6	0.3	6.7	5.42	2.65	8.7	5.20	2.55	18 000	26 000	36 101	46 101
7002C	7002AC	15	32	9	0.3	0.15	17.4	29.6	0.3	7.6	6.25	3.42	10	5.95	3.25	17 000	24 000	36 102	46 102
7003C	7003AC	17	35	10	0.3	0.15	19.4	32.6	0.3	8.5	6.60	3.85	11.1	6.30	3.68	16 000	22 000	36 103	46 103
7004C	7004AC	20	42	12	0.6	0.15	25	37	0.6	10.2	10.5	6.08	13.2	10.0	5.78	14 000	19 000	36 104	46 104

（续）

轴承代号	基本尺寸/mm					安装尺寸/mm			70000C(α=15°)			70000AC(α=25°)			极限转速/(r/min)		原轴承代号	
										基本额定			基本额定					
	d	D	B	r_s	r_{1s}	d_a	D_a	r_{as}	a/mm	动载荷C_r	静载荷C_{0r}	a/mm	动载荷C_r	静载荷C_{0r}	脂润滑	油润滑		
				min	min	min	max	max		kN			kN					
									(1)0 尺寸系列									
7005C	25	47	12	0.6	0.15	30	42	0.6	10.8	11.5	7.45	14.4	11.2	7.08	12 000	17 000	36 105	46 105
7006C	30	55	13	1	0.3	36	49	1	12.2	15.2	10.2	16.4	14.5	9.85	9 500	14 000	36 106	46 106
7007C	35	62	14	1	0.3	41	56	1	13.5	19.5	14.2	18.3	18.5	13.5	8 500	12 000	36 107	46 107
7008C	40	68	15	1	0.3	46	62	1	14.7	20.0	15.2	20.1	19.0	14.5	8 000	11 000	36 108	46 108
7009C	45	75	16	1	0.3	51	69	1	16	25.8	20.5	21.9	25.8	19.5	7 500	10 000	36 109	46 109
7010C	50	80	16	1	0.3	56	74	1	16.7	26.5	22.0	23.2	25.2	21.0	6 700	9 000	36 110	46 110
7011C	55	90	18	1.1	0.6	62	83	1	18.7	37.2	30.5	25.9	35.2	29.2	6 000	8 000	36 111	46 111
7012C	60	95	18	1.1	0.6	67	88	1	19.4	38.2	32.8	27.1	36.2	31.5	5 600	7 500	36 112	46 112
7013C	65	100	18	1.1	0.6	72	93	1	20.1	40.0	35.5	28.2	38.0	33.8	5 300	7 000	36 113	46 113
7014C	70	110	20	1.1	0.6	77	103	1	22.1	48.2	43.5	30.9	45.8	41.5	5 000	6 700	36 114	46 114
7015C	75	115	20	1.1	0.6	82	108	1	22.7	49.5	46.5	32.2	46.8	44.2	4 800	6 300	36 115	46 115
7016C	80	125	22	1.5	0.6	89	116	1.5	24.7	58.5	55.8	34.9	55.5	53.2	4 500	6 000	36 116	46 116
7017C	85	130	22	1.5	0.6	94	121	1.5	25.4	62.5	60.2	36.1	59.2	57.2	4 300	5 600	36 117	46 117
7018C	90	140	24	1.5	0.6	99	131	1.5	27.4	71.5	69.8	38.8	67.5	66.5	4 000	5 300	36 118	46 118
7019C	95	145	24	1.5	0.6	104	136	1.5	28.1	73.5	73.2	40	69.5	69.8	3 800	5 000	36 119	46 119
7020C	100	150	24	1.5	0.6	109	141	1.5	28.7	79.2	78.5	41.2	75	74.8	3 800	5 000	36 120	46 120
									(0)2 尺寸系列									
7200C	10	30	9	0.6	0.15	15	25	0.6	7.2	5.82	2.95	9.2	5.58	2.82	18 000	26 000	36 200	46 200
7201C	12	32	10	0.6	0.15	17	27	0.6	8	7.35	3.52	10.2	7.10	3.35	17 000	24 000	36 201	46 201
7202C	15	35	11	0.6	0.15	20	30	0.6	8.9	8.68	4.62	11.4	8.35	4.40	16 000	22 000	36 202	46 202
7203C	17	40	12	0.6	0.3	22	35	0.6	9.9	10.8	5.95	12.8	10.5	5.65	15 000	20 000	36 203	46 203
7204C	20	47	14	1	0.3	26	41	1	11.5	14.5	8.22	14.9	14.0	7.82	13 000	18 000	36 204	46 204
7205C	25	52	15	1	0.3	31	46	1	12.7	16.5	10.5	16.4	15.8	9.88	11 000	16 000	36 205	46 205
7206C	30	62	16	1	0.3	36	56	1	14.2	23.0	15.0	18.7	22.0	14.2	9 000	13 000	36 206	46 206
7207C	35	72	17	1.1	0.6	42	65	1	15.7	30.5	20.0	21	29.0	19.2	8 000	11 000	36 207	46 207
7208C	40	80	18	1.1	0.6	47	73	1	17	36.8	25.8	23	35.2	24.5	7 500	10 000	36 208	46 208
7209C	45	85	19	1.1	0.6	52	78	1	18.2	38.5	28.5	24.7	36.8	27.2	6 700	9 000	36 209	46 209

（续）

轴承代号	基本尺寸/mm					安装尺寸/mm			70000C（$\alpha=15°$）			70000AC（$\alpha=25°$）			极限转速/(r/min)		原轴承代号	
	d	D	B	r_s	r_{1s}	d_a	D_a	r_{as}	a/	动载荷 C_r	静载荷 C_{0r}	a/	动载荷 C_r	静载荷 C_{0r}	脂润滑	油润滑		
				min	min	min	max	max	mm	kN	kN	mm	kN	kN				
(0)2 尺寸系列																		
7210C / 7210AC	50	90	20	1.1	0.6	57	83	1	19.4	42.8	32.0	26.3	40.8	30.5	6 300	8 500	36 210	46 210
7211C / 7211AC	55	100	21	1.5	0.6	64	91	1.5	20.9	52.8	40.5	28.6	50.5	38.5	5 600	7 500	36 211	46 211
7212C / 7212AC	60	110	22	1.5	0.6	69	101	1.5	22.4	61.0	48.5	30.8	58.2	46.2	5 300	7 000	36 212	46 212
7213C / 7213AC	65	120	23	1.5	0.6	74	111	1.5	24.2	69.8	55.2	33.5	66.5	52.5	4 800	6 300	36 213	46 213
7214C / 7214AC	70	125	24	1.5	0.6	79	116	1.5	25.3	70.2	60.0	35.1	69.2	57.5	4 500	6 000	36 214	46 214
7215C / 7215AC	75	130	25	1.5	0.6	84	121	1.5	26.4	79.2	65.8	36.6	75.2	63.0	4 300	5 600	36 215	46 215
7216C / 7216AC	80	140	26	2	1	90	130	2	27.7	89.5	78.2	38.9	85.0	74.5	4 000	5 300	36 216	46 216
7217C / 7217AC	85	150	28	2	1	95	140	2	29.9	99.8	85.0	41.6	94.8	81.5	3 800	5 000	36 217	46 217
7218C / 7218AC	90	160	30	2	1	100	150	2	31.7	122	105	44.2	118	100	3 600	4 800	36 218	46 218
7219C / 7219AC	95	170	32	2.1	1.1	107	158	2.1	33.8	135	115	46.9	128	108	3 400	4 500	36 219	46 219
7220C / 7220AC	100	180	34	2.1	1.1	112	168	2.1	35.8	148	128	49.7	142	122	3 200	4 300	36 220	46 220
(0)3 尺寸系列																		
7301C / 7301AC	12	37	12	1	0.3	18	31	1	8.6	8.10	5.22	12	8.08	4.88	16 000	22 000	36 301	46 301
7302C / 7302AC	15	42	13	1	0.3	21	36	1	9.6	9.38	5.95	13.5	9.08	5.58	15 000	20 000	36 302	46 302
7303C / 7303AC	17	47	14	1	0.3	23	41	1	10.4	12.8	8.62	14.8	11.5	7.08	14 000	19 000	36 303	46 303
7304C / 7304AC	20	52	15	1.1	0.6	27	45	1	11.3	14.2	9.68	16.8	13.8	9.10	12 000	17 000	36 304	46 304
7305C / 7305AC	25	62	17	1.1	0.6	32	55	1	13.1	21.5	15.8	19.1	20.8	14.8	9 500	14 000	36 305	46 305
7306C / 7306AC	30	72	19	1.1	0.6	37	65	1	15	26.5	19.8	22.2	25.2	18.5	8 500	12 000	36 306	46 306
7307C / 7307AC	35	80	21	1.5	0.6	44	71	1.5	16.6	34.2	26.8	24.5	32.8	24.8	7 500	10 000	36 307	46 307
7308C / 7308AC	40	90	23	1.5	0.6	49	81	1.5	18.5	40.2	32.3	27.5	38.5	30.5	6 700	9 000	36 308	46 308
7309C / 7309AC	45	100	25	1.5	0.6	54	91	1.5	20.2	49.2	39.8	30.2	47.5	37.2	6 000	8 000	36 309	46 309

（续）

轴承代号	基本尺寸/mm					安装尺寸/mm			70000C（α=15°）			70000AC（α=25°）			极限转速/(r/min)		原轴承代号	
	d	D	B	r_s min	r_{1s} min	d_a min	D_a max	r_{as} max	a/mm	基本额定 动载荷 C_r (kN)	静载荷 C_{0r} (kN)	a/mm	基本额定 动载荷 C_r (kN)	静载荷 C_{0r} (kN)	脂润滑	油润滑		
(0)3 尺寸系列																		
7310C 7310AC	50	110	27	2	1	60	100	2	22	53.5	47.2	33	55.5	44.5	5 600	7 500	36 310	46 310
7311C 7311AC	55	120	29	2	1	65	110	2	23.8	70.5	60.5	35.8	67.2	56.8	5 000	6 700	36 311	46 311
7312C 7312AC	60	130	31	2.1	1.1	72	118	2.1	25.6	80.5	70.2	38.7	77.8	65.8	4 800	6 300	36 312	46 312
7313C 7313AC	65	140	33	2.1	1.1	77	128	2.1	27.4	91.5	80.5	41.5	89.8	75.5	4 300	5 600	36 313	46 313
7314C 7314AC	70	150	35	2.1	1.1	82	138	2.1	29.2	102	91.5	44.3	98.5	86.0	4 000	5 300	36 314	46 314
7315C 7315AC	75	160	37	2.1	1.1	87	148	2.1	31	112	105	47.2	108	97.0	3 800	5 000	36 315	46 315
7316C 7316AC	80	170	39	2.1	1.1	92	158	2.1	32.8	122	118	50	118	108	3 600	4 800	36 316	46 316
7317C 7317AC	85	180	41	3	1.1	99	166	2.5	34.6	132	128	52.8	125	122	3 400	4 500	36 317	46 317
7318C 7318AC	90	190	43	3	1.1	104	176	2.5	36.4	142	142	55.6	135	135	3 200	4 300	36 318	46 318
7319C 7319AC	95	200	45	3	1.1	109	186	2.5	38.2	152	158	58.5	145	148	3 000	4 000	36 319	46 319
7320C 7320AC	100	215	47	3	1.1	114	201	2.5	40.2	162	175	61.9	165	178	2 600	3 600	36 320	46 320
(0)4 尺寸系列																		
7406AC	30	90	23	1.5	0.6	39	81	1				26.1	42.5	32.2	7 500	10 000		46 406
7407AC	35	100	25	1.5	0.6	44	91	1.5				29	53.8	42.5	6 300	8 500		46 407
7408AC	40	110	27	2	1	50	100	2				31.8	62.0	49.5	6 000	8 000		46 408
7409AC	45	120	29	2	1	55	110	2				34.6	66.8	52.8	5 300	7 000		46 409
7410AC	50	130	31	2.1	1.1	62	118	2.1				37.4	76.5	64.2	5 000	6 700		46 410
7412AC	60	150	35	2.1	1.1	72	138	2.1				43.1	102	90.8	4 300	5 600		46 412
7414AC	70	180	42	3	1.1	84	166	2.5				51.5	125	125	3 600	4 800		46 414
7416AC	80	200	48	3	1.1	94	186	2.5				58.1	152	162	3 200	4 300		46 416

注：表中 C_r 值，对(1)0、(0)2系列为真空脱气轴承钢的负荷能力，对(0)3、(0)4系列为电炉轴承钢的负荷能力。

表 17-3 圆锥滚子轴承(摘自 GB/T 297—1994)

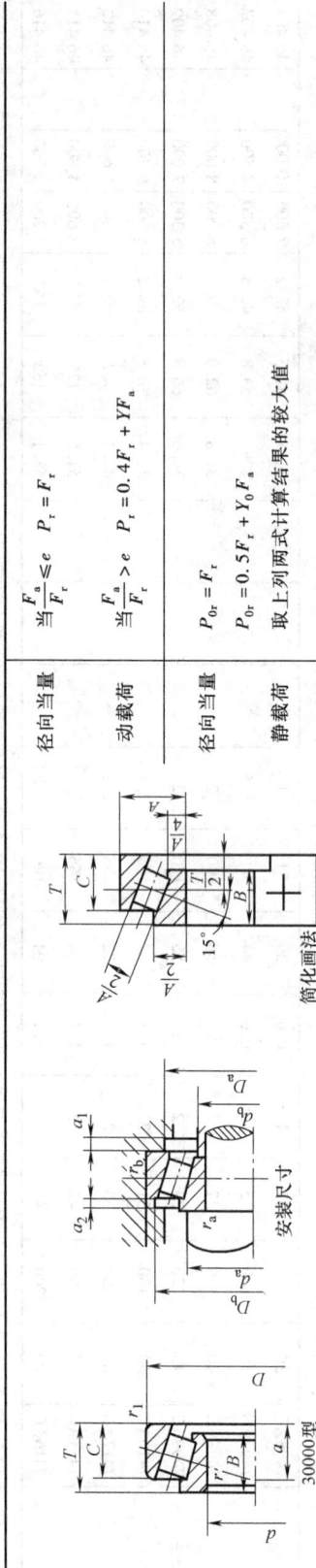

30000型 简化画法 安装尺寸

径向当量动载荷:
当 $\frac{F_a}{F_r} \leq e$ $P_r = F_r$
当 $\frac{F_a}{F_r} > e$ $P_r = 0.4F_r + YF_a$

径向当量静载荷:
$P_{0r} = F_r$
$P_{0r} = 0.5F_r + Y_0 F_a$
取上列两式计算结果的较大值

标记示例:滚动轴承 30310 GB/T 297—1994

02 尺寸系列

轴承代号	尺寸/mm								安装尺寸/mm									计算系数			基本额定 (kN)		极限转速 /(r/min)		原轴承代号
	d	D	T	B	C	r_s min	r_{ls} min	$a \approx$	d_a min	d_b max	D_a min	D_a max	D_b min	a_1 min	a_2 min	r_{as} max	r_{bs} max	e	Y	Y_0	动载荷 C_r	静载荷 C_{0r}	脂润滑	油润滑	
30203	17	40	13.25	12	11	1	1	9.9	23	23	34	34	37	2	2.5	1	1	0.35	1.7	1	20.8	21.8	9 000	12 000	7203E
30204	20	47	15.25	14	12	1	1	11.2	26	27	40	41	43	2	3.5	1	1	0.35	1.7	1	28.2	30.5	8 000	10 000	7204E
30205	25	52	16.25	15	13	1	1	12.5	31	31	44	46	48	2	3.5	1	1	0.37	1.6	0.9	32.2	37.0	7 000	9 000	7205E
30206	30	62	17.25	16	14	1	1	13.8	36	37	53	56	58	2	3.5	1	1	0.37	1.6	0.9	43.2	50.5	6 000	7 500	7206E
30207	35	72	18.25	17	15	1.5	1.5	15.3	42	44	62	65	67	3	3.5	1.5	1.5	0.37	1.6	0.9	54.2	63.5	5 300	6 700	7207E
30208	40	80	19.75	18	16	1.5	1.5	16.9	47	49	69	73	75	3	4	1.5	1.5	0.37	1.6	0.9	63.0	74.0	5 000	6 300	7208E
30209	45	85	20.75	19	16	1.5	1.5	18.6	52	53	74	78	80	3	5	1.5	1.5	0.4	1.5	0.8	67.8	83.5	4 500	5 600	7209E
30210	50	90	21.75	20	17	1.5	1.5	20	57	58	79	83	86	3	5	1.5	1.5	0.42	1.4	0.8	73.2	92.0	4 300	5 300	7210E
30211	55	100	22.75	21	18	2	1.5	21	64	64	88	91	95	4	5	2	1.5	0.4	1.5	0.8	90.8	115	3 800	4 800	7211E
30212	60	110	23.75	22	19	2	1.5	22.3	69	69	96	101	103	4	5	2	1.5	0.4	1.5	0.8	102	130	3 600	4 500	7212E
30213	65	120	24.75	23	20	2	1.5	23.8	74	77	106	111	114	4	5	2	1.5	0.4	1.5	0.8	120	152	3 200	4 000	7213E
30214	70	125	26.25	24	21	2	1.5	25.8	79	81	110	116	119	4	5.5	2	1.5	0.42	1.4	0.8	132	175	3 000	3 800	7214E
30215	75	130	27.25	25	22	2	1.5	27.4	84	85	115	121	125	4	5.5	2	1.5	0.44	1.4	0.8	138	185	2 800	3 600	7215E
30216	80	140	28.25	26	22	2.5	2	28.1	90	90	124	130	133	4	6	2.1	2	0.42	1.4	0.8	160	212	2 600	3 400	7216E
30217	85	150	30.5	28	24	2.5	2	30.3	95	96	132	140	142	5	6.5	2.1	2	0.42	1.4	0.8	178	238	2 400	3 200	7217E
30218	90	160	32.5	30	26	2.5	2	32.3	100	102	140	150	151	5	6.5	2.1	2	0.42	1.4	0.8	200	270	2 200	3 000	7218E
30219	95	170	34.5	32	27	3	2.5	34.2	107	108	149	158	160	5	7.5	2.5	2.1	0.42	1.4	0.8	228	308	2 000	2 800	7219E
30220	100	180	37	34	29	3	2.5	36.4	112	114	157	168	169	5	8	2.5	2.1	0.42	1.4	0.8	255	350	1 900	2 600	7220E

（续）

轴承代号	尺寸/mm								安装尺寸/mm									计算系数			基本额定		极限转速/(r/min)		原轴承代号
	d	D	T	B	C	r_s min	r_{1s} min	$a\approx$	d_a min	d_b max	D_a min	D_a max	D_b min	a_1 min	a_2 min	r_{as} max	r_{bs} max	e	Y	Y_0	动载荷 C_r kN	静载荷 C_{0r} kN	脂润滑	油润滑	
03 尺寸系列																									
30302	15	42	14.25	13	11	1	1	9.6	21	22	36	36	38	2	3.5	1	1	0.29	2.1	1.2	22.8	21.5	9 000	12 000	7302E
30303	17	47	15.25	14	12	1	1	10.4	23	25	40	41	43	3	3.5	1	1	0.29	2.1	1.2	28.2	27.2	8 500	11 000	7303E
30304	20	52	16.25	15	13	1.5	1.5	11.1	27	28	44	45	48	3	3.5	1.5	1.5	0.3	2	1.1	33.0	33.2	7 500	9 500	7304E
30305	25	62	18.25	17	15	1.5	1.5	13	32	34	54	55	58	3	3.5	1.5	1.5	0.3	2	1.1	46.8	48.0	6 300	8 000	7305E
30306	30	72	20.75	19	16	1.5	1.5	15.3	37	40	62	65	66	3	5	1.5	1.5	0.31	1.9	1.1	59.0	63.0	5 600	7 000	7306E
30307	35	80	22.75	21	18	2	1.5	16.8	44	45	70	71	74	3	5	2	1.5	0.31	1.9	1.1	75.2	82.5	5 000	6 300	7307E
30308	40	90	25.25	23	20	2	1.5	19.5	49	52	77	81	84	3	5.5	2	1.5	0.35	1.7	1	90.8	108	4 500	5 600	7308E
30309	45	100	27.25	25	22	2	1.5	21.3	54	59	86	91	94	3	5.5	2	1.5	0.35	1.7	1	108	130	4 000	5 000	7309E
30310	50	110	29.25	27	23	2.5	2	23	60	65	95	100	103	4	6.5	2	2	0.35	1.7	1	130	158	3 800	4 800	7310E
30311	55	120	31.5	29	25	2.5	2	24.9	65	70	104	110	112	4	6.5	2.5	2	0.35	1.7	1	152	188	3 400	4 300	7311E
30312	60	130	33.5	31	26	3	2.5	26.6	72	76	112	118	121	5	7.5	2.5	2.1	0.35	1.7	1	170	210	3 200	4 000	7312E
30313	65	140	36	33	28	3	2.5	28.7	77	83	122	128	131	5	8	2.5	2.1	0.35	1.7	1	195	242	2 800	3 600	7313E
30314	70	150	38	35	30	3	2.5	30.7	82	89	130	138	141	5	8	2.5	2.1	0.35	1.7	1	218	272	2 600	3 400	7314E
30315	75	160	40	37	31	3	2.5	32	87	95	139	148	150	5	9	2.5	2.1	0.35	1.7	1	252	318	2 400	3 200	7315E
30316	80	170	42.5	39	33	3	2.5	34.4	92	102	148	158	160	5	9.5	2.5	2.1	0.35	1.7	1	278	352	2 200	3 000	7316E
30317	85	180	44.5	41	34	4	3	35.9	99	107	156	166	168	6	10.5	3	2.5	0.35	1.7	1	305	388	2 000	2 800	7317E
30318	90	190	46.5	43	36	4	3	37.5	104	113	165	176	178	6	10.5	3	2.5	0.35	1.7	1	342	440	1 900	2 600	7318E
30319	95	200	49.5	45	38	4	3	40.1	109	118	172	186	185	6	11.5	3	2.5	0.35	1.7	1	370	478	1 800	2 400	7319E
30320	100	215	51.5	47	39	4	3	42.2	114	127	184	201	199	6	12.5	3	2.5	0.35	1.7	1	405	525	1 600	2 000	7320E
22 尺寸系列																									
32206	30	62	21.25	20	17	1	1	15.6	36	36	52	56	58	3	4.5	1	1	0.37	1.6	0.9	51.8	63.8	6 000	7 500	7506E
32207	35	72	24.25	23	19	1.5	1.5	17.9	42	42	61	65	68	3	5.5	1.5	1.5	0.37	1.6	0.9	70.5	89.5	5 300	6 700	7507E
32208	40	80	24.75	23	19	1.5	1.5	18.9	47	48	68	73	75	3	6	1.5	1.5	0.37	1.6	0.9	77.8	97.2	5 000	6 300	7508E
32209	45	85	24.75	23	19	1.5	1.5	20.1	52	53	73	78	81	3	6	1.5	1.5	0.4	1.5	0.8	80.8	105	4 500	5 600	7509E
32210	50	90	24.75	23	19	1.5	1.5	21	57	57	78	83	86	3	6	1.5	1.5	0.42	1.4	0.8	82.8	108	4 300	5 300	7510E

（续）

轴承代号	尺寸/mm								安装尺寸/mm									计算系数			基本额定		极限转速/(r/min)		原轴承代号
	d	D	T	B	C	r_s min	r_{1s} min	$a\approx$	d_a min	d_b max	D_a min	D_a max	D_b min	a_1 min	a_2 min	r_{as} max	r_{bs} max	e	Y	Y_0	动载荷 C_r kN	静载荷 C_{0r}	脂润滑	油润滑	代号
22 尺寸系列																									
32211	55	100	26.75	25	21	2	1.5	22.8	64	62	87	91	96	4	6	2	1.5	0.4	1.5	0.8	108	142	3 800	4 800	7511E
32212	60	110	29.75	28	24	2	1.5	25	69	68	95	101	105	4	6	2	1.5	0.4	1.5	0.8	132	180	3 600	4 500	7512E
32213	65	120	32.75	31	27	2	1.5	27.3	74	75	104	111	115	4	6	2	1.5	0.4	1.5	0.8	160	222	3 200	4 000	7513E
32214	70	125	33.25	31	27	2	1.5	28.8	79	79	108	116	120	4	6.5	2	1.5	0.42	1.4	0.8	168	238	3 000	3 800	7514E
32215	75	130	33.25	31	27	2	1.5	30	84	84	115	121	126	4	6.5	2	1.5	0.44	1.4	0.8	170	242	2 800	3 600	7515E
32216	80	140	35.25	33	28	2.5	2	31.4	90	89	122	130	135	5	7.5	2.1	2	0.42	1.4	0.8	198	278	2 600	3 400	7516E
32217	85	150	38.5	36	30	2.5	2	33.9	95	95	130	140	143	5	8.5	2.1	2	0.42	1.4	0.8	228	325	2 400	3 200	7517E
32218	90	160	42.5	40	34	2.5	2	36.8	100	101	138	150	153	5	8.5	2.1	2	0.42	1.4	0.8	270	395	2 200	3 000	7518E
32219	95	170	45.5	43	37	3	2.5	39.2	107	106	145	158	163	5	8.5	2.5	2.1	0.42	1.4	0.8	302	448	2 000	2 800	7519E
32220	100	180	49	46	39	3	2.5	41.9	112	113	154	168	172	5	10	2.5	2.1	0.42	1.4	0.8	340	512	1 900	2 600	7520E
23 尺寸系列																									
32303	17	47	20.25	19	16	1	1	12.3	23	24	39	41	43	3	4.5	1	1	0.29	2.1	1.2	35.2	36.2	8 500	11 000	7603E
32304	20	52	22.25	21	18	1.5	1.5	13.6	27	26	43	45	48	3	4.5	1.5	1.5	0.3	2	1.1	42.8	46.2	7 500	9 500	7604E
32305	25	62	25.25	24	20	1.5	1.5	15.9	32	32	52	55	58	3	5.5	1.5	1.5	0.3	2	1.1	61.5	68.8	6 300	8 000	7605E
32306	30	72	28.75	27	23	1.5	1.5	18.9	37	38	59	65	66	4	6	1.5	1.5	0.31	1.9	1.1	81.5	96.5	5 600	7 000	7606E
32307	35	80	32.75	31	25	2	1.5	20.4	44	43	66	71	74	4	8.5	2	1.5	0.31	1.9	1.1	99.0	118	5 000	6 300	7607E
32308	40	90	35.25	33	27	2	1.5	23.3	49	49	73	81	83	4	8.5	2	1.5	0.35	1.7	1	115	148	4 500	5 600	7608E
32309	45	100	38.25	36	30	2	1.5	25.6	54	56	82	91	93	4	8.5	2	1.5	0.35	1.7	1	145	188	4 000	5 000	7609E
32310	50	110	42.25	40	33	2.5	2	28.2	60	61	90	100	102	5	9.5	2	2	0.35	1.7	1	178	235	3 800	4 800	7610E
32311	55	120	45.5	43	35	2.5	2	30.4	65	66	99	110	111	5	10	2.5	2	0.35	1.7	1	202	270	3 400	4 300	7611E
32312	60	130	48.5	46	37	3	2.5	32	72	72	107	118	122	6	11.5	2.5	2.1	0.35	1.7	1	228	302	3 200	4 000	7612E
32313	65	140	51	48	39	3	2.5	34.3	77	79	117	128	131	6	12	2.5	2.1	0.35	1.7	1	260	350	2 800	3 600	7613E
32314	70	150	54	51	42	3	2.5	36.5	82	84	125	138	141	6	12	2.5	2.1	0.35	1.7	1	298	408	2 600	3 400	7614E
32315	75	160	58	55	45	3	3	39.4	87	91	133	148	150	7	13	2.5	2.1	0.35	1.7	1	348	482	2 400	3 200	7615E
32316	80	170	61.5	58	48	3	3	42.1	92	97	142	158	160	7	13.5	2.5	2.1	0.35	1.7	1	388	542	2 200	3 000	7616E
32317	85	180	63.5	60	49	4	3	43.5	99	102	150	166	168	8	14.5	3	2.5	0.35	1.7	1	422	592	2 000	2 800	7617E
32318	90	190	67.5	64	53	4	3	46.2	104	107	157	176	178	8	14.5	3	2.5	0.35	1.7	1	478	682	1 900	2 600	7618E
32319	95	200	71.5	67	55	4	3	49	109	114	166	186	187	8	16.5	3	2.5	0.35	1.7	1	515	738	1 800	2 400	7619E
32320	100	215	77.5	73	60	4	3	52.9	114	122	177	201	201	8	17.5	3	2.5	0.35	1.7	1	600	872	1 600	2 000	7620E

注:1. 同附表 7.1 中注 1;

2. $r_{s\min}$、$r_{1s\min}$ 分别为 r、r_1 的单向最小倒角尺寸;$r_{as\max}$、$r_{bs\max}$ 分别为 r_a、r_b 的单向最大倒角尺寸。

17.2 滚动轴承的配合

滚动轴承是标准件,其内圈与轴颈的配合采用基孔制,外圈与轴承座孔的配合采用基轴制。配合选择合适与否,对轴承能否正常工作有很大影响。表17-4为向心轴承载荷的区分,表17-5为安装向心轴承的轴公差带代号,表17-6为安装向心轴承的孔公差带代号,表17-7为安装推力轴承的轴和孔公差带代号,表17-8为轴和外壳的形位公差,表17-9为配合面的表面粗糙度。表17-10为轴承的轴向游隙。

表17-4 向心轴承载荷的区分(摘自 GB/T 275—1993)

载荷大小	轻载荷	正常载荷	重载荷
$\dfrac{P_r(径向当量动载荷)}{C_r(径向额定动载荷)}$	≤0.07	>0.07~0.15	>0.15

表17-5 安装向心轴承的轴公差带代号(摘自 GB/T 275—1993)

运转状态		载荷状态	深沟球轴承、调心球轴承和角接触球轴承	圆柱滚子轴承和圆锥滚子轴承	调心滚子轴承	公差带
说明	举例		轴承公称内径/mm			
旋转的内圈载荷及摆动载荷	一般通用机械、电动机、机床主轴、泵、内燃机、直齿轮传动装置、铁路机车车辆轴箱、破碎机等	轻载荷	≤18 >18~100 >100~200	— ≤40 >40~140	— ≤40 >40~100	h5 j6① k6①
		正常载荷	≤18 >18~100 >100~140 >140~200	— ≤40 >40~140 >100~140	— ≤40 >40~65 >65~100	j5,js5 k5② m5② m6
		重载荷	— —	>50~140 >140~200	>50~100 >100~140	n6 p6③
固定的内圈载荷	静止轴上的各种轮子,张紧轮、绳轮、振动筛、惯性振动器	所有载荷	所有尺寸			f6 g6① h6 j6
仅有轴向载荷			所有尺寸			j6,js6

① 凡对精度有较高要求场合,应用 j5、k5、……代替 j6、k6、……;
② 圆锥滚子轴承、角接触球轴承配合对游隙影响不大,可用 k6、m6 代替 k5、m5;
③ 重载荷下轴承游隙应选大于 0 组。

表17-6 安装向心轴承的孔公差带代号(摘自 GB/T275—1993)

运转状态		载荷状态	其他状况	公差带①	
说明	举例			球轴承	滚子轴承
固定的外圈载荷	一般机械、铁路机车车辆轴箱、电动机、泵、曲轴主轴承	轻、正常、重	轴向易移动,可采用剖分式外壳	H7、G7②	
		冲击	轴向能移动,可采用整体或剖分式外壳	J7、Js7	
摆动载荷		轻、正常			
		正常、重		K7	
		冲击		M7	
旋转的外圈载荷	张紧滑轮,轮毂轴承	轻	轴向不移动,采用整体式外壳	J7	K7
		正常		K7、M7	M7、N7
		重		—	N7、P7

① 并列公差带随尺寸的增大从左至右选择,对旋转精度有较高要求时,可相应提高一个公差等级;
② 不适用于剖分式外壳。

表 17-7　安装推力轴承的轴和孔公差带代号

运转状态	载荷状态	安装推力轴承的轴公差带		安装推力轴承的外壳孔公差带	
		轴承类型	公差带	轴承类型	公差带
仅有轴向载荷		推力球和推力滚子轴承	j6、js6	推力球轴承	H8
				推力圆柱、圆锥滚子轴承	H7

表 17-8　轴和外壳的形位公差（摘自 GB/T 275—1993）

基本尺寸 /mm		圆柱度 t				端面圆跳动 t_1			
		轴颈		外壳孔		轴肩		外壳孔肩	
		轴承公差等级							
		/P0	/P6 (/P6x)	/P0	/P6 (/P6x)	/P0	/P6 (/P6x)	/P0	/P6 (/P6x)
大于	至	公差值/μm							
	6	2.5	1.5	4	2.5	5	3	8	5
6	10	2.5	1.5	4	2.5	6	4	10	6
10	18	3.0	2.0	5	3.0	8	5	12	8
18	30	4.0	2.5	6	4.0	10	6	15	10
30	50	4.0	2.5	7	4.0	12	8	20	15
50	80	5.0	3.0	8	5.0	15	10	25	15
80	120	6.0	4.0	10	6.0	15	10	25	15
120	180	8.0	5.0	12	8.0	20	12	30	20
180	250	10.0	7.0	14	10.0	20	12	30	20
250	315	12.0	8.0	16	12.0	25	15	40	25

注：轴承公差等级新、旧标准代号对照为：/P0—G 级；/P6—E 级；/P6x—Ex 级。

表 17-9　配合面的表面粗糙度（摘自 GB/T 275—1993）

轴或轴承座直径/mm		轴或外壳配合表面直径公差等级								
		IT7			IT6			IT5		
		表面粗糙度/μm								
超过	到	Rz	Ra		Rz	Ra		Rz	Ra	
			磨	车		磨	车		磨	车
	80	10	1.6	3.2	6.3	0.8	1.6	4	0.4	0.8
80	500	16	1.6	3.2	10	1.6	3.2	6.3	0.8	1.6
端面		25	3.2	6.3	25	3.2	6.3	10	1.6	1.6

注：与/P0、/P6(/P6x)级公差轴承配合的轴，其公差等级一般为 IT6，外壳孔一般为 IT7。

表 17-10　轴承的轴向游隙（摘自 GB/T 275—1993）

轴承内径 d/mm		角接触球轴承允许轴向游隙范围/μm						Ⅱ型轴承间允许的距离（大概值）
		接触角 $\alpha = 12°$				接触角 $\alpha = 26°$ 及 36°		
		Ⅰ型		Ⅱ型		Ⅰ型		
超过	到	min	max	min	max	min	max	
—	30	20	40	30	50	10	20	8d
30	50	30	50	40	70	15	30	7d
50	80	40	70	50	100	20	40	6d

（续）

轴承内径 d/mm		圆锥滚子轴承允许轴向游隙范围/μm						Ⅱ型轴承间允许的距离（大概值）
		接触角 $\alpha = 10° \sim 16°$				$\alpha = 25° \sim 29°$		
		Ⅰ 型		Ⅱ 型		Ⅰ 型		
超过	到	min	max	min	max	min	max	
—	30	20	40	40	70	—	—	14d
30	50	40	70	50	100	20	40	12d
50	80	50	100	80	150	30	50	11d

注：Ⅰ型为固定-游动支承结构，Ⅱ型为两端固定支承结构。

第18章 电 动 机

电动机种类很多，本手册仅选用最常见的 Y 系列三相异步电动机。Y 系列电动机是按照机电工委（IEC）标准设计的，具有国际互换的特点。其中 Y（IP44）小型三相异步电动机为一般用途笼型封闭自扇冷式电动机，具有防止灰尘或其他杂物入侵的特点。B 级绝缘，可采用全压或降压起动。该型电动机的工作条件为：环境温度 −15 ~ +40℃，相对湿度不超过 90%，海拔高度不超过 1 000m，电源额定电压 360V，频率 50Hz。常用于对启动性能、调速性能、畸转差率无特殊要求的机器或设备，如金属切削机床、水泵、鼓风机、运输机械和农业机械等。表 18-1 为 Y 系列（IP44）电动机的技术参数，表 18-2 为 Y 系列电动机安装代号，表 18-3 为机座带底脚、端盖无凸缘（B3、B6、B7、V5、V6 型）电动机的安装及外形尺寸，表 18-4 为机座带底脚、端盖表无凸缘（B35、B15、V36 型）电动机的安装及外形尺寸，表 18-5 为机座不带底脚、端盖有凸缘（B5、V3 型）和立式安装、机座不带底脚、端盖有凸缘、轴伸向下（V1 型）电动机的安装及外形尺寸。

表 18-1　Y 系列（IP44）电动机的技术参数（摘自 JB/T9616—1999）

电动机型号	额定功率/kW	满载转速/(r/min)	堵转转矩 额定转矩	最大转矩 额定转矩	电动机型号	额定功率/kW	满载转速/(r/min)	堵转转矩 额定转矩	最大转矩 额定转矩
同步转速 3 000r/min，2 极					Y90L-6	1.1	910	2.0	2.0
Y801-2	0.75	2 825	2.2	2.2	Y100L-6	1.5	940	2.0	2.0
Y802-2	1.1	2 825	2.2	2.2	Y112M-6	2.2	940	2.0	2.0
Y90S-2	1.5	2 840	2.2	2.2	Y132S-6	3	960	2.0	2.0
Y90L-2	2.2	2 840	2.2	2.2	Y132M1-6	4	960	2.0	2.0
Y100L-2	3	2 880	2.2	2.2	Y132M2-6	5.5	960	2.0	2.0
Y112M-2	4	2 890	2.2	2.2	Y160M-6	7.5	970	2.0	2.0
Y132S1-2	5.5	2 900	2.0	2.2	Y160L-6	11	970	2.0	2.0
Y132S2-2	7.5	2 900	2.0	2.2	Y180L-6	15	970	1.8	2.0
Y160M1-2	11	2 930	2.0	2.2	Y200L1-6	18.5	970	1.8	2.0
Y160M2-2	15	2 930	2.0	2.2	Y200L2-6	22	970	1.8	2.0
Y160L-2	18.5	2 930	2.0	2.2	Y225M-6	30	980	1.7	2.0
Y180M-2	22	2 940	2.0	2.2	Y250M-6	37	980	1.8	2.0
Y200L1-2	30	2 950	2.0	2.2	Y280S-6	45	980	1.8	2.0
Y200L2-2	37	2 950	2.0	2.2	Y280M-6	55	980	1.8	2.0
Y225M-2	45	2 970	2.0	2.2	同步转速 1 500r/min，4 极				
Y250M-2	55	2 970	2.0	2.2	Y801-4	0.55	1 390	2.2	2.2
同步转速 1 000r/min，6 极					Y802-4	0.75	1 390	2.2	2.2
Y90S-6	0.75	910	2.0	2.0	Y90S-4	1.1	1 400	2.2	2.2

（续）

电动机型号	额定功率/kW	满载转速/(r/min)	堵转转矩／额定转矩	最大转矩／额定转矩	电动机型号	额定功率/kW	满载转速/(r/min)	堵转转矩／额定转矩	最大转矩／额定转矩
同步转速 1 500r/min，4 极					Y280S-4	75	1 480	1.9	2.2
Y90L-4	1.5	1 400	2.2	2.2	Y280M-4	90	1 480	1.9	2.2
Y100L1-4	2.2	1 420	2.2	2.2	同步转速 750r/min，8 极				
Y100L2-4	3	1 420	2.2	2.2	Y132S-8	2.2	710	2.0	2.0
Y112M-4	4	1 440	2.2	2.2	Y132M-8	3	710	2.0	2.0
Y132S-4	5.5	1 440	2.2	2.2	Y160M1-8	4	720	2.0	2.0
Y132M-4	7.5	1 440	2.2	2.2	Y160M2-8	5.5	720	2.0	2.0
Y160M-4	11	1 460	2.2	2.2	Y160L-8	7.5	720	2.0	2.0
Y160L-4	15	1 460	2.2	2.2	Y180L-8	11	730	1.7	2.0
Y180M-4	18.5	1 470	2.0	2.2	Y200L-8	15	730	1.8	2.0
Y180L-4	22	1 470	2.0	2.2	Y225S-8	18.5	730	1.7	2.0
Y200L-4	30	1 470	2.0	2.2	Y225M-8	22	730	1.8	2.0
Y225S-4	37	1 480	1.9	2.2	Y250M-8	30	730	1.8	2.0
Y225M-4	45	1 480	1.9	2.2	Y280S-8	37	740	1.8	2.0
Y250M-4	55	1 480	2.0	2.2	Y280M-8	45	740	1.8	2.0

注：电动机型号意义：以 Y132S2-2-B3 为例，Y 表示系列代号，132 表示机座中心高，S2 表示短机座第二种铁心长度（M—中机座，L—长机座），2 为电动机的极数，B3 表示安装型式。

表 18-2 Y 系列电动机安装代号

安装型式	基本安装型	由 B3 派生安装型				
	B3	V5	V6	B6	B7	B8
示意图						
中心高/mm	80 ~ 280	80 ~ 160				

安装型式	基本安装型	由 B5 派生安装型		基本安装型	由 B35 派生安装型	
	B5	V1	V3	B35	V15	V36
示意图						
中心高/mm	80 ~ 225	80 ~ 280	80 ~ 160	80 ~ 280	80 ~ 160	

表 18-3　机座带底脚、端盖无凸缘（B3、B6、B7、V5、V6 型）电动机的安装及外形尺寸　（单位：mm）

机座号	极数	A	B	C	D	E	F	G	H	K	AB	AC	AD	HD	BB	L
80	2、4	125	100	50	19	40	6	15.5	80	10	165	165	150	170	130	285
90S	2、4、6	140	100	56	24	50	8	20	90	10	180	175	155	190	155	310
90L	2、4、6	140	125	56	24	50	8	20	90	10	180	175	155	190	180	335
100L	2、4、6	160	140	63	28	60	8	24	100	12	205	205	180	245	170	380
112M	2、4、6	190	140	70	28	60	8	24	112	12	245	230	190	265	180	400
132S	2、4、6	216	140	89	38	80	10	33	132	12	280	270	210	315	200	475
132M	2、4、6	216	178	89	38	80	10	33	132	12	280	270	210	315	238	515
160M	2、4、6、8	254	210	108	42	110	12	37	160	15	330	325	255	385	270	600
160L	2、4、6、8	254	254	108	42	110	12	37	160	15	330	325	255	385	314	645
180M	2、4、6、8	279	241	121	48	110	14	42.5	180	15	355	360	285	430	311	670
180L	2、4、6、8	279	279	121	48	110	14	42.5	180	15	355	360	285	430	349	710
200L	2、4、6、8	318	305	133	55	110	16	49	200	19	395	400	310	475	379	775
225S	4、8	356	286	149	60	140	18	53	225	19	435	450	345	530	368	820
225M	2	356	311	149	55	110	16	49	225	19	435	450	345	530	393	815
225M	4、6、8	356	311	149	60	140	18	53	225	19	435	450	345	530	393	845
250M	2	406	349	168	60	140	18	53	250	24	490	495	385	575	455	930
250M	4、6、8	406	349	168	65	140	18	58	250	24	490	495	385	575	455	930
280S	2	457	368	190	75	140	20	67.5	280	24	550	555	410	640	530	1 000
280S	4、6、8	457	368	190	65	140	18	58	280	24	550	555	410	640	530	1 000
280M	2	457	419	190	75	140	20	67.5	280	24	550	555	410	640	581	1 050
280M	4、6、8	457	419	190	65	140	18	58	280	24	550	555	410	640	581	1 050

D 轴伸公差：$D=24$ 时为 $^{+0.009}_{-0.004}$；$D=38\sim42$ 时为 $^{+0.018}_{+0.002}$；$D=55\sim75$ 时为 $^{+0.030}_{+0.011}$。

（图示：Y80～Y132，Y160～Y280 两种机座外形及安装尺寸示意图，标注尺寸 HD、H、K、AD、AC、AB、A、C、F、D、L、BB、B、E）

表18-4 机座带底脚、端盖表无凸缘（B35、B15、V36型）电动机的安装及外形尺寸　（单位：mm）

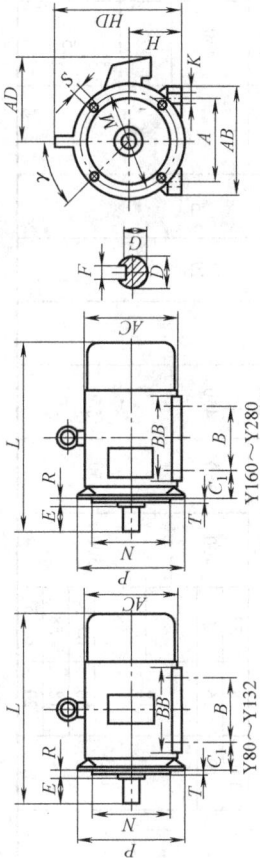

机座号	极数	A	B	C_1	D	E	F	G	H	K	M	N	P	R	S	T	凸缘孔数	AB	AC	AD	HD	BB	L
80	2、4	125	100	50	19	40	6	15.5	80	10	165	130	200	0	12	3.5	4	165	165	150	170	130	285
90S	2、4、6	140	100	56	24	50	8	20	90	10	165	130	200	0	12	3.5	4	180	175	155	190	155	310
90L	2、4、6	140	125	56	24	50	8	20	90	10	165	130	200	0	12	3.5	4	180	175	155	190	176	335
100L	2、4、6	160	140	63	28	60	8	24	100	12	215	180	250	0	15	4	4	205	205	180	245	180	380
112M	2、4、6	190	140	70	28	60	8	24	112	12	215	180	250	0	15	4	4	245	230	190	265	200	400
132S	2、4、6	216	178	89	38	80	10	33	132	12	265	230	300	0	15	4	4	280	270	210	315	238	475
132M	2、4、6	216	178	89	38	80	10	33	132	12	265	230	300	0	15	4	4	280	270	210	315	238	515
160M	2、4、6、8	254	210	108	42	110	12	37	160	15	300	250	350	0	19	5	8	330	325	255	385	270	600
160L	2、4、6、8	254	254	108	42	110	12	37	160	15	300	250	350	0	19	5	8	330	325	255	385	314	645
180M	2、4、6、8	279	241	121	48	110	14	42.5	180	15	300	250	350	0	19	5	8	355	360	285	430	311	670
180L	2、4、6、8	279	279	121	48	110	14	42.5	180	15	300	250	350	0	19	5	8	355	360	285	430	349	710
200L	2、4、6、8	318	305	133	55	110	16	49	200	19	350	300	400	0	19	5	8	395	400	310	475	379	775
225S	4、8	356	286	149	60	140	18	53	225	19	400	350	450	0	19	5	8	435	450	345	530	368	820
225M	2	356	311	149	55	110	16	49	225	19	400	350	450	0	19	5	8	435	450	345	530	393	815
225M	4、6、8	356	311	149	60	140	18	53	225	19	400	350	450	0	19	5	8	435	450	345	530	393	845
250M	2	406	349	168	60	110	16	53	250	24	500	450	550	0	19	5	8	490	495	385	575	455	930
250M	4、6、8	406	349	168	65	140	18	58	250	24	500	450	550	0	19	5	8	490	495	385	575	455	930
280S	2	457	368	190	65	140	18	58	280	24	500	450	550	0	19	5	8	550	555	410	640	530	1 000
280S	4、6、8	457	368	190	75	140	20	67.5	280	24	500	450	550	0	19	5	8	550	555	410	640	530	1 000
280M	2	457	419	190	65	140	18	58	280	24	500	450	550	0	19	5	8	550	555	410	640	581	1 050
280M	4、6、8	457	419	190	75	140	20	67.5	280	24	500	450	550	0	19	5	8	550	555	410	640	581	1 050

注：1. Y80～Y200 时，γ=45°；Y225～Y280 时，γ=22.5°。

2. N 的极限偏差 130 和 180 为 $^{+0.014}_{-0.011}$，230 和 250 为 $^{+0.016}_{-0.013}$，300 为 ±0.016，350 为 ±0.018，450 为 ±0.020。

表 18-5　机座不带底脚、端盖有凸缘（B5、V3 型）和立式安装、机座不带底脚、端盖有凸缘、轴伸向下（V1 型）电动机的安装及外形尺寸

（单位：mm）

B5型、V3型（Y80～Y132、Y160～Y225、Y225～Y280）、V1型（L）、Y180～Y280（HE）外形安装示意图

机座号	极数	D	E	F	G	M	N	P	R	S	T	凸缘孔数	AC	AD	HE (HE)	L (L)
80	2、4	19	40	6	15.5	165	130	200	0	12	3.5	4	165	150	185	285
90S	2、4、6	24 $^{+0.009}_{-0.004}$	50	8	20	165	130	200	0	12	3.5	4	175	155	195	310
90L	2、4、6	24	50	8	20	165	130	200	0	12	3.5	4	175	155	195	335
100L	2、4、6	28	60	8	24	215	180	250	0	12	3.5	4	205	180	245	380
112M	2、4、6	28	60	8	24	215	180	250	0	12	3.5	4	230	190	245	400
132S	2、4、6、8	38 $^{+0.018}_{+0.002}$	80	10	33	265	230	300	0	15	4	4	270	210	265	475
132M	2、4、6、8	38	80	10	33	265	230	300	0	15	4	4	270	210	265	515
160M	2、4、6、8	42	110	12	37	300	250	350	0	15	4	4	325	255	315	600
160L	2、4、6、8	42	110	14	42.5	300	250	350	0	15	4	4	325	255	315	645
180M	2、4、6、8	48	110	14	42.5	350	300	400	0	15	4	4	360	285	430 (500)	670 (730)
180L	2、4、6、8	48	110	14	42.5	350	300	400	0	15	4	4	400	310	480 (550)	710 (770)
200L	2、4、6、8	55	140	16	49	400	350	450	0	19	5	8	400	310	480 (550)	775 (850)
225S	4、8	60 $^{+0.030}_{+0.011}$	140	18	53	500	450	550	0	19	5	8	450	345	535 (610)	820 (910)
225S	2	55	110	16	49	500	450	550	0	19	5	8	450	345	535 (610)	815 (905)
225M	4、6、8	60	140	18	53	500	450	550	0	19	5	8	450	345	535 (610)	845 (935)
225M	2	55	110	16	49	500	450	550	0	19	5	8	450	345	535 (610)	(1 035)
250M	4、6、8	65	140	18	58	500	450	550	0	19	5	8	495	385	(650)	(1 120)
250M	2	75	140	20	67.5	500	450	550	0	19	5	8	495	385	(650)	(1 120)
280S	4、6、8	65	140	18	58	500	450	550	0	19	5	8	495	410	(720)	(1 120)
280M	4、6、8	75	140	20	67.5	500	450	550	0	19	5	8	555	410	(720)	1 170

注：1. Y80～Y200 时，$\gamma=45°$；Y225～Y280 时，$\gamma=22.5°$。

2. N 的极限偏差：130 和 180 为 $^{+0.014}_{-0.011}$，230 和 250 为 $^{+0.016}_{-0.013}$，300 为 ±0.016，350 为 ±0.018，450 为 ±0.020。

附　　录

附录A　参考图例

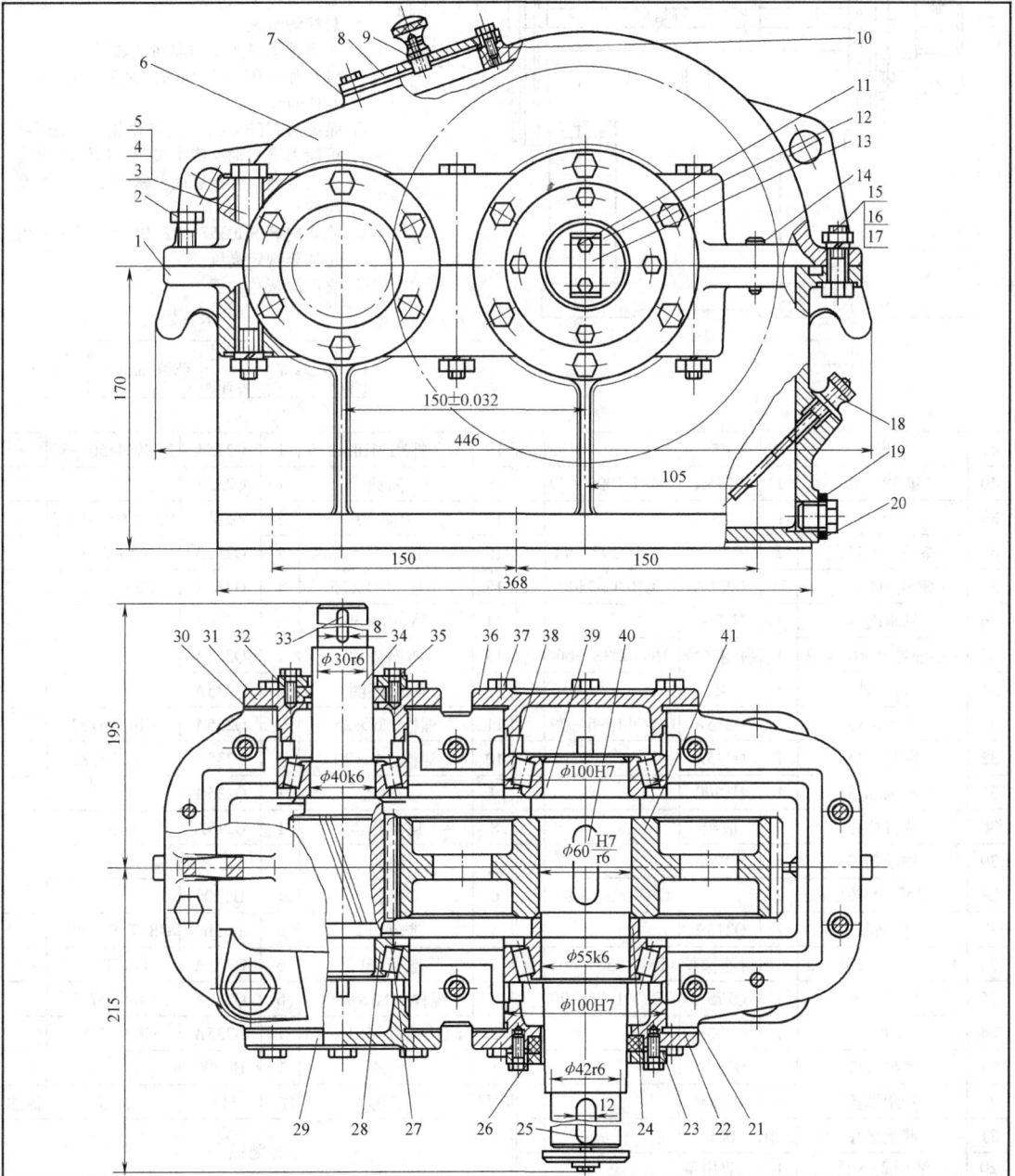

图 A-1　一级圆柱齿轮减速器

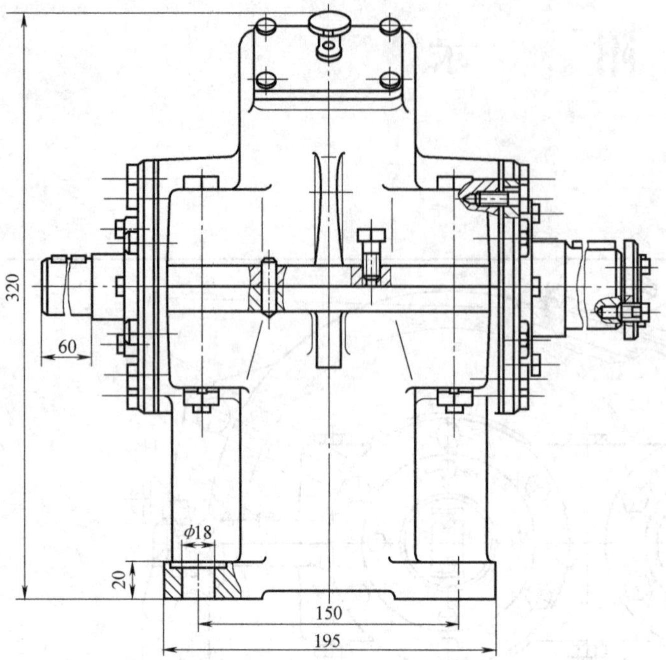

技术要求

1. 装配前，全部零件用煤油清洗，箱体内不许有杂物存在。在内壁涂两次不被机油侵蚀的涂料；
2. 用铅丝检验啮合侧隙。其侧隙不小于 0.16mm，铅丝不得大于最小侧隙的 4 倍；
3. 用涂色法检验斑点。齿高接触斑点不小于 40%；齿长接触斑点不小于 50%。必要时可采用研磨或刮后研磨，以便改善接触情况；
4. 调整轴承时所留轴向间隙如下：$\phi40$ 为 0.05 ~ 0.1mm；$\phi55$ 为 0.08 ~ 0.15mm；
5. 装配时，剖分面不允许使用任何填料，可涂以密封油漆或水玻璃。试转时应检查剖分面、各接触面及密封处，均不准漏油；
6. 箱座内装 SH0357—92 中的 50 号工业齿轮油至规定高度；
7. 表面涂灰色油漆。

技术参数表

功率	4.5kW	高速轴转速	480r/min	传动比	4.16

41	大齿轮	1	45			19	六角螺塞 M18×1.5	1	Q235A	JB/ZQ4450—86
40	键 18×50	1	Q275A	GB/T 1096—79		18	油标	1	Q235A	
39	轴	1	45			17	垫圈 10	2	65Mn	GB/T 93—1987
38	轴承 30311E	2		GB/T 297—94		16	螺母 M10	2	Q235A	GB/T 41
37	螺栓 M8×25	24	Q235A	GB/T 5780		15	螺栓 M10×35	4	Q235A	GB/T 5782
36	轴承端盖	1	HT200			14	销 A8×30	2	35	GB/T 117
35	J 型油封 35×60×12	1	耐油橡胶	HG 4-338—66		13	防松垫片	1	Q215A	
34	齿轮轴	1	45			12	轴端挡圈	1	Q235A	
33	键 8×50	1	Q275A	GB/T 1096—79		11	螺栓 M6×25	2	Q235A	GB/T 5782
32	密封盖板	1	Q235A			10	螺栓 M6×20	4	Q235A	GB/T 5782
31	轴承端盖	1	HT200			9	通气器	1	Q235A	
30	调整垫片	2	成组			8	窥视孔盖	1	Q215A	
29	轴承端盖	1	HT200			7	垫片	1	石棉橡胶纸	
28	轴承 30308E	2		GB/T 297—94		6	箱盖	1	HT200	
27	挡油环	2	Q215A			5	垫圈 12	6	65Mn	GB/T 93—1987
26	J 型油封 50×72×12	1	耐油橡胶	HG4-338—66		4	螺母 M12	6	Q235A	GB/T 41
25	键 12×56	1	Q275A	GB/T 1096—79		3	螺栓 M12×100	6	Q235A	GB/T 5782
24	定距环	1	Q235A			2	起盖螺钉 M10×30	1	Q235A	GB/T 5780
23	密封盖板	1	Q235A			1	箱座	1	HT200	
22	轴承端盖	1	HT200			序号	名称	数量	材料	标准	备注
21	调整垫片	2组	08F							
20	油圈 25×18	1	工业用革					（标题栏）			

图 A-1（续）

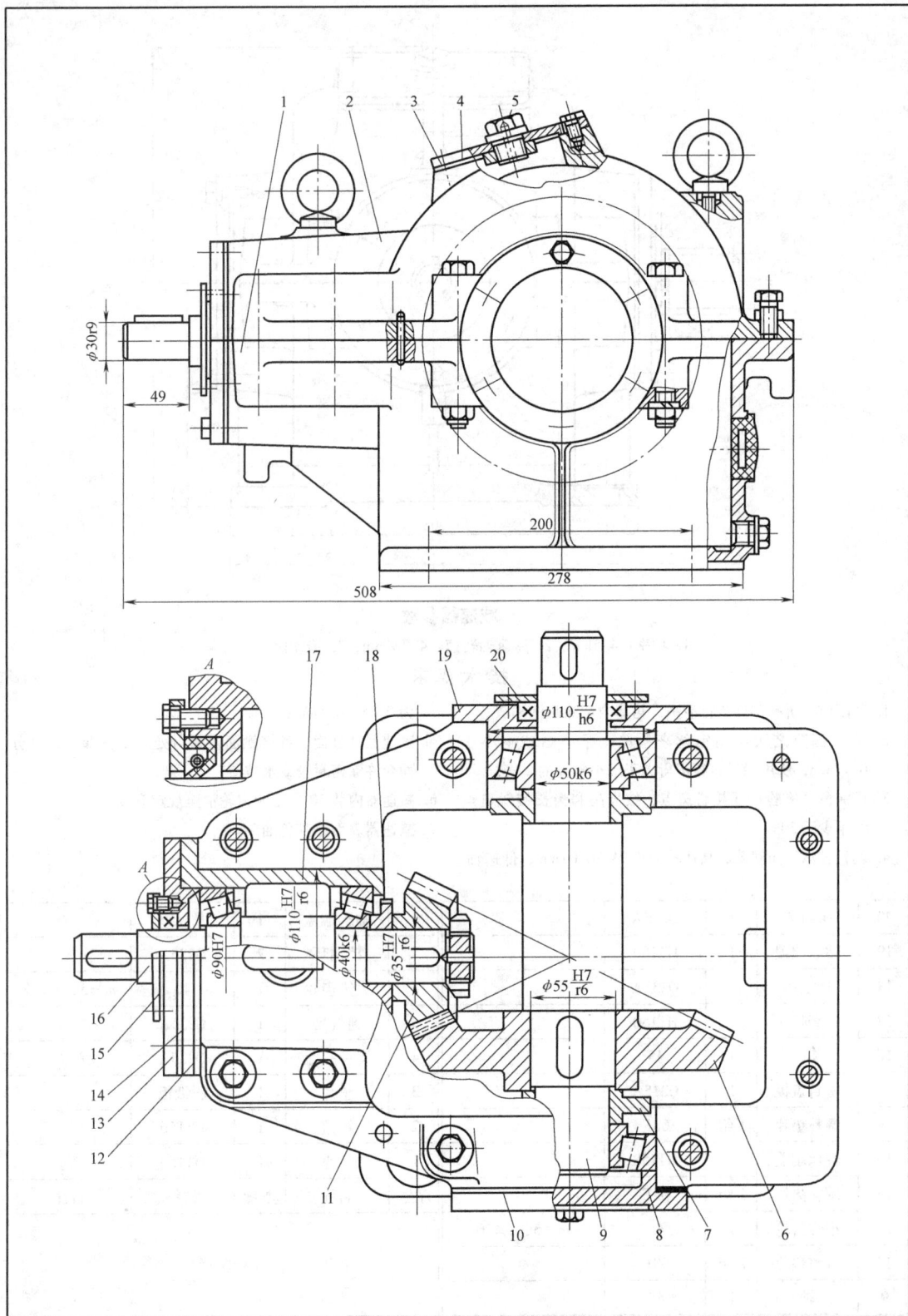

图 A-2　一级锥齿轮减速器

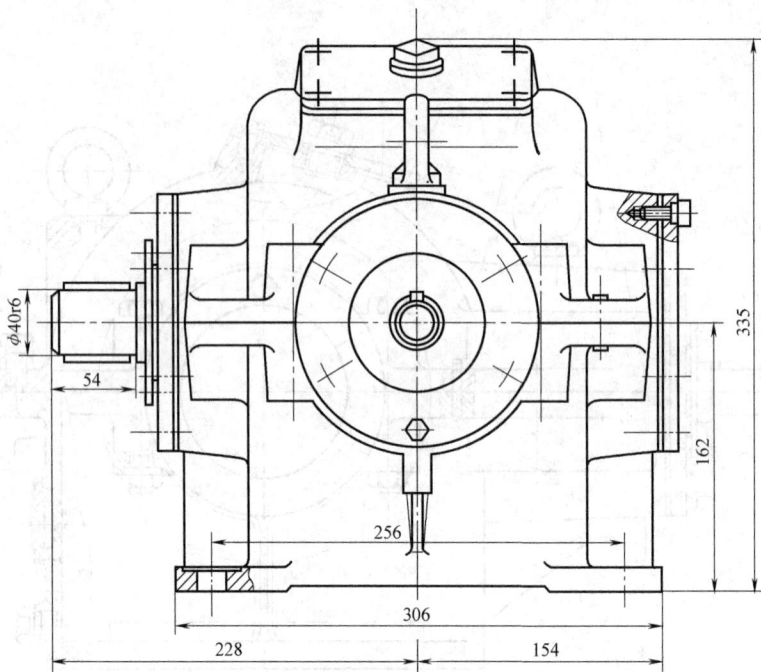

减速器参数

1. 功率：4.5kW；2. 高速轴转速：420r/min；3. 传动比：2∶1

技　术　要　求

1. 装配前，所有零件进行清洗，箱体内壁涂耐油油漆；

2. 啮合侧隙之大小用铅丝来检验，保证侧隙不小于 0.17mm，所用铅丝直径不得大于最小侧隙的 2 倍；

3. 用涂色法检验齿面接触斑点，按齿高和齿长接触斑点都不少于 50%；

4. 调整轴承轴向间隙，高速轴为 0.04～0.07mm，低速轴

为 0.05～0.1mm；

5. 减速器剖分面、各接触面及密封处均不许漏油，剖分面允许涂密封胶或水玻璃；

6. 减速器内装 50 号工业齿轮油至规定高度；

7. 减速器表面涂灰色油漆。

20	密封盖	1	Q215A		8	轴承端盖	1	HT150	
19	轴承端盖	1	HT150		7	挡油环	2	Q235A	
18	挡油环	1	Q235A		6	大锥齿轮	1	40	$m=5$, $z=42$
17	套杯	1	HT150		5	通气器	1	Q235A	
16	轴	1	45		4	窥视孔盖	1	Q235A	组件
15	密封盖板	1	Q215A		3	垫片	1	压纸板	
14	调整垫片	1组	08F		2	箱盖	1	HT150	
13	轴承端盖	1	HT150		1	箱座	1	HT150	
12	调整垫片	1组	08F		序号	名称	数量	材料	备注
11	小锥齿轮	1	45	$m=5$, $z=20$					
10	调整垫片	2组	08F			（标题栏）			
9	轴	1	45						

图 A-2（续）

(标题栏)

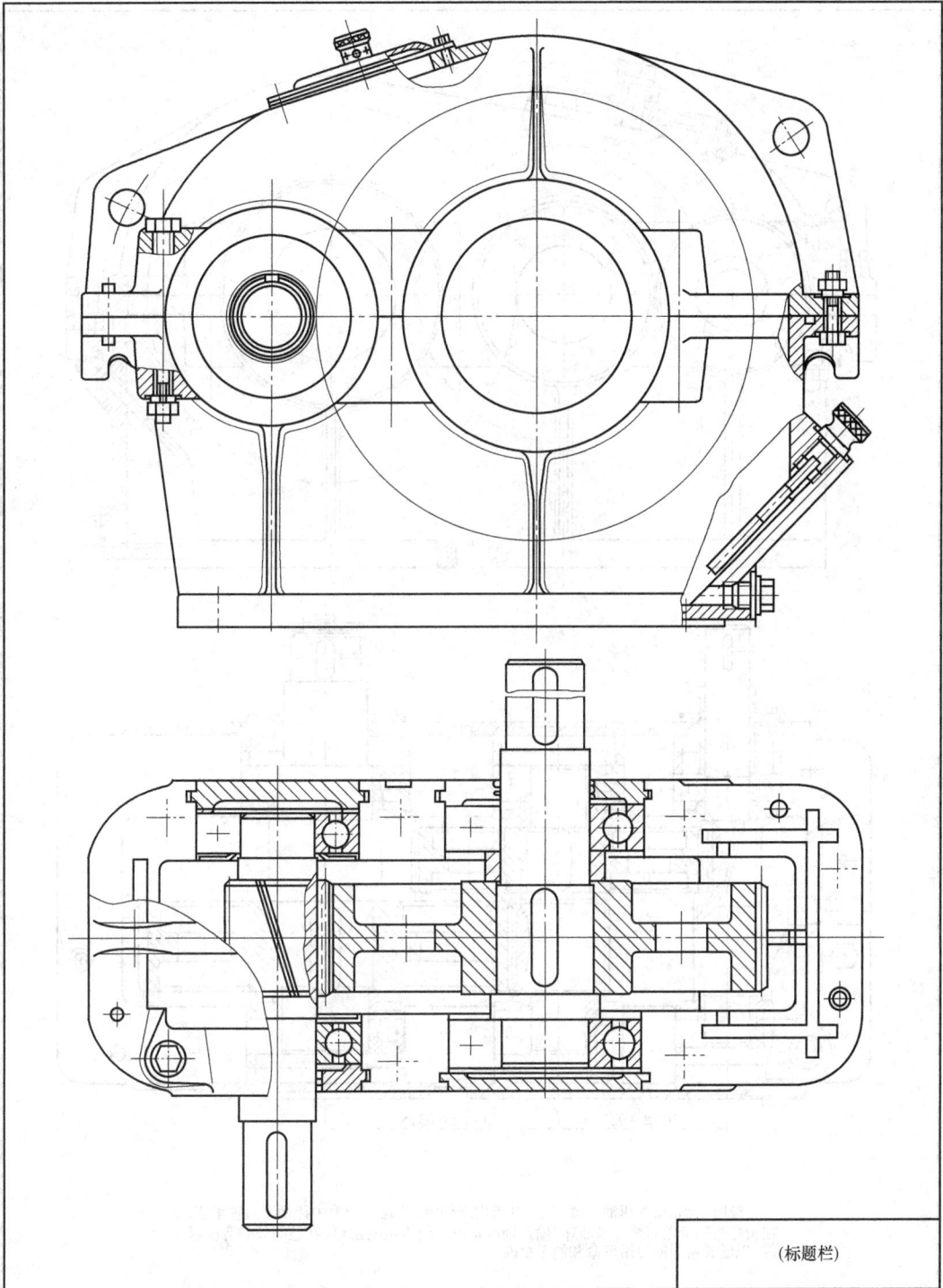

图 A-3　一级圆柱齿轮减速器（嵌入式端盖）

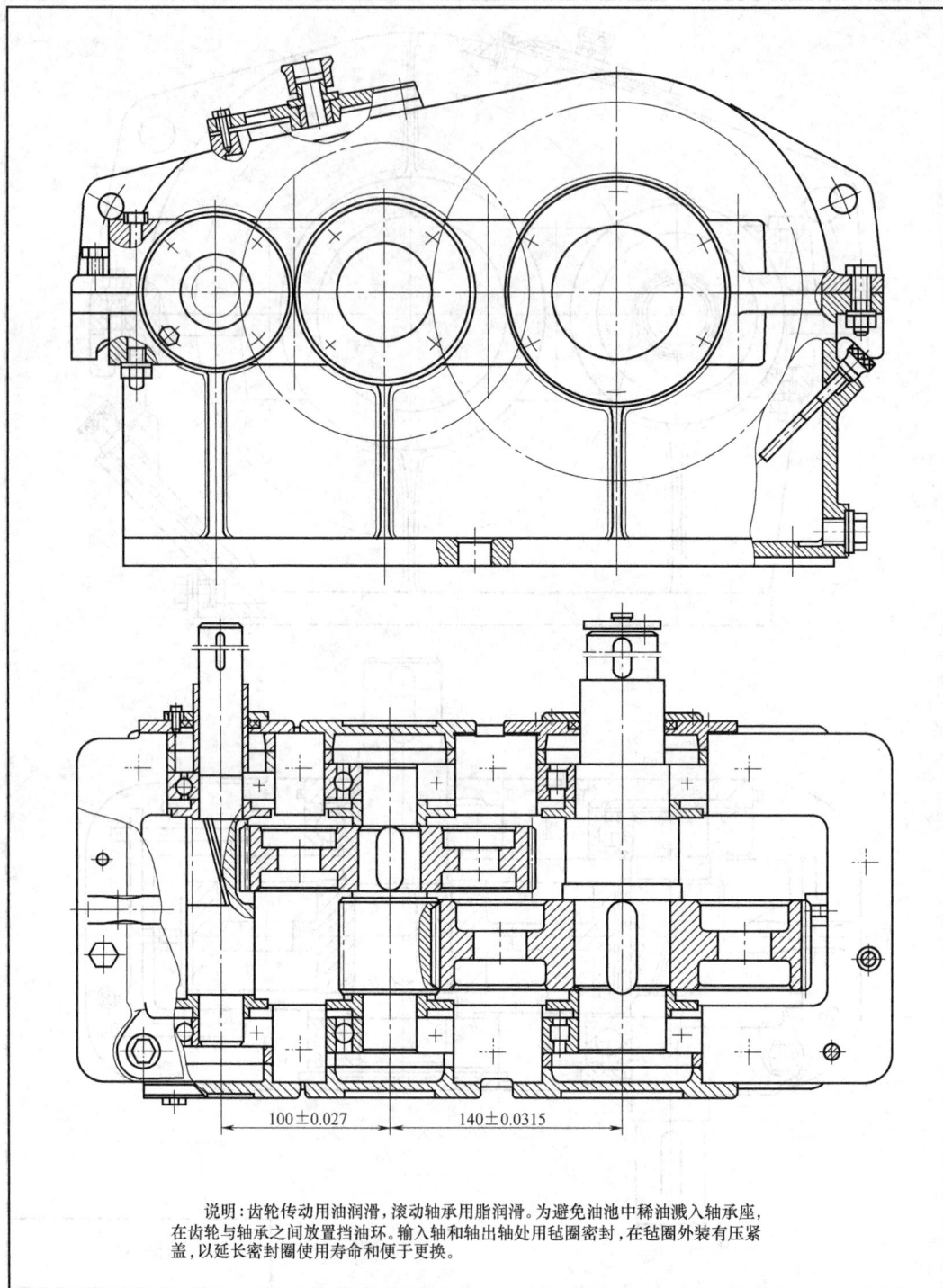

说明:齿轮传动用油润滑,滚动轴承用脂润滑。为避免油池中稀油溅入轴承座,
在齿轮与轴承之间放置挡油环。输入轴和轴出轴处用毡圈密封,在毡圈外装有压紧
盖,以延长密封圈使用寿命和便于更换。

图 A-4 二级圆柱齿轮减速器结构图(展开式)

附录 B　减速器装拆和结构分析试验

一、实验目的

1. 熟悉减速器的基本结构，了解常用减速器的用途及特点；
2. 了解减速器各部分零件的名称、结构和功用；
3. 了解减速器的装配关系及安装调整过程；
4. 学会减速器基本参数的测定方法。

二、实验设备及工具

减速器型号：
工具：扳手、钢尺、卡尺等。

三、实验步骤

1. 结合图册、教材等，了解减速器的使用场合及主要特性。
2. 观察减速器的外形，用手来回推动输入轴、输出轴，感受轴向窜动及传动过程。用扳手旋开箱盖上的螺栓，卸下箱盖，观察减速器各部分的结构。

（1）观察减速器的传动路线，分析该传动方案的优缺点及适用场合。观察各级传动所采用传动机构的特点，并判断其布置是否合理。

（2）观察轴系部件：

1）分析传动零件所受轴向力和径向力向箱体基础传递的过程。

2）分析轴上零件的轴向和周向固定方法。

3）观察轴承组合的轴向固定方法，并说明轴承游隙及轴承组合位置是如何调整的。

（3）观察箱体部件：

1）观察箱体的剖分面，注意它是否与传动件轴心线平面重合。观察箱体的结构工艺性（如薄厚壁之间的过渡、拔模斜度、两壁间的连接、箱座底面结构、同一轴线上的两轴承孔直径是否相等、各轴承座孔外端面是否处于同一平面等）。

2）观察支撑肋板和凸台的位置及高度。

3）观察各部分螺栓的尺寸及间距，它们与外箱壁、凸台边缘的距离，并注意扳手空间是否合适。

（4）观察箱体附件：

1）观察窥视孔、通气器、油标、放油螺塞等的结构、位置及功用。

2）观察定位销孔的位置及起吊装置的型式。

（5）观察润滑与密封装置：

1）分析传动件采用何种润滑方式，观察传动件与箱体底面的距离。

2）分析滚动轴承的润滑方式，如采用飞溅润滑，观察箱体剖分面上油沟的位置、形状与结构。

3）观察加油孔的结构与位置。

（6）分析传动零件的结构、材料及毛坯种类

3. 利用工具测量减速器各主要部分的参数及尺寸。

（1）测出各齿轮齿数，求出各级传动比及总传动比。

（2）测出中心距，并根据公式推算出齿轮的模数及斜齿轮的螺旋角 β。

（3）测出各齿轮的齿宽，算出齿宽系数，观察大、小齿轮的齿宽是否一样。

（4）测量齿轮与箱壁间的间隙、油池深度，分析滚动轴承的型号等。

（5）进行接触斑点试验：

1）将一对相互啮合齿轮的齿面擦干净。

2）在一对齿轮的 2~3 个齿的齿面上涂一层薄薄的红丹，再转动啮合。

3）观察接触斑点的大小与位置，画出示意图，并分别求出齿宽及齿长方向接触斑点的百分数。

4. 确定减速器的装配顺序，分析如何装配更方便（箱体内或箱体外装配），认真将减速器装配复原。

四、注意事项

1. 装拆时，把拆下的螺栓等零件按种类排好，以防散失。

2. 实验完毕后要把设备及工具整理好，经指导教师同意方能离开实验室。

五、实验报告

实验报告必须独立完成，按期交付。实验报告的格式如下：

减速器装拆和结构分析实验报告

姓名_____班级_____学号_____

一、实验条件

1. 减速器的型号、规格

型号：

规格：

2. 实验所用工具

二、观察报告

1. 绘出减速器的机构传动简图，标出各传动件及输入、输出轴。

2. 分析减速器主要零件的功用。

箱体：

齿轮及键：

轴及轴承：

润滑系统：

3. 减速器主要参数及实验数据。

减速器类型及名称					
传动比		$i_{高}$	$i_{低}$	$i_{总} = i_{高} \cdot i_{低}$	
		高速级		低速级	
齿数 z		小齿轮	大齿轮	小齿轮	大齿轮
中心距 a/mm					
模数	m_t/mm				
	m_n/mm				
齿宽及 齿宽系数	b/mm				
	ψ_d				
轴承型号及个数					
圆锥齿轮的顶锥角 δ_a		$\delta_{a1} =$		$, \delta_{a2} =$	
斜齿轮的螺旋角		$\beta_1 =$		$, \beta_2 =$	
蜗杆参数		$q =$	$z_1 =$	$\gamma =$	
接触斑点		$b'' =$ mm $b' =$ mm $c =$ mm $h'' =$ mm $h' =$ mm	$\dfrac{b'' - c}{b'} \times 100\% =$	$\dfrac{h''}{h'} \times 100\% =$	估计齿轮的 接触精度

注：b''、b'分别为接触痕迹的长度及工作长度；c为超过模数值的断开部分；h''、h'分别为接触痕迹的平均高度及工作高度。

4. 绘制输入或输出轴的轴上零件结构示意图，标注装配尺寸和配合与精度等级。

5. 写出装拆体会，对所装拆的减速器提出改进意见。

（1）传动零件、轴系及箱体的结构是否合理。

（2）轴承的选择、安装调整、固定、拆卸和润滑密封等方面是否合理。

（3）其他方面的体会和改进意见。

参 考 文 献

[1] 陈立德. 机械设计基础课程设计指导书 [M]. 2 版. 北京：高等教育出版社，2004.

[2] 《机械设计手册》编写组. 机械设计手册 [M]. 北京：机械工业出版社，1998.

[3] 申永胜. 机械原理教程 [M]. 北京：清华大学出版社，1999.

[4] 濮良贵，纪名刚. 机械设计 [M]. 7 版. 北京：高等教育出版社，1999.

[5] 程光绪. 机械设计基础学习指导书 [M]. 3 版. 北京：高等教育出版社，1999.

[6] 吴宗泽，罗圣国. 机械设计手册 [M]. 2 版. 北京：高教出版社，1999.

[7] 龚溎义. 机械设计课程设计手册 [M]. 北京：高等教育出版社，1990.

[8] 邱宣怀. 机械设计 [M]. 4 版. 北京：高等教育出版社，1997.

[9] 陈于萍. 互换性与测量技术基础 [M]. 北京：机械工业出版社，1998.

[10] 卢颂峰. 机械零件设计手册 [M]. 北京：中央广播电视大学出版社，1983.

[11] 王忠发. 机械设计 [M]. 北京：北京理工大学出版社，1998.

[12] 黄晓蓉. 机械设计基础课程设计指导书 [M]. 北京：中国电力出版社，2006.

[13] 王凤平. 机械设计基础课程设计指导书 [M]. 东营：中国石油大学出版社，2007.

[14] 陆玉. 机械设计课程设计 [M]. 北京：机械工业出版社，2004.

[15] 吴宗泽. 机械设计课程设计手册 [M]. 北京：高等教育出版社，1992.

[16] 李继庆，陈作模. 机械设计基础 [M]. 北京：高等教育出版社，1999.

[17] 林怡青，谢宋良，王涛. 机械设计基础课程设计指导书 [M]. 北京：清华大学出版社，2008.

[18] 张锦明. 机械设计基础课程设计指导书 [M]. 南京：东南大学出版社，2009.